살기 좋은 마을 만들기

주민자치와 평생학습의 마을 만들기 II

삶과 지역을 만드는 일본 공민관의 실천과 과제

나가사와 세이지 편저 / 김창남 역

제이엔씨
Publishing Corporation

편·저·자
머리말

본서 "주민자치와 평생학습의 마을 만들기Ⅱ -삶과 지역을 만드는 일본 공민관의 실천과 과제-"는 전편 "주민자치와 평생학습의 마을 만들기 -일본 공민관의 역사와 실천(2008년2월)-"의 속편으로 원제목은 일본에서 간행된 나가사와 세이지(長澤成次) 편저의 "공민관에서 배운다Ⅲ-우리들의 생활과 지역을 만든다-"(2008년3월,고쿠도샤[国土社])이다.

먼저 계속해서 번역을 담당해 주신 금강대학교의 김창남 교수님께 진심으로 감사의 말씀을 드리고 싶다. 전편은 일본 공민관 직원들의 하루하루의 활동현황을 한국어로 번역한 최초의 책이라고 해도 과언이 아닐 것이다. 그리고 이번에도 일본의 치바(千葉)현을 중심으로 연구자, 공민관직원, 지자체직원, 시민들이 실제의 활동현황 또는 원고를 써 주셨다.

전편에서도 언급한 바와 같이 내가 한국의 주민자치센터의 전개에 주목해 온 것은, 주민자치센터는 주민과 가장 밀접한 읍·면·동에 위치한 지역 커뮤니티시설인데다, 각종 전개 사업들이 일본의 공민관과 유사하다는 점, 그리고 일본의 공민관과 한국의 주민자치 센터는 역사적 배경은 다르지만 주민의 학습권 보장(평생학습기능)과 마을 만들기의 거점시설이라는 점에서 공통점이 있다는 것을 알았기 때문이다.

2008년 4월부터는 문부과학성 과학연구비 지원을 받아 '지역 커뮤니티시설 재편의 구조적 변용에 관한 일한의 실증적 비교연구' (연구대표자: 나가사와 세이지[치바대학], 공동연구자: 아사노 가오루(浅野かおる) [후쿠시마대학], 강내영[일본희망제작소])라는 주제로 조사연구를 하였다. 그리고 한국 시흥시에서 개최된 제8회 전국주민자치박람회(2008년10월9일~11일)에 참가하는 한편 '부산광역시 해운대구 반송2동 주민자치회'와 "희망세상" 송정동 주민자치회(2008.12.26.), 괴정4동 주민자치회(2008.12.28.), 서울시 마포구 소교동 자치회관, 소강동 자치회관(2009.6.13.)'을 방문하여 각 주민자치위원회의 위원들을 만날 수 있었다.

현재 한국에서는 동사무소를 '주민센터'로 명칭을 변경하거나 동의 통폐합에 따라 주민자치센터의 명칭을 변경하거나 재편하는 등의 작업이 진행되고 있다. 그러나 주민자치와 평생학습의 마을 만들기를 위한 주민자치센터와 그것을 지지하는 주민자치위원회의 활동은 보다 더 다채롭게 발전하고 있다고 필자는 생각한다.

그리고 이번 한국어 번역에 있어서 금강대학교 학생을 비롯하여 아카시 카오루(明石薰)[치바대학 교육학부 평생교육과정 학생]씨께 많은 도움을 받았다. 본서의 간행을 통해서 일본의 공민관에 관한 이해와 한국의 평생학습의 발전, 또한 주민자치센터의 발전에 조금이나마

공헌할 수 있다면 나에게는 더할 나위없는 기쁨이 되리라 생각한다.

　마지막으로 본서의 출판을 담당해 주신 제이앤씨 출판사의 관계자께도 진심으로 감사의 말씀을 드리고 싶다.

2009년 9월 22일

나가사와 세이지 長澤成次

역·자 머리말

역자는 80년대 후반부터 약 10여년간 일본에서 유학을 하면서 평소 일본인들이 공민관·근로회관·부인회관·스포츠센터 등의 편의시설을 이용하여 다양한 문화생활을 즐기는 것을 보아 왔다. 즉 일본에는 어느 지역이든 주민의 편의시설이 잘 조성되어 있어서 주민들은 이러한 시설들을 이용하여, 다도·서예·꽃꽂이·퀼트·외국어학습·댄스·스포츠·음악·공예 등의 다양한 취미활동을 한다. 역자는 그때부터 한국에도 이와 같은 주민을 위한 공간들이 많이 만들어져서 그곳에서 주민들이 함께 모여서 취미생활도 즐기고, 또 새로운 정보도 공유할 수 있었으면 좋겠다는 생각을 해 왔다. 다행이도 그 후 한국에도 이와 같은 주민을 위한 편의시설들이 많이 만들어졌다. 즉 각 지역 주민센터에 주민을 위한 공간들이 만들어져서 지역 주민들이 다양한 취미생활을 할 수 있게 되었으며, 그 이외에도 여러 곳에 스포츠센터와 문화센터가 들어서게 되었다.

일본의 공민관에 관해, 2008년 2월 "주민자치와 평생학습의 마을 만들기-일본 공민관의 역사와 실천-"이라는 번역서를 출판하고, 이번 2009년 9월 "주민자치와 평생학습의 마을 만들기Ⅱ-삶과 지역을 만드는 일본 공민관의 실천과 과제-"라는 한국어 번역서를 출판하게 되었다. 이러한 것은 일본의 공민관 연구의 권위자이신 국립 치바(千葉)대학의 나가사와 세이지(長澤成次) 교수님과의 인연에서 비롯된 것이라고 생각한다. 나가사와 세이지 교수님은 일본의 공민관에 대해 오랫동안 연구를 해 오신 분으로, 한국에서 개최하는 주민센터와 관련된 심포지움에 여러 차례 강연자로 초청받은 적이 있다. 그 뿐만 아니라, 한국의 주민센터에 관한 연구에도 많은 관심을 가지고 그 현황을 조사하기 위해 한국 내의 주민센터를 직접 방문하기도 하였다.

역자는 이 책이 한국 각 지역의 주민센터 운영에 있어서 조금이나마 참고 자료가 되길 바랄 뿐이다. 그리고 전편에 이어 본서를 한국어로 번역하도록 해 주신 나가사와 세이지 교수님께 깊이 감사드린다. 또 항상 곁에서 힘이 되어 주신 어머니를 비롯하여, 아내 서영, 아들 지훈·세훈, 그리고 형제들에게 깊이 감사드린다.

아울러, 이 책의 한국어판 번역에 도움을 준 여러분들, 그리고 이번 출판 또한 기꺼이 맡아주신 제이앤씨의 관계자 여러분께 깊이 감사의 말씀을 전하고 싶다.

2009년 9월 27일

김창남 金昌男

들어가며

공민관은 (1)일정한 향토지역을 기반으로 하고, (2)생활의 향상을 목적으로 하는, (3)교육문화 사업시설이다. 그렇다면 공민관이 신일본건설과 더불어 달성해야 하는 정치·문화·경제적 역할은 무엇인가. 이것을 요약하자면 정치적으로는 (1)자치정(自治政)의 민주화를, 문화적으로는 (2)교육의 사회화를, 경제적으로는 (3)산업의 과학화를 지향하는 것이라 할 수 있을 것이다.

-문부성 사회교육과장 데라나카 사쿠오(寺中作雄) '공민관의 법제' 중에서
공민관연구회편찬 "공민관 독본" 제1949년 수록

문부 차관의 통첩 '공민관의 설치 및 운영에 대하여'(1946년 7월 5일)에 의해 설립되어 사회교육법(1949년)에 의해 법제화 된 공민관에 대해 데라나카 사쿠오는 이렇게 서술하며 신 일본건설에 있어 공민관이 지향해야 하는 역할을 제시하고 있다.

데라나카에 의하면 '자치정의 민주화'란 '…진실로 지방민의 공공정신과 협동정신, 자립정신과 협력정신을 바탕으로 세운 자치적(自治的)체제를 실현함에 있어 공민관이 그 역할을 다하고 민주정치

확립에 필요한 국민여론(国民輿論)의 온양지(醞釀地), 국민교양의 수련장이 되는 것'이다. 그리고, '교육의 사회화'란 '자칫하면 폐쇄적, 획일적, 형식적 교육의 병폐에 빠지기 쉬운 학교 교육의 방식을 피하고, 자유로운 형식과 독립성과 기동력 있는 방법을 통해, 사회의 요구와 생활의 실태에 직면하는 교육을 넓게는 청소년, 노동자, 여성층, 일반성인 등 여러 각 계층에 개방하는 기관으로서 공민관이 그 기능을 다하는 것'이다. 마지막으로, '산업의 과학화'란 '일본경제의 자립을 근본으로 산업의 진흥에 과학적인 기초를 덧붙여, 공민관이 과학지도에 의한 산업능률화를 매개하는 도장적(道場的) 역할을 하는 것'이라고 지적하고 있다. 실제로 치바(千葉)현 치쿠라정(千倉町) 공민관보 '치쿠라(千倉)소식'(제5호,1955년8월20일)에는 '산업 5개년계획안 모집… 1.계획안은 농업, 어업, 상업(금융도 포함함)을 주체로 한 종합계획안이어야 하며, 2.상금은 1등 5천 엔…'이라는 기사가 게시되어 있다. 공민관은 확실히 지역의 산업진흥을 담당한다는 자각(自覚)을 가지고 있었다.

  데라나카의 기대로부터 60년 남짓. 전국 각지에 설치되어 있는 17,143관 (문부과학성 "헤이세이 17년(2005년)도 사회교육조사"에서)의 공민관, 그리고 지역·지자체에 존재하는 많은 자치공민관, 마을내의 공민관, 아자(字)[1]공민관 등은 많은 곤란에 직면해 있음에도 불구하고 전후(戰後)[2]공민관의 정신을 저변에 유지하면서, 지역주민과 직

---

1) 아자(字) : 마을보다 작은 행정구획, 한국의 동·리 정도의 개념
2) 전후(戰後) : 전후라는 말은 일본에서 1945년 이후를 가리킨다.

원의 공동의 힘으로 지역·지자체에 뿌리를 내려 왔다.

그러나 지금 그 공민관이 커다란 시대의 횡파를 받고 있다. 2003년의 지방자치법 '개정'에 따라 등장한 지정관리자(指定管理者)제도는 지자체의 경비절감을 목적으로 '공공시설'을 주식회사에 위탁할 수 있다는 제도이다. 국회심의에서는 개별법 우선의 원리를 주장하며, 이 제도를 교육기관으로서의 공민관까지 적용시키려는 지자체가 나타났으며, 도입에 대한 압력은 지자체의 행정재정 개혁을 바탕으로 더욱 강해졌다. 공민관의 유료화나 직원 및 예산의 삭감, 공민관의 수장부국(首長部局)으로의 이관(移管), 더 나아가 공민관 자체를 폐지하는 지자체도 나타나고 있다. 주민의 학습권리 보호를 중심으로 하는 공민관의 교육기관으로서의 기본적 성격과 공공성이 지금 붕괴되려고 하고 있다.

공민관을 지탱하는 법제도(法制度) 또한 크게 변화하고 있다. 헌법과 밀접하게 연관되어 제정된 1947년의 교육기본법은 교육개혁 국민회의보고(2000년12월)를 계기로 '개정' 작업이 진행되어 2006년에는 교육에 대한 국가통제법 이라고도 할 수 있는 교육기본법이 탄생하였다. 애국심 등을 규정한 '제2조의 교육목표는…. 가정교육이나 사회교육에 대해서는 교육을 행하는 자에게 구체적인 교육내용이 맡겨지고 있다'(고사카[小坂] 국무대사 교육기본법에 대한 특별위원회기록 제12호 2006년6월8일) 라고 기술되어 있음에도 불구하고, 2008년 1월 23일에 공표된 중앙교육심의회 평생학습분과회 '답신소안'의 '머리말'에서는 '교육의 목표(제2조)'는 '학교교육뿐만 아니라 평생학습・사회교육 관계의 규정의 충실'이라 기술되어 있으며, 더욱이 '국민이 필요로 하는 힘'에 대해서도 언급되어 있다. 같은 소안(素案)에 바탕을 둔 사회교육법개정안도 현재 준비되어 있어, 공민관에서의 배움의 자유와 자치(自治)가 위협받는 사태가 벌어지고 있다.

　이와 같이 공민관에 대해 비판적인 시대이니만큼 더욱 더 주민의 배움과 마을 만들기에 전념하는 공민관의 역할과 그 풍부한 가능성을 이론적, 실천적으로 제시해 나갈 필요가 있다. 본서는 이를 위해, 제1장 '삶과 지역을 만드는 공민관의 과제'에서는 2003년에 전면 개정된 공민관의 설치운영 기준과 지정관리자 제도에 대해 언급하고, 또 지역문화 창조와 인권존중 사회의 창조, 그리고 건축학적인 시점에서의 논고도 새롭게 첨부하여 공민관의 현대적 과제를 제시하였다. 제2장 '현대의 학습과제에 다가서다'에서는 치바(千葉)현 내에 있는 어린이, 젊은이, 육아, 여성, 평화, 스포츠, 지역 만들기 등에 관련되는 여러 가지 공민관의 실천현황을 게재하였으며, 제3장 '공민관의 임파워먼트(empowerment)'에서는 교육위원회와의 관계를 비롯하여 전문직으로서의 공민관 주사(主事)의 주체적 역량형성을 둘러싼 과제와 그 실천에 대해 언급하였다. 그리고 제4장 '삶과 지역을 만드는 시민교육'에서는 '시민이야말로 배움의 주인공이다'라는 관점에서, 배움의 창조와 지역의 공민관 만들기에 주체적으로 관여해 오신 시민여러분께 집필 요청을 하였다.

　이전 편저 "공민관에서 배우다Ⅱ-자치와 협동의 마을 만들기"로부터 5년. 이번 "공민관에서 배운다Ⅲ-우리의 생활과 지역을 창조하다" 역시 치바(千葉)의 동료들-다카세 요시아키(高瀨義彰), 아키모토 준(秋元惇)씨, 후세 토시유키(布施俊之)씨, 야마시타 요이치로(山下要一郞)씨-와의 의논에서 나온 것이다. 공민관에 관심을 가지는 시민, 공민관 직원, 지자체 직원, 학생, 그리고 연구자 여러분들이 학습회, 연수, 수업의 교재로서 활용해 주길 바라며 또 솔직한 의견 및 비판 등도 해 준다면 더할 나위 없이 기쁘겠다.

마지막으로, 출판사정이 어려운 때에, 간행을 담당해 주신 고쿠도샤(國土社) 관계자 여러분들께 진심으로 감사드린다.

2008년 3월

나가사와 세이지 長澤成次

목차

· 편저자 머리말 / 1
· 역 자 머리말 / 4
· 들어가며 / 6

제1장   삶과 지역을 만드는 공민관의 과제 / 015
   1. 공민관을 둘러싼 현대적 과제_017
      - 공민관 설치운영기준의 전면개정과 지정관리자제도
   2. 지역문화를 만드는 공민관_031
   3. 인권존중사회의 창조와 공민관 - 그 과제와 가능성_043
   4. 주민의 학습을 지원하는 공민관 건축의 사상_057

제2장   현대의 학습 과제에 다가서다 / 073
   1. 지역에서 아이들을 키운다_075
   2. 매력적인 청소년사업을 찾아서 - 보켄야로(冒險野郞) B팀의 궤적_091
   3. '육아'에서 시작되는 '자아찾기'_103
   4. 지역·대학과 연계한 청년 커리어 교육_115
   5. 지역의 생활을 지원하고 키워 온 여성의 삶에서 배운다_127
      - 청취기록의 확대
   6. 오키나와(沖繩)의 에이사를 통한 평화문화 교류사업_141
   7. 생활에 뿌리박힌 평화학습을 모색하며_151

- 생활사・개인사 강좌의 자세
 8. 지역에 스포츠클럽을 만들다_167
 9. 지역 만들기의 구호 - 지혜와 아이디어! 의욕과 실행!_175
 10. '서로 배울 수 있는 마을・시스이(酒々井)'를 목표로_191
   - 타운 미팅으로 뉴 컬리지코스 재편
 11. 지역에 뿌리내린 인자이(印西) 시민 아카데미_201

제3장 공민관의 임파워먼트 / 221
 1. 공민관에 있어 교육위원회란_223
 2. 공민관 사업을 어떻게 편성할 것인가_235
 3. 치바(千葉)현 공민관 연락협의회 주사부회(主事部会) 숙박연수회를 위한 노력_241
 4. 공민관의 과거・현재・미래를 이야기하다_257
   - 후나바시(船橋) 서부공민관의 '지역강좌'에 대해

제4장 삶과 지역을 만드는 시민 학습 / 271
 1. 지역을 즐기고 배워 온 47년_273
   - 후나바시(船橋)시 후타와(二和)・미사키(三咲) 부인학급
 2. 만남・소통・이해_289
   - 우라야스(浦安)시 도다이지마(当代島) 공민관 내 카페 코너
 3. 우리들은 공민관을 사랑합니다_303
 4. 모임의 저편에 미래가 보인다_317
   - 기사라즈(木更津)시 공민관의 모임에 참가하여

【칼럼】

◆ 공민관을 좋아하게 된 나 / 071
◆ 어린이가 주인공인 기쿠타(菊田) 어린이 축제 / 218
◆ 지자체를 뛰어넘은 직원들의 관계 / 220
◆ 공민관을 배우고 변한 나 / 331

【자료】

◆ 사회교육법(발초) / 333
◆ 공민관의 설치 및 운영에 관한 기준 / 339

제1장
삶과 지역을 만드는 공민관의 과제

제1장 삶과 지역을 만드는 공민관의 과제

공민관을 둘러싼 현대적 과제
공민관 설치운영기준의 전면개정과 지정관리자제도

공민관을 둘러싼 현대적 과제

- 공민관 설치운영기준의 전면개정과 지정관리자(指定管理者)제도

　1980년대 후반 이후, '지방분권' '행·재정개혁' '규제완화'의 깃발 아래 공민관은 커다란 시대의 흐름속으로 휩쓸려 들어왔다. 그 흐름은 국가의 구조개혁노선에 따라 더욱 가속화되어 가고 있다. 공민관의 유료화, 직원삭감·예산삭감, 수장부국(首長部局)으로의 이관 등이 각지에서 진행되고, 2003년의 지방자치법개정에 따라 지정관리

자제도가 도입되어 공민관을 포함하는 '공공시설'을 주식회사에게까지 위탁하는 것이 가능하게 되었다.1)

한편 2006년 12월의 교육기본법 '개정'이 애국심의 강제로 상징될 정도로 교육에 대한 국가적 통제의 흐름도 강해져가고 있다. 또 같은 법률인 교육기본법 제12조(사회교육)에서는, '도서관, 박물관, 공민관 등의 시설 설치'(1947년 교육기본법 제7조)가 '도서관, 박물관, 공민관 그 외의 다른 사회교육시설의 설치'로 바뀌고, 법의 형식상 '도서관, 박물관, 공민관'은 보다 일반적인 개념인 '사회교육시설'의 예시로 규정이 되었다. 근거법이 명확한 공민관을 기피하는 근래의 지자체의 '행정·재정개혁'을 생각해 볼 때, '사회교육시설'의 이름으로 사회교육법 등의 개별법에 입각하지 않은 사회교육시설의 설치, 수장 부국으로의 이관, 지정관리자제도의 도입 등이 한층 더 심해질 것이라고 예상된다.2)

이미 2006년의 교육기본법에 따른 교육 관련법 개정도 진행되었고, 2007년 3월에는 교육 3법(학교교육법, 교육직원면허법 등 지방교육행정조직 및 운영에 관한 법률)이 개정되었다. 특히 지방교육행정법에서는 교육위원회의 '직무권한의 특례'(제24조 2항)에 의해 지방공공단체의

---

1) 문부과학성 "2005년도 사회교육조사보고서"의 '설치자별 지정관리자(관리수탁자를 포함)별 공민관수'에 의하면 전국의 공민관 17,143관내 지정관리자(관리수탁자를 포함)는 574관(내역… 시(구)정촌 1, 조합 1, 민법제34조의 법인 184, 회사 10, 비영리조직(NPO) 3, 그 외 375)이다.
2) 나미모토 카쓰토시(浪本勝年)·미카미 아키히코(三上昭彦) 편저 "'개정'교육기본법을 생각한다-축조해설(逐條解說)" 기타키(北樹)출판, 2007년을 참조.

장이 '스포츠에 관한 것(학교에 있어서는 체육에 관한 것을 제외)', '문화에 관한 것(문화재의 보호에 관한 것을 제외)'을 관리·집행할 수 있도록 개정되었다. (시행은 2008년4월1일)[3] 이것은 교육행정의 일반 행정으로부터의 독립이라는 전후(戰後) 교육행정개혁의 이념을 크게 변경하고 사회교육행정의 일반 행정으로의 포섭을 한층 더 강화하는 것이다.

현재, 중앙교육심의회·문부과학성에서 2006년 교육기본법에 따른 사회교육법 개정작업이 진행되고 있다. 현 단계에서 단언하기는 힘들지만, 만약 규제가 완화 되어 법 개정이 이루어진다면 2000년의 지방분권일괄법에 의한 사회교육법개정에 이어 사회교육행정 및 공민관에 관한 여러 규정에 커다란 영향을 끼치게 될 것이다.

공민관을 둘러싼 이와 같은 정책적, 법제적 동향에 입각하여 본고에서는 졸고 '공민관의 자치와 분권 창조'("주민자치와 평생학습의 마을만들기" 2003년-한국어역은 2008년 출판)이후에 전개된 국가의 공민관 정책을 쫓는 동시에 공민관을 둘러싼 현대적 과제를 제시하고자 한다.

---

3) 졸고 '사회교육에 있어서 교육위원회제도란' "월간사회교육" 2008년 2월호, 고쿠도샤(国土社)를 참조.

공민관 정책을 둘러싼 동향

(1) '공민관의 설치 및 운영에 관한 기준'의 전면개정 (2003년6월6일)[4]

2003년 이후의 공민관 정책에 있어 가장 큰 화두는 '공민관의 설치 및 운영에 관한 기준'의 전면개정과 앞서 서술한 지정관리자제도이다. 전자에 관해서는 실증적인 추적조사 작업이 필요하지만, 여기서는 개정된 조문을 기초로 비판적인 검토를 해보고자 한다.

2001년 7월에 내각 총리의 자문기관으로서 설치된 지방분권 개혁 추진회의는 '사무·사업의 올바른 자세에 관한 의견 -자주·자립의 지역사회를 목표로(2002년10월30일)'을 정리하였으며, 특히 '공립박물관과 공민관의 설치 및 운영에 관한 기준의 대강화(大綱化)·탄력화(2002년 중에 실시), 공립박물관과 공민관의 설치 및 운영에 관한 기준에 관해서는 기준을 정량적(定量的)으로 나타내도록 되어 있으나, 2002년 실현을 목표로 대강화·탄력화를 도모하고, 국가 관여의 한정화와 지역의 자유도 향상에 힘쓴다'라고 지적하고 있다.

이 '의견'에서는 '21세기에 적합한 분권형 행정시스템의 구축'을 주장하는 한편, 또 개혁의 방향으로서 '국가와 지방의 역할분담의 적정화' 등을 지적하고, '국민 최저생활수준의 달성'에 있어 '각 지역의 최적의 상태를 의미하는 "지역·최적조건(local optimum)" 실현'이라는 방향을 제시하였으며, '아직 다수의 법령에 의한 의무부여와 필치

---

4) 자세한 것은 '공민관의 설치 및 운영에 관한 기준(축조해설)' 사회교육추진전국협의회 "주민의 학습과 자료" 2003년을 참조.

규제들이 잔존해 있다', '국가는 의무교육을 중심으로 한 교육의 기반 정비에 그 역할을 중점화', '현행법상 공공단체, 공공적인 단체 및 소위 제3섹터 등에 한정되어 있는 지방자치법 제244조 2항의 공공시설의 관리수탁자의 범위를 민간사업자까지 확대한다'등을 지적하였다. 말할 필요도 없이, 후자의 지적은 2003년의 지방자치법개정에 의한 지정관리자제도의 도입으로 구체화되었다. 이러한 변천과정을 거쳐 2003년 6월 6일 '기준'은 44년 만에 전면 개정되었다.

본래 사회교육시설 기준 법제는 교육행정의 책무인 '모든 조건의 정비확립'(1947년 교육기본법)에 따라 수량적, 정량적으로 제시되어 있어야 의미가 있다.[5] 정량적으로 제시되어 있지 않은 기준은 기준법제의 본래의 의미를 잃고, 공민관 사업에 대한 국가 통제적 성격이 나타날 가능성이 있다. 물론, 필자도 개정된 '기준'의 적극적인 부분을 활용하고 있는 입장이지만, 여기서는 전10조 중 몇 개의 조문에 대한 비판적 문제 제기를 통해 공민관의 과제에 대해 접근해 보고자 한다. 또한, 전면개정 된 기준의 전문에 대해서는 본서 권말의 자료를 참조하기 바란다.

---

5) 1959년 '공민관의 설치 및 운영에 관한 기준' 제3조 '공민관의 건물의 면적은 330평방미터 이상으로 한다. 다만 강당을 갖추는 경우에는 강당 이외 건물의 면적은 330평방미터를 밑돌지 않도록 한다.' 제7조 (연락 등을 맡는 공민관) '2전항에 규정된 공민관의 강당 이외의 건물 면적은 330평방미터이상으로 하도록 노력한다.' 라는 수치는 새로운 기준에서는 삭제되어 있다.

○제2조 (대상구역)에 관해서

이 조문은 사회교육법 제20조(목적)의 '공민관은 시정촌(市町村) 외 일정구역내의 주민을 위해……'(방점 저자)를 구체화하고 있는 매우 중요한 조문이다. 이번 개정에서는 '해당 시정촌의 초등학교 또는 중학교의 통학구역(유아 또는 학생이 진학해야 할 학교를 지정하는 기준이 되어 있는 구역을 말함)'이 삭제되고 '일상생활권'이 삽입되었다.

공민관 지역배치에 있어서 초등학교 및 중학교 구역에 관해서는 일찍이 문부성 자체가 '공민관 사업의 주된 대상이 되는 구역에 대해서는, 일반적으로 시의 경우는 중학교의 통학구역, 정촌(町村)의 경우는 초등학교의 통학구역을 고려하는 것이 바람직하다고 생각된다'("공민관의 설치 및 운영에 관한 기준"의 처리에 관해서' 1960년 2월 4일 문사시[文社施] 제54호, 각 도도부현[都道府県] 교육위원회 앞 사회교육국장통지)라고 서술하고 있었으므로, 오늘날 학교와 지역 간의 연대가 요구되고 있는 시점에서 '통학구역'을 삭제하는 것은 퇴보라고 말하지 않을 수 없다. 또한 시정촌 합병에 대한 대응에 관해 문부과학성은 '시정촌 합병을 할 때에 공민관의 배치가 재검토되는 경우에는 지역주민의 이용 상의 편의를 손상하는 등 공민관 활동의 진전에 방해되는 일이 없도록 충분한 유의를 바란다'[6]고 지적하고 있다.

---

6) '"공민관의 설치 및 운영에 관한 기준"의 고시에 관해(통지)' (15문과생 제343호 2005년 6월 6일, 각 도도부현(都道府県) 교육위원회교육장앞 문부과학성 평생학습정책국장 통지)

○ 제4조 (지역의 가정교육지원거점으로서의 기능의 발휘)에 관해서

2001년의 사회교육법개정7)으로 신설된 제5조 7호 '가정교육에 관한 학습의 기회를 제공하기 위한 강좌의 개설 및 집회의 개최 장려에 관한 것'에 관련해서 '공민관은 가정교육에 관한 학습기회 및 학습정보의 제공, 상담 및 조언의 실시, 교류기회 제공 등의 방법으로 가정교육에 대한 지원에 힘쓴다'라고 규정되었다. 제5조의 '가정교육에 관한 학습의 기회'부터 '가정교육을 위한 지원 충실'까지 규정의 범위를 확대하고 있다.

○ 제5조 (봉사활동·체험활동의 추진)에 관해서

마찬가지로 2001년의 사회교육법개정으로 신설된 제5조 12호에서는 '청소년에 대해 자원봉사활동 등 사회봉사체험활동, 자연체험활동 및 기타 체험활동의 기회를 제공하는 사업의 실시 및 그 장려에 관한 것'의 규정에 따라 '공민관은 자원봉사의 양성을 위한 연수회를 개최하는 등의 방법을 통해 봉사활동·체험활동에 관한 학습기회 및 학습정보의 제공에 힘쓴다'라고 규정되었다.

사회교육법에서는 일반적인 개념으로서 체험활동이 정의되고 그 예시규정으로서 사회봉사체험활동과 자연체험활동이 규정되어 있음에도 불구하고 제5조의 표제에 있어서 봉사활동과 체험활동을 동격으로서 다루는 것은 명백히 자연체험활동을 등한시 하는 행위가

---

7) 자세한 것은 졸고 '사회교육개념의 변질과 새로운 국가통제' "월간사회교육" 2001년 5월호, 고쿠도샤(国土社)를 참조.

될 것이다. 또 '자원봉사의 양성'이라는 말이 명시되어 있는데 자원봉사에 관한 학습과 참가의 자유를 생각해 볼 때 신중하게 사업을 진행할 필요가 있다.

○제7조 (지역의 실정에 입각한 운영)에 관해서

구법 제8조(공민관운영심의회)를 따른 조문이지만 표제부터 공민관 운영심의회가 삭제되었다. 제1항에서는 '공민관의 설치자는 사회교육법 제29조 제1항에 규정된 공민관 운영심의회의 설치 등의 방법에 의해 지역의 실정에 맞고 지역주민의 의향을 적절히 반영한 공민관의 운영이 이루어지도록 힘쓴다'고 규정되어 '…의 설치 등'이라는 표현에서 알 수 있듯이 공민관 운영심의회 이외 지역주민의 의향반영 시스템도 상정하고 있다. 2000년 4월 시행된 지방분권일괄법에 의한 사회교육법개정에 의해 공민관 운영심의회의 필치제가 폐거된 이후 각지에서 공민관 운영심의회가 폐지되고 있다. 임의설치라고는 해도 사회교육법에 근거를 둔 공민관 운영심의회의 설치야말로 중요시되어야 할 것이다.

○제8조 (직원)에 관해서

조건정비로서의 기준 법제를 생각하는 경우 직원규정이 극히 중요한 것은 말할 필요도 없다. 그렇지만 이번에 개정된 내용을 살펴보면 구법 제5조(직원)의 '공민관에는 관장 및 주사를 두고 공민관의 규모 및 활동상황에 맞게 주사의 수를 증가하도록 힘쓴다'가 '공민관의 관장을 두고 공민관 규모 및 활동영역에 알맞게 주사 및 그 외의 필요한 직원을 두도록 힘쓴다'로 변경되어 주사의 필치규정과 주사의 인원증가 노력의무가 삭제되었다.

공민관의 사업실시에서 공민관 주사가 극히 중요한 역할을 한다는 것은 사회교육법 제27조 제3호 '주사는 관장의 명령을 받아 공민관 사업의 실시를 맡는다'를 원용할 필요도 없이 명백하다. 그러한 의미에서 제8조 제1항은 이번 전면개정 중에서도 최대 후퇴라고 말하지 않을 수 없다. 한편 제2항의 '공민관의 관장 및 주사는 사회교육법에 관한 식견과 경험을 지닌 동시에 공민관의 사업에 관한 전문적인 지식 및 기술을 지닌 자로 충당하도록 힘쓴다는 옛 규정 그대로 남아 있다. 이것은 공민관 직원의 전문성을 담보하는 중요한 규정이며, 한층 그 전문성을 담보하는 구체적인 시책으로서 제3항 '공민관의 설치자는 관장, 주사, 그 외 직원의 자질 및 능력의 향상을 꾀하기 위해 연수의 기회를 충실하게 제공한다'가 신설된 것은 높이 평가된다.

○제10조 (사업의 자기평가 등)에 관해서

'공민관은 사업 수준의 향상을 꾀하고 해당 공민관의 목적을 달성하기 위해 각 연도의 사업 상황에 관해서 공민관 운영심의회 등의 협력을 얻어 스스로 점검 및 평가를 행하고 그 결과를 지역주민에게 공표하도록 힘쓴다'고 되어 있다. 여기에서는 '행·재정개혁'과 '지자체 인원정리'와 연계된 행정평가가 아니라 어디까지나 '스스로 점검 및 평가를 행함'이라고 명기되어 있는 점이 중요하다. '사업의 자기평가 등'이 필요한 것은 말할 필요도 없다. 그러나 어디까지나 교육의 논리에 따라 헛된 수치와 결과에 현혹되지 않으며 철저히 사업의 과정을 중시하는 동시에 주민학습의 성과를 명시하는 방법을 공민관 운영심의회와 함께 다양하고 창조적으로 만들어 갈 필요가 있다.

이상 '기준'을 비판적으로 검토해 보았으나 지역에서의 활발한 공민관 활동을 위한 제도적 보장으로써 사회교육법 제24조(공민관의 설치) '시정촌(市町村)이 공민관을 설치하도록 할 때는 조례로 공민관의 설치 및 관리에 관한 사항을 정해야만 한다'에 의거하여 지역·지자체의 상황에 맞게 자치적이고 개성적으로 공민관 조례를 만들어 나가는 것이 요구되고 있다.

(2) 공민관의 지정관리자제도 도입의 문제점[8]

여기서는 공민관의 지정관리자제도 도입을 둘러싼 문부과학성의 대응을 중심으로 논의해 보고자 한다. 문부과학성은 지방자치법이 개정된 해인 2003년, 11월 21일의 경제재정자문회의에서 '지방자치법개정에 의한 지정관리자제도의 도입에 따라, 앞으로는 관장업무를 포함한 전면적인 민간위탁이 가능하다는 것을 다시 한 번 명확히 주지'한다는 태도를 표명한 후 몇 개의 문서에 의해 '주지'시키는 한편, 2005년 1월 25일에는 공민관의 관장업무까지 포함한 전면위탁이 가능하다는 근거를 나타낸 문서('전국평생학습·사회교육 주관부 과

---

[8] 졸고 '사회교육시설에 지정관리자제도는 어울리지 않는다' 지자체문제연구소편 "NPM행혁(行革)의 실상과 공무공공성" 지자체연구사, 2006년

장회의-사회교육시설에서의 지정관리자제도의 적용에 대해')를 발표했다.

그 문서의 주요 내용은 ①공민관, 도서관 및 박물관 등 사회교육시설에 관해서는 '지정관리자제도를 적용하고 주식회사 등 민간 사업자에게도 관장업무를 포함한 전면적 관리를 위탁하는 것이 가능함', ②지정관리 중에도 공민관, 도서관 및 박물관은 관장(박물관에 관해서는 큐레이터도)을 반드시 두어야만 함, ③사회교육법 제28조와 지방교육행정의 조직 및 운영에 관한 법률 제34조에서는 관장과 직원의 임명을 교육위원회가 행하게 되어 있으나 지정관리자가 고용하는 자는 공무원이 아니기 때문에 교육위원회의 임명은 불필요함, ④지정관리자제도의 적용에 관해서는 지방공공단체가 판단함, ⑤'업무의 범위'는 '공공시설의 목적을 효과적으로 달성한다'는 관점에서 설정함, ⑥개인정보의 취급에는 특히 유의함, ⑦도서관에 적용하는 경우 '이용요금의 설정'에 대해서는 도서관법 제17조의 규정에 유의하도록 함, 등이 있다.

이와 같은 문부과학성 문서의 최대의 문제점은 교육기관으로서의 사회교육시설은 교육위원회가 관리한다는 법적규정과 교육위원회에 의한 교육기관 직원임명권을 스스로 부정하고 있다는 점이다.

지방자치법 개정시의 국회에서는 '개별법이 있으면 그것을 우선한다……'(제165회 국회총무위원회, 2003년5월27일)라는 가타야마(片山) 총무성대신(당시)의 답변이 있었고 또 2003년 7월 17일부 '지방자치법의 일부를 개정하는 법률의 공포에 관해서'(총무성 자치행정국장통지)에서도 '도로법·하천법·학교교육법 등 개별적인 법률에서 공공시설의 관리주체가 한정되어 있는 경우에는 지정관리자제도를 취하는 것이 불가능하다'(방점 저자)라고 지적되고 있다. 또한 지방교육행정법 제23조(교육위원회의 직무권한)는 '교육위원회는 해당 지방공공단체가 처리하는 교육에 관한 업무 중 다음에 게재하는 것을 처리하고……' 에서 '교육위원회 소관에 속하는 제30조에 규정된 학교 및 그 외의 교육기관의 설치, 관리 및 폐지에 관한 것'으로 규정하고 있다.

공민관은 제30조에서 명확히 교육기관으로 규정되어 있고 이러한 사회교육기관의 관리주체가 교육위원회인 것은 명확하다. 즉 공민관은 자치행정국장 통지에서 말하는 '관리주체가 한정되어 있는 경우'에 명백히 해당한다.

만약 공민관에 지정관리자제도가 도입되어 주식회사 등 민간사업자가 지정을 받으면 '영리사업을 원조하는 것'을 금지한 사회교육법 제23조에 모순될 뿐만 아니라, 지자체로부터의 낮은 위탁료를 보충하기 위해 수익자의 부담이 강화되는 것을 피할 수 없다. 또 민간사업자의 운영방침에 의해 효율성을 최우선으로 하는 사업내용의 편성 및 공민관 운영심의회와 같은 주민자치 시스템의 경시, 더 나아가 '사용허가' 권한이 지정관리자에게 부여된 경우에는 '배움의 자유'까지 위협당할 가능성도 부정할 수 없다.

게다가 제도 도입의 최대 목적인 '경비의 절감 등'(자치행정국장통지)을 위해 인건비가 삭감되어 공민관에서 일하는 직원의 노동조건이 눈에 띄게 저하되고, 그로 인해 직원의 전문성을 지탱하는 물질적·정신적인 기반 자체가 무너질지도 모른다. 또한 공무원 자격을 잃게

됨에 따라 모럴 해저드(Moral hazard)가 일어날 가능성도 높다. 협정서 등에 의한 공비(위탁금·지정관리금) 지출에 대한 시민과 의회의 확인의 필요성과 함께 민간사업자가 도산하는 등의 위험도 발생하며, 무엇보다도 가장 큰 제도설계상의 문제는 3년 내지 5년이라고 하는 기간의 지정에 따라 교육기관으로서의 공민관사업의 안정성·계속성이 끊어진다는 것이다.

이러한 공민관 지정관리자제도의 적용은 헌법·교육기본법·사회교육법이 정하고 있는 지역주민의 학습권보장에 대한 공적책무의 포기로 이어질지도 모른다는 우려의 목소리가 높아지고 있다.

삶과 지역을 만드는 공민관의 과제

공민관을 둘러싸고 이와 같은 긴박한 상황이 펼쳐지고 있는 가운데, 보다 인간답게 생활할 수 있는 지역사회를 창조하는 데에 있어 공민관에 새로운 기대가 모아지고 있는 것 역시 사실이다. 물론 지역·지자체의 다양성을 반영하는 각 공민관의 과제를 한마디로 말하는 것은 불가능하다. 그러나 평화와 민주주의의 가치를 높게 내걸었던 전후(戰後) 공민관의 원점으로 돌아가는 한편 지역주민의 삶의 과제로부터 출발하여 주민의 학습과 자치를 협동으로 창조하는 것을 공민관사업의 주된 축으로 삼아, 인권으로서의 교육권·학습권을 지역에서 보장하기 위한 공민관의 역할을 높여가는 것이 요구되고 있다고 말할 수 있을 것이다.

　이를 위해 지자체 행정 전체의 민주적 개혁과의 연계와 함께 지역주민과 사회교육전문직원의 협동을 축으로 한 지자체 사회교육행정의 자치적이고 민주적인 창조의 노력이 요구되고 있다.

나가사와 세이지(長澤成次)

제1장 **2** 삶과 지역을 만드는 공민관의 과제

지역문화를 만드는 공민관

　제2차 세계 대전 후 60여년에 걸친 공민관 역사에서 '지역 문화의 창조'라는 과제는 그 당시 사회 상황과 연관하여 항상 언급되던 중요한 테마이다. 전후(戰後) 초기의 이른바 '데라나카(寺中) 구상'에서는 종합적·다면적인 지역 만들기를 목표로 하는 공민관의 이념이 나타났으며 그 중요한 실천의 하나로 오락·사교·레크리에이션·문화의 표현활동이 자리 잡고 있다. 또한 고도성장기의 도시 공민관의 실천에 입각해서 정식화 된 '산타마(三多摩)강령' (도쿄[東京]도 교육청 사회교육부 "새로운 공민관상을 목표로 해서", 1974년)에서는 공민관의 네 가지 역할의 하나로 '공민관은 주민에 의한 문화 창조의 장이다'라는 이념을 내걸고 있어 지역문화 창조의 거점으로서 공민관의 이상적 모습이 명확히 제시되고 있다. 그로부터 30여년이 흐른 현대 일본사회에서는 버블붕괴 후 장기적인 경제 불황과 글로벌화가 진행되는 과정에서 이례 없이 수많은 혼란과 과제가 발생하고 있다. 즉, 인간형성과 사회형성의 양면에서 위기[1]가 심각해지고 있는 지금, 어떤 성격을 가진 '지역문화'의 창조가 요구되는 것일까. 그리고 공민관은 그 과제에 대해 어떠한 노력을 해 나가야 할 것인가.

본고에서는 이러한 문제의식을 기초로 하여 현대 일본사회에서 요구되고 있는 '지역문화'의 특징을 복지문화, 평화의 문화, 역사적인 전통 문화라는 세 가지 시점에서 파악한 후, 공민관을 비롯하여 지역사회에서 전개되고 있는 주목할 만한 실천 동향을 소개하고, 지역문화를 창조하는 공민관의 현대적인 가능성과 과제를 고찰하고자 한다.

'복지문화'의 창조와 공민관

초고령사회, 격차사회, 리스크사회라고 불리는 현대사회에서 지

---

[1] 교육문제에 관해서도 예리한 의견을 적극적으로 제시하고 있는 재정학자 신노 나오히코(神野直彦)는 최근 편찬한 "교육재생의 조건"(이와나미[岩波]서점, 2007년)에서, 교육위기의 본질을 '사회의 구성원이 성장할 수 있는 여건이 형성되어 있지 않은 사회의 전반적인 위기이다'라고 파악하고, 사회교육 및 평생학습의 문제까지 시야에 포함한 교육재생의 올바른 길에 대해 논하고 있다.

역문화의 창조를 생각할 때 '복지문화'를 언급하는 것은 필수적이다. '복지문화'란, 이치반가세 야스코(一番ヶ瀨康子)에 따르면 '자기실현을 목표로 보편화 된 "복지"의 질(QOL)을 묻는 과정에서 문화적 존재 방법의 실현 과정 및 그 성과에 있어서 민중들 사이에서 생겨나는 문화[2]'라고 정의하고 있다. 이러한 개념이 널리 정착되어 있는 배경으로는 다음 두 가지를 들 수 있다. 먼저 고도성장기 이후 생활의 질 향상에 대한 관심이 높아지고 노멀라이제이션(normalization)의 이념이 보급화 됨과 함께 장애자나 고령자의 복지의 질에 대한 의문이 대두되었다. 그리고 또 하나는 복지 마을 만들기와 함께 장애자, 고령자 스스로에 의한 문화 창조 노력이 활발해 진 것이다.

이와 같은 사회복지 영역에서 '복지문화'의 개념을 깊게 형성하는데 있어 사회교육 및 공민관의 현장에서 전개되어 온 실천이 달성해 온 부분을 간과 할 수 없다. 예를 들면 도쿄(東京)도 아키시마(昭島)시 공민관의 고령자 교실에서는 자신의 역사 쓰기를 기초로 한 문집 "장작불"을 제작하는 활동이 30년간에 걸쳐서 계속되고 있다[3]. 1990년대 중반 이후, 각지에서 결성되며 그 의미가 주목받고 있는 고령자 협동조합 활동에 있어서도, 자신의 기록(역사)을 엮은 표현활동은 하나의 중요한 부분으로 인식되고 있다. 이러한 고령자의 자기표현

---

[2] 이치반가세 야스코(一番ヶ瀨康子) '복지문화란 무엇인가', 이치반가세 야스코 편 "복지문화론"(有斐閣, 1997년)
[3] 아키시마(昭島)시의 실천사례 및 공민관의 자기역사학습의 실천동향이나 그 의미에 관해서는 요코야마 히로시(橫山宏)가 편찬한 "성인의 학습으로서의 자기 역사"(고쿠도샤[國土社], 1987년)에 자세하게 서술되어 있다.

활동은 격동의 시대 속에서 각자의 개성적 인생을 살아온 사람들이 스스로 자신들의 행보를 되돌아보며 자신의 인생의 가치를 확인하고, 후대에도 전해졌으면 하는 바람에 기초한다고 할 수 있다. 90세가 된 지금에도 여전히 '교육이란 무엇인가' '개인의 존엄이란 무엇인가'라는 근원적인 테마를 제기하고 있는 교육학자 오다 타카시(大田堯)는 '자기 자신을 바꾸는 힘' '자기창출력'을 모든 생명체가 가진 뛰어난 공통적 특성이라 규정하고, 그중에서도 특히 인간의 자기형성은 '지상의 예술작품 창조라고 불러야 할 일'이라 주장한다[4]. 자신의 역사를 엮은 작품을 교정하며 교류를 쌓아가는 것은, 둘도 없는 각자의 인생의 의미를 서로 인정하고 인간으로서의 존엄과 긍지를 자각하고 있다는 의미가 있다. 또한 지역의 민중문화 기점을 만들고 인간상호의 유대를 깊게 해가는 것 역시 중요한 일이다.

현재 고령자의 표현활동은 자신의 역사뿐만 아니라 음악, 연극, 뮤지컬, 사교댄스, 낭독, 회화, 도예 등 여러 영역으로 확산되고 있다. 이러한 활동의 중요한 거점 중 하나가 공민관이다. 예를 들어, 현재 널리 알려져 있는 도쿄(東京) 히노(日野)시의 '히노곳타니(日野ごったに)극단'이 탄생하게 된 계기는 공민관에서 열리던 연극을 포함한 '고령자의 건강 만들기 사업'이었다. 현재도 공민관의 각 교실에서 일상적으로 연습을 하고 있으며, 지역의 공민관을 비롯하여, 보육원, 아동관, 간호시설 등에서 상연하고 있다. 또한 다른 지역의 공민관

---

4) 오다 타카시(大田堯) "'배고픈 배추벌레'와 학습권" (히토츠바시쇼보[一ツ橋書房]2007년)

축제에 초대받아 상연하는 등 공민관 사업과는 깊은 관계를 유지하고 있다.5)

그리고 음악을 예로 들자면, 오사카(大阪)부 가이즈카(貝塚)시립 하마테(浜手)지역 공민관에서는 '60세 이상을 위한 피아노 강좌 사업'이 하나의 계기가 되어 공민관에서 지속적으로 활발하게 활동하는 중고령층 남성이 증가하고 있다고 한다. 강좌의 담당자는 '처음에는 음표조차 읽지 못하여 한 손가락으로 피아노를 치던 사람이 10회의 강좌 종료 후 발표회에서는 악보를 외워서 양손으로 세곡이나 연주 한 것이 감동적이었다고 소감을 전한다.6) 강좌에 참가한 사람들의 동기는 가지각색이지만 음악과 피아노와의 만남이 새로운 자신의 가능성을 발견하고 사는 보람을 만들며 동료를 만드는 것으로 발전했다고 생각된다. 이와 같이 음악과 연극을 비롯한 예술적인 표현활동에는 일상의 자신과 다른 미지의 자신과 만나 끊임없는 표현과 창조의 과정을 통해, 새로운 자신을 창출해 가는데 의의가 있다. 또한 다른 사람들의 표현을 접함으로써 그 사람의 개성을 느끼는 한편 표현을 매개로 한 새로운 인간관계를 만들어 간다는 의의도 있을 것이다.

---

5) 구사나 시게유키(草野滋之)・신도 코우신(新藤浩伸)・이이즈카 노리코(飯塚哲子) '고령자・장애인의 표현활동' 하타 쥰(畑潤)・구사나 시게유키(草野滋之) 편 "표현・문화활동의 사회교육학"(학문사,2007년)
6) 오오야 카요코(大矢香代子) '중고령자 남성을 위한 강좌' "월간공민관" 2006년 5월호

'평화의 문화' 창조와 공민관

현대사회에서 '전쟁과 폭력, 평화'에 관련된 문제는 한 사람 한 사람의 시민이 일상생활에서 생각하고 판단하여 행동해야 하는 중요한 테마가 되고 있다. 제2차 대전이 종결 된 직후에 공민관 건설의 구상이 구체화된 배경에는 긴 전쟁에 의해 황폐해진 일본사회를 재건하고 평화로운 사회와 그것을 담당할 시민을 육성해야 한다는 '평화'에 대한 열렬한 소망이 담겨 있었다.[7] 전후(戰後)초기의 헌법학습강좌가 공민관을 중심으로 전개되던 것 역시 공민관의 원점을 생각할 때 간과 할 수 없는 사실이다. 이러한 전후초기의 공민관의 '초심'을 상기시키고 다시 한 번 '평화의 문화'를 창조하는 거점으로서 공민관의 가능성을 열어 가는 것이 현대적인 과제로 제기되고 있다.

'평화의 문화'라는 것은 전쟁과 폭력·환경파괴가 이례 없이 심각한 20세기의 역사에 대한 깊은 반성으로 '21세기를 평화가 지속되는 사회로 만들고 싶다'는 이념을 담아 UN과 유네스코가 제기 한 새로운 개념이다. 1999년에 나온 UN 결의 '평화의 문화에 대한 선언'에서는 제1조에서 '평화의 문화'를 가치관·태도·행동의 전통과 양식, 사는 방법에 관계있는 폭넓은 개념으로 정의하고 있다. 그 중에서도 '교육과 대화, 협력을 통해서 생명을 존중하고, 폭력을 멈추

---

[7] 데라나카 사쿠오(寺中作雄) "공민관의 건설" 1946년

고, 비폭력을 촉진하고, 실천하는 것' '사회와 국가의 모든 레벨에 있어 자유·정의·민주주의·관용·연대·협력·다원주의·문화적 다양성·대화·그리고 상호이해라는 원칙을 지키는 것'등의 이념은 현대를 살아가는 우리 시민들에게 요구되는 가치의식 및 일상 행동 원리로써 받아들여 실천을 해 나갈 필요가 있다.

이 선언이 나온 지 10년이 지난 지금, 폭력적인 테러와 그에 대한 보복 공격 및 이라크전쟁과 중동지역의 분쟁은 한층 더 심각해지는 등 국제사회의 현실은 '평화의 문화'의 이념을 저버리고 있다고 할 수 있다. 그러나 이러한 냉엄한 현실을 응시하면서 희망을 가지고 한 발 한 발 지역 속에서 조금씩 실천을 늘려가는 끈질긴 노력이 지금처럼 요구되는 때도 없을 것이다.

세계화가 급속히 진행되고 있는 현대 사회에서 '평화의 문화'를 이룩하는 바른 길을 생각함에 있어 빠질 수 없는 시점의 하나로는 지역에 '다문화 공생 사회'를 창조하는 것이다. 지역사회의 세계화, 다문화화가 진행되는 지금, 이러한 과제에 선진적으로 대처 해 온 자치단체, 특히 가와사키(川崎)시의 다문화공생 마을 만들기의 사례를 재조명할 필요가 있다.[8]

---

8) 호시노 슈미(星野修美) "지자체의 변혁과 재일한국인-공생의 시책 만들기와 그 고뇌" (아카시서점[明石書店], 2005년)

지역의 역사적인 전통문화의 재생과 창조

'지역문화의 창조와 공민관'이라는 테마의 고찰을 위해 지역에 역사적으로 축적된 개성적 정취를 자아내는 역사적 건축물, 문화재, 민요와 민화 등 민속 문화의 가치를 재발견하고 그것을 계승, 보존하여 지역의 공유재산으로 만들어 나가는 것은, 지역의 활력이 정체되고 재정문제로 인해 시정촌(市町村)의 재합병이 진행되고 있는 요즘에 특히 중요한 과제라 할 수 있다. 공민관을 비롯한 최근의 지역사회 교육 동향을 살펴보면 이러한 테마에 근접하여 주목 할 만 한 실천이 전개되고 있다.

예를 들어 2003년 이후 치바(千葉)현 기미쓰(君津)시의 구루리(久留里)성지자료관(한문)과 공민관이 협력하여 추진하고 있는 '구루리의 거리' 관련 사업은, 지역문화의 소산으로서의 구루리시장 거리의 문화적 가치에 주목하여 전문가의 협력을 통해 시민이 '거리'라는 지역문화를 재발견하고 마을 만들기의 주체로서 의식을 키워가는 매력이 넘치는 실천이다.[9] 특히 시사하는 바가 큰 점은 '이 사업은 다양한 사람들의 협력으로 성립되었다. 지역 간의 유대와 다양한 분야의 전문가의 참가를 통해 각각의 역할과 전문성을 활용하여 사업이 확대·심화되고 있다'라고 평가받고 있다는 것이다. 공민관과 박물관의 협동, 지역 단체와 시민의 협력, 전문가인 건축사와

---

9) 후세 케이코(布施慶子) '거리에 살아있는 문화와 그 가능성' 하타 쥰(畑潤)·구사나 시게유키(草野滋之) 편 "표현·문화활동의 사회교육학"(학문사, 2007년)

강사의 지도, 도서관의 협력, 지역의 사회교육 시설과 시민 및 전문가와의 세심한 협력이 바로, 이러한 매력적인 실천을 만들어 낸 커다란 힘이 된 것이다. '거리'라고 하는 독자적이고 개성적인 가치를 포함한 지역문화를 테마로 한 실천의 경우, 이러한 폭 넓은 지역 협동적인 연대가 매우 중요하다는 것을 이 보고를 통해 알 수 있다.

또 2007년 8월에 오사카(大阪)·가이즈카(貝塚)시에서 행해진 제47회 사회교육연구 전국 집회 제10분과회 '지역 문화 창조와 사회교육'에서 보고 된 네 개의 사례 ①-'하시모토(橋本)시의 역사 발견에 의한 마을 만들기'(하시모토[橋本]마을의 자료 보존회-무라키 히로시[村木 宏]) ②-'지역 역사 문화 가이드를 통해 마을 활성화에 기여'(다카토리[高取]마을 관광 자원 봉사 가이드 회-노무라 코우지[野村幸治]) ③-'옛 민요를 현대에 소생시킨 "야마토마이바야시(大和舞ばやし)"에 의한 지역 만들기'(와카쿠사 야렌[わかくさヤ-レン] 실행위원회·야마토마이바야시[大和舞ばやし]를 추는 모임-야마자키 요스케[山崎洋介]) ④-'공민관 주최 "고향의 민담 강좌"에서 "민담회"로' (우지[宇治]시 시청-야기 타카아키[八木隆明])는 모두 그 지역의 독자적인 거리나 역사적인 문화재 및 민속 문화의 매력과 가치를 찾아내고 그것을 통해 우리 마을 만들기나 친구 만들기, 그리고 지역 사람들의 세대를 뛰어넘는 교류를 활발히 하려는 노력이다[10]. 이 모든 실천이 반드시 공민관을 무대로 전개되고 있는 것은 아니다. 오히려 지역의 개성적인 문화나 역사에 대한 기억을 잃어가

---

10) 사회교육추진전국협의회 "사람이 성장하는 지역으로 지자체와 문화를 일구어내는 공동학습을 만들자" (제47회 사회교육연구 전국집회보고서), 2007년

고 있는 것에 위기감을 느낀 시민이 자주적으로 추진하는 경우가 더 많다고 할 수 있다. 1998년에 NPO법(특정비영리활동촉진법)이 제정·시행 된 이후 이와 같은 역사적 문화와 거리의 보존에 힘쓰는 시민단체의 움직임이 활발해 지고 있어 지역 문화 창조의 담당자로서 중요한 존재로 자리매김하고 있다. 앞으로의 공민관 활동 과제의 하나로써 지역에서 자주적으로 전개되고 있는 마을 만들기 및 문화의 계승과 보존에 힘쓰는 시민의 힘을 결집하면서, 지역문화를 창조하는 거점적인 시설로서의 기능을 높여가는 것이 요구되고 있지는 않을까.

지역 문화 창조에 기반이 되는 시민의 '문화적 교양' 형성

21세기에 접어든 이후 '교양'에 관련된 논의가 활발히 이루어지고 있다. 그렇다면 과연 현대를 살아가는 시민으로서 어떠한 교양형성이 요구되는 것일까. 이와 관련해 본고에서 논하는 '지역문화'의 상태와 그것을 창조해 가는 시민의 자기형성에 대해 생각해 보는 것이 중요한 문제라 하겠다.

1949년에 제정 된 사회교육법 제3조에는 시민의 '실제 생활에 걸맞는 문화적 교양'을 고취시키는 환경제조권을 정비하는 것이 나라와 지방 공공단체의 임무라고 명기되어 있다. 그렇다면 그 '문화적 교양의 의미를 현대의 시점에서 어떻게 파악해 가면 좋을까? 널리 알려져 있는 것처럼 유럽의 영향으로 일본에서 '교양'과 '문화'의 개념이 형성 된 것은 20세기 초반부터 제1차 대전 전후의 시기였다. 그 후 1930년대의 다채로운 교양론의 전개를 지나 제2차 대전 후 미국의 리버럴(liberal)·아트(art) 사상의 영향을 받으며 일본의 '교양'의 개념은 새로운 깊이를 보여 주고 있다[11]. 사회교육법에 나타난 '문화적 교양'의 이념도 아마 이러한 '자유로운 민주사회의 추진력이 되는 선량한 시민의 양성'이라는 리버럴·아트 사상의 영향을 받았다고 여겨진다.

전후(戰後) 60여년이 흐른 지금, 다시 '교양의 재생'[12]이 언급되고 있는 가운데 공민관 활동의 과제로서 시민의 '문화적 교양'의 형성에 대해 고찰하는 것이 중요한 테마가 되고 있다. 그리고 이는 본고에서 논했던 '지역문화'의 질을 음미하고 구축하는 데 있어서도 빼놓을 수 없는 과제가 아닐까.

구사노 시게유키(草野 茂之)

---

11) ・와타나베 가요코(渡辺かよ子) "근현대일본의 교양론-1930년대를 중심으로" 행로사, 1997년
　　・대학교육학회 25년역사 편찬위원회편 "새로운 교양교육을 목표로 하여" 도신도(東信堂) 2004년
12) 서경식(徐京植), 노마·필드(ノーマ·フィールド), 가토 슈이치(加藤周一) "교양의 재생을 위해" (가게쇼보[影書房],2005년)

제1장 **3** 삶과 지역을 만드는 공민관의 과제

인권존중사회의 창조와 공민관
그 과제와 가능성

이제부터 어떻게 될지 알 수 없는 상황에서
우선 지금 해야 하는 일이 있으니까 그것을 처리할 뿐
내일이나 모레에는 어떻게 될 지 알 수 없는 상태다.

이것은 NHK 스페셜 '프리터(freeter) 417만인의 충격'을 제작한 마츠미야 켄이치(松宮建一)의 저서 "프리터 표류(쥰포샤[旬報社]·2006년)"에 실려 있는 <35세 남성>의 '의견'이다.

오늘날의 일본사회는 신자유주의·신보수주의의 영향으로 '대경쟁시대'로 빠르게 나아가고 있다. 사회보장에 있어 국가의 책임 및 역할을 최저한도에 그치게 하는 '작은 정부'를 목표로 대폭적인 규제 완화를 통해 사회보장의 근간인 '의료' '복지' '교육' 등의 공공서비스를 시장경쟁에 맡겨왔다. 이러한 '뉴 퍼블릭 매니지먼트(새로운 공공기관)'에 의해 '새로운 공공기관' 관리는 개인의 자기책임을 전제로 한 '자유' 및 '선택'의 확대를 늘리는 한편, 교환에 대한 권리의 박탈과 격차확대(새로운 계층화) 및 사회적 배제 등을 재생산하고 있다. 이는 대다수의 사람들에게 있어 살기 힘든 사회를 의미하는 것임은 말할 것도 없다.

서두에 소개한 '의견'에는 그 실태가 여실히 드러나고 있다. 물론 생활상의 실질적인 '불안'과 쏟을 곳 없는 '불만'을 가진 채 살아가는 사람들은 이런 불안정한 입장에서 어쩔 수 없이 일할 수밖에 없는 사람들만이 아니다. 구조조정과 성과주의의 경쟁압력을 정면에서 받으며 과로사·과로자살 직전까지 쫓기고 있는 근로자, 간호보험제도와 장애자자립지원제도가 도입되었음에도 불구하고 불안정한 생활을 계속하고 있는 고령자와 장애인. 다 열거하자면 끝이 없을 정도다.

또한 각자의 생활을 유지하는 것에 급급한 사회상황이 한계점에 달하여 초래된 '불안'과 '불만'은 보다 '강자'에 대한 무비판적 영합과 함께, '약자'들의 상상력을 정지시켜 '편견', '차별', '배제' 등 부정적인 변화를 낳고 있다. 노상생활자 및 생활보호대상자 등에 대한 '편견', 차별 부락에 의해 생겨난 사람들과 재일한국인 등에 대한 간접적인 '차별', 거기에 더해 메이저리티(다수자집단)가 형성·공유하는 가치관이나 관습에 종속되지 않는 마이너리티(소수자집단,이질적 존재)의 '배제' 등 역시 열거할 수 없을 만큼 많은 인권문제가 대두되고 있다.

인권의 시점에서 오늘날의 일본사회를 보면, 일본사회가 안고 있는 과제가 너무 광범위하고 심각하여 어찌할 도리가 없다고 여겨질 수도 있지만 자각적으로 맞서지 않으면 과제 해결은 불가능하다. 따라서, 사회상황에 대한 '불안'과 '불만'을 모두가 자신답게 살아갈 수 있는 사회(인권존중사회)의 창조를 목표로 하는 원동력으로 연결시켜, 어떻게 하면 일반시민의 '교육'과 '행동(활동)'을 이끌어낼 수 있을지에 대한 노력이 요구되고 있다. 본 소론에서는 이러한 인권존중사회를 창조하기 위한 자유로운 '배움'과 '행동 보장'의 장으로써 공민관을 주목하여 그 과제와 가능성에 대해 논하려 한다.

'인권교육의 네 가지 측면'에서 공민관 실천에 대해 다시 묻다

'인권교육을 위한 UN 10년'(1995~2004)은 일본에 있어서도 '"인권교육을 위한 UN 10년"에 관한 국내행동계획'의 책정'(1997)과 '인권교육 및 인권계발의 추진에 관한 법률'의 성립(2000)에 나타나는 것처럼 (여러 가지 문제를 포함하고 있는)인권교육의 정책적 추진과 함께 그 실천을 질적·양적으로 진전시켜 왔다. 이러한 과정을 통해 '인권교육의 네 가지 측면'이라는 개념이 제시되어 널리 알려지게 되었다.

이것은 인권존중사회를 창조하기 위해 공민관 실천이 목표하는 방향성과 과제를 파악하기 위한 귀중한 실마리가 된다. 그렇다면 이제 그 각 측면에 대해 살펴보기로 하자.

① '인권으로서의 교육'(Education as human rights)
'배우는 것은 인권이다' 라는 것은 가장 근본적인 원리이다. 즉 인간이 인간으로 존재하는 한 의무가 아닌 존중받아야 할 권리(인권)로서의 교육을 기본으로 의식해야만 한다.

따라서 '인권으로서의 사회교육활동'을 보장·지원하기 위한 시설이 충분한지에 대한 의문을 가지고 공민관 활동을 되돌아볼 필요가 있다.

전후(戰後) 사회교육실천의 역사를 되돌아보면 1960~1970년대는 '권리로서의 사회교육'의 이념이 싹트고 이론적·실천적으로 발전해 가는 시대였다. 유아기의 아이를 가진 여성(어머니)들이 학급 강좌와 서클활동에 참가할 수 있도록 보육사업(保育事業)의 탄생과 공민관 보육실의 설치, 장애인의 학습과 문화 활동을 보장하기 위한 장애인 청년학급의 개설 및 배리어 프리화(시설 수리, 수화통역, 요약필기)를 위한 정비가 구체화되었다. 현재 대부분의 공민관에서 다양한 계층의 학습을 목표로 제도 및 시설의 정비에 어느 정도 전진을 보이고 있는 것은 확실하다. 하지만 아직 지역 간의 격차가 크고 여전히 불충분한 상황에 있는 것은 말할 것도 없다. 1980년대 후반 고바야시(小林)문인은 편저 "공민관의 재발견-그 새로운 실천"(고쿠도

새(国土社)1988년)에서 '공민관은 여전히 많은 "잊혀진 사람들"을 남겨 두고 있다'라고 지적하고, 공민관에서 배우는 '참가층'에는 계층적 편향이 있다는 것을 지적하였다. 그리고 '경제적·생활적 빈곤자' '읽기·쓰기 기회 및 능력이 충분하지 않은 사람들' '일본에 거주한 외국인' '장애우' '차별 때문에 괴로워하는 사람들' 등을 열거하고, '"비참가층"의 중심부에 "사회적 불이익을 받고 있는"사람들이 포함되어 있다'라고 하며 "잊혀진 사람들"을 위한 도전이 공민관 실천의 과제라는 것을 제기하였다.

그로부터 약 20년이 경과한 오늘 날, '참가층'과 '비참가층'의 계층적 편향은 보다 고정화되었고, 제기되었던 과제도 그대로 방치해 두지는 않았을까.

서두에 소개한 "의견"을 다시 한 번 읽어 보자. 그는 자신의 미래를 만들기 위해 생활 속에서 절실하게 추구하고 있는 "배움"을 공민관에서 구할 수 있을까. 반대로 공민관에서는 그가 추구하고 있는 임파워먼트(문제해결의 한 방법으로써 자기 내부의 힘을 길러 적극적인 자아를 창출하는 일)를 위한 배움을 보장하고 지원할 수 있는 조건의 정비가 이루어지고 있는 것인가.

그 뿐만이 아니다. 많은 사람들이 미래에 대해 큰 '불안'을 가지고 있거나 오늘, 내일의 생계를 유지하는 것조차 곤란한 상황에 놓여있다. 이러한 상황에서 얕은 꾀를 부리는 식의 조건 정비는 절대 통용되지 않는다. 복지, 노동, 사법 등에 관련된 기관 및 단체와의 네트워크 구축을 포함한 공민관 활동을 근본적으로 재검토하여, 어떤 전문적 역량을 가진 공민관 직원을 배치할 것인가, 어떤 공민관 사업을 실시할 것인가 등, 종합적인 관점에서 조건 정비를 도모해가는 것이 중요한 과제이다. 그것은 공민관의 현대적 역할을 재구축하는 것이라고도 할 수 있다. 사람들이 알고 있는 것과 같이 공민관 자체에도 지정관리자 제도의 도입 등 신 자유주의적 '행정개혁'의 파도가 밀어닥치고 있어 모든 사람의 '인권으로서의 사회교육활동'을 보장·지원할 수 있는 시설을 만들기 위한 조건정비의 도모가 곤란해지고 있다. 그러나 그러한 가운데에서도 착실한 태도로 가능한 부분부터 실현해 나가야 할 것이다.

② '인권에 대한 교육'(Education about human rights)

일반적으로 인권교육이라 하면 교육 및 학습의 내용으로서 인권이 자리매김한 '인권에 대한 교육'을 상상하는 경우가 많다. 그것은 '인권교육의 4가지 측면'에서 보면 "좁은 의미의 인권교육"이라고 할 수 있는데 '인권이란 무엇인가'를 삶에 기초한 자기 자신의 살아있는 언어로 (인권의 이념을 내재화하여)만들기 위한 교육 학습을 의미하는 중요한 내용이다.

공민관에 의한 '인권에 관한 교육'의 실천은 '인권교육을 위한 UN 10년'에 대해 획기적으로 질적·양적인 발전을 이루어 나가는 동시에, 부락에 대한 차별뿐만 아니라 다양한 인권문제를 다룬 광범위한 인권학습강좌도 늘어나고 있다. 그것은 '국내행동계획'에 있는 인권교육을 추진하는 것과 동시에 해결해야 하는 중요과제 -여성, 어린이, 고령자, 장애인, 동화(同和)문제, 아이누 혈통 국민, 외국인, HIV 감염자- 가 구체적으로 제시되어 '공민관을 시작으로 사회교육시설을 거점으로 한 학급과 강좌의 개설'에 의한 학습기회제공의 필요성이 제기되는 것과 관계가 있다. 또 2005년 현재 40도도부현(都道府県) 및 서일본을 중심으로 약 450시정촌(市町村)에 지자체 '기본지침' '행동계획'이 책정된 것도 크다(치바[千葉]현에서는 현 외에 4시 1정이 '기본지침'을, 3시 1정이 '행동계획'을 책정). 다만 그 배경에는 전일본 동화(同和)교육연구협의회와 부락해방동맹 등의 여러 단체에 의해 '인권교육을 위한 UN 10년'의 구체화를 요구하는 운동이 있다는 것을 잊어서는 안 된다.

　이와 같이 공민관의 실천은 지속적으로 진전되고는 있으나 아직은 시작단계라고 말해도 과언이 아닐 것이다. 전국에는 약 18,000관의 공민관이 설치되어 있으나 여전히 인권학습강좌가 실천되고 있는 공민관은 한정되어 있다. 또, 실천되고 있다 하더라도 '차별을 없애자' '인권을 소중히 하자'라는 아름다운 슬로건(표면적으로만)을 일방적으로 강요하는 듯한 매너리즘화한 내용을 반복하고 있는 경우도 많다. 공민관 직원 중에 '인권은 주제가 딱딱하기 때문에 강좌를 해도 참가자가 모이지 않는다'고 생각하는 사람이 있는 것은 아닐까. 모이기 힘든 면도 있는 것은 사실이다. 그러나 '인권은 딱딱하다'라는 것은 오해이고, '인권에 관해서 배우고 싶다'는 요구가 전혀 없는 것은 아니다. 머리로는 누구라도 알고 있는 것을 일방적으로 강요하는 실천이야말로 "딱딱하고" 또 사람들을 멀어져가게 하는 것이다.

작가인 미야자키 마나부(宮崎 学)는 저서 "근대의 나락" (해방출판사, 2002)에서 '일반화・보편화된 인권은 다른 한편으로는 추상적인 평등으로 채워지고 있다. 결국 그곳에는 현실에 살고 있는 개개인의 생활은 외면한 채 추상적으로 차별이 없는 상태가 상정되어 있는 것이다. 그것은 현실적인 개인의 생활을 빼앗긴 보편성이다. 그럼에도 불구하고 보편적 인권을 강요하는 것은 현실적으로 이미 구별되어 있는 사회에 추상적인 무차별을 그대로 밀어 넣는 것일 뿐이다'라고 말하고 있다. 매너리즘화된 활동의 본질적인 문제성을 들여다 볼 수 있는 구절이라 할 수 있다.

'인권은 무엇인가'를 실생활에 기인한 자기 자신의 살아있는 언어로 파악하기 위한 공민관 활동의 확대가 요구되고 있다.

③ '인권을 통한 교육'(Education through human rights)

이 항목은 인권교육은 '인권이라는 이념에 호응하는 환경과 방법에 의한 교육'이어야 한다는 것이다. 결국 인권에 관한 교육에 있어서는 인권이 존중되는 '학습 환경' '학습 방법'을 빼놓을 수 없다는 것을 의미한다. 이러한 내용을 바탕으로 생각해 보면 앞서 언급한 일방적인 활동은 아무리 '옳은' 내용을 전하는 것이라고 해도 '인권을 통한 교육'에는 적당하지 않다. 왜냐하면 '가르치는 쪽'과 '배우는 쪽'이라는 위치의 거리를 전제로 가치관이 강요되기 때문이다.

그러한 점에서 '인권을 통한 교육'의 방법론에서 주목하고 있는 것이 바로 참가형 인권학습이다. 이것은 학습자의 주체적인 참가를 기본 원리로 학습 과정에 대한 능동적인 참가를 통해 받은 '느낌'이나 '갈등'을 중요하게 여기고, 그것을 현실사회의 인권문제와 관련시켜 학습자 간의 수평적 관계 속에서 대화를 주고받는 활동을 통해 인권이라는 이념을 생활 속의 실천사항으로 인식하게 하기 위한 민주적인 '교육' 방법이다.

오늘날 참가형 인권학습은 나카가와 기요코(中川 喜代子), 모리 미노루(森実), 모리타 유리(森田 ゆり), 가쿠타 나오코(角田 尚子)등에 의해 이론적·실천적으로 심화되고 있으며 자치단체 및 교육위원회에 의해 제작된 것을 포함하여 많은 수의 이론서와 실천사례모음이 발행되었다. 또 모리 미노루가 참가한 야오(八尾)시 인권협회 주최의 '인권학습학원'을 시작으로 여러 가지 훌륭한 실천도 전개되고 있다.

그러나 참가형 인권학습의 활동을 통해 인권에 관한 즐거운 학습이 가능하게 된 반면, 안일한 실천이 확대되었다는 점도 부정할 수 없다. 이와 같은 안일한 실천은 활동을 통해 환기된 인권에 대한 '깨달음'을 확인하는 것에 안주하여 현실사회의 인권 문제를 정면에서 다루기 위한 학습을 방해하는 경우가 적지 않다. 이처럼 단지 활동을 소모하는 것이 참가형 인권학습은 아니다. '인권을 통한 교육'(나아가서는 그 뒤를 따르는 '인권을 위한 교육')의 방법으로써 학습자 중심주의에 입각한 주체적인 참가의 의의가 널리 확인되어야 할 것이다.

공민관 실천의 주역은 학습자, 즉 지역에 살고 있는 주민일 수밖에 없다. 따라서 공민관의 인권학습강좌에 있어 주민의 주체적인 참가를 기본으로 한 '인권을 통한 교육'을 전개해 나가려는 자세가 요구된다. 인권이 존중되는 '학습 환경' 및 '학습 방법'이 공민관에 뿌리내릴 수 있도록 각각의 공민관 활동에 대해 검증해 볼 필요가 있지 않을까.

④ '인권을 위한 교육'(Education for human rights)
마지막 측면은 인권교육이란 '인권존중사회를 창조하기위한 교육'일 수밖에 없다는, 그 궁극적인 목적에 관한 것이다.

이 항목 역시 학습자의 주체적인 참가를 기본으로 하는 참가형 인권학습을 필요로 한다. 앞에서 언급한 것과 같이 참가형 인권학습에는 학습 과정에 대한 능동적인 참가에서 얻어지는 '느낌'과 '갈등'이 중요하게 여겨지는데, 그것은 이러한 감정들이 인권이라는 개념을 실제 생활에 적용시키기 위한 행동을 창출해내는 원동력이 되기 때문이다. 그리고 이러한 '느낌'과 '갈등'이 마찬가지로 참가형 인권학습에 의해 획득된(강요된 것이 아닌) '지식' 및 '기술'과 결부되고, 함께 배운 '동료'와의 연대와 대화를 통해 더욱 발전해 나가는 과정을 통해 인권존중사회를 창조하기위한 변호(정책제언)활동 등으로 구체화되고 있다.

여기서 다시 한 번 생각해보자. 오늘날의 공민관은 이러한 인권존중사회를 창조하기 위해 '배움'과 '행동'을 보장하고 지원할 수 있는 '인권을 위한 교육'의 장이 되고 있는가.

전후 민주적인 사회교육의 이념을 실천하는 과정에서 비록 그 표현은 다르지만 '인권을 위한 교육'을 위한 사회교육 실천의 장소로 공민관이 자리매김해 왔다. 사회교육을 '주민자치의 힘으로 성립할 것', '대중운동의 교육적 측면', '민주주의를 키우고, 배양하고, 육성할 것' 등을 명쾌히 정의한 히라카타(枚方)강령(1963)은 말할 것도 없다. 또 이전에 스기나미(杉並) 공민관이 관장 야스이 미야코(安井郁)를 중심으로 공민관 학습자와 함께 일본의 원·수폭금지 운동에 앞서 참여하여 그 활동의 거점이 되었던 것, 치가사키(茅ヶ崎)시의 공민관 건설운동을 전개해온 '치가사키의 사회교육을 생각하는 모임'의 멤버가 건설운동의 결과로 설치된 공민관을 거점으로 자주적인 평화학습(인권학습)을 계속하면서 일반시민의 평화운동을 전개하고 있는 것 등, 공민관에서의 학습이 모두가 자신답게 살아갈 수 있는 인권존중사회를 창조하기위한 행동(활동)으로 연결된 예는 각지에 무수히 존재하고 있다. 이 책을 포함한 "공민관에서 배운다"(1~3)에 수록되어있는 치바(千葉)현 내 공민관의 활동도 '인권을 위한 교육'의 실천으로 해석할 수 있을 것이다. 이와 같은 관점에서 보면 참가형 인권학습이라는 방법론과 '인권을 위한 교육'이라는 개념을 굳이 강조하지 않아도 같은 의도(혹은 같은 '교육' 과정)를 가진 공민관의 활동이 축적되어 왔음을 깨닫게 된다.

반면 그에 부합하지 못하는 공민관 실천도 존재한다(오히려 그렇지 않은 실천이 만연하고 있다고도 할 수 있을 것이다). 자기책임주의와 민간의 개입을 전제로 전개되어 온 일본형 평생학습 정책이 사회교육행정을 중심으로 한 정책 체계로 변화하는 가운데, 개개인의 절실한 생활과제를 인권의 시점에서 파악하여 지역 및 사회전체가 그 해결을 목표로 '학습'과 '행동(활동)'을 보장하고 지원하는 것을 목표로 하는 공민관 실천이 더욱 어려워지고 있는 것은 아닐까. 더욱이 인권존중사회를 창조하기 위해 해결해야할 인권문제를 '공권력 및 사회적·경제적 권력과 국민' 간의 관계에서 생각하면, 교육기본법 '개정(2006)'으로 상징되는 신보수주의적 교육개혁의 물결에서 권력에 대항하는 '학습'과 '행동(활동)'을 보장하고 지원하는 공민관 실천에 압력이 증가하고(또는 활동을 스스로 규제하고) 있지는 않을까.

이런 심각한 상황에 직면한 가운데 '사회교육의 자유' '인권으로서 사회교육활동'을 지켜나가는 '인권을 위한 교육'의 실천 역시 공민관에 요구되고 있다. 그리고 그 열쇠는 지금까지의 우수한 공민관 활동을 본보기로 주민의 주체적인 '참가'를 전제로 하는 진정한 참가형 인권학습을 실현해나가는 것이다.

본 소론은 격차의 확대와 사회적 배제 등을 재생산하고 있는 '살기 어려운 사회' 속에서 이러한 자유로운 배움' '행동(활동)'을 지원·보장하는 거점으로서의 공민관에 기대를 모아 '인권교육의 4가지 측면'에서 그 과제를 제시하고자 시도한 것이다. 하지만 과제를 큰 틀에서만 파악하고 있어서 다소 구체성이 부족하다고 생각한다. 따라서 공민관에서 배운 사람들과 공민관에서 일하는 사람들에게, 그 공민관 실천의 모습을 '인권교육의 4가지 측면'에서 재논의해 줄 것을 부탁하고 싶다. 분명 중요한 과제가 구체적으로 떠오를 것이다.

마지막으로 한 가지 더 제안하고 싶은 것이 있다. 그것은 '공민관 주변의 지역을 지금 한번 걸어보자'는 것이다. 서두에 소개한 "의견"

을 낸 그가 숨 죽인채 살아가고 있을지도 모른다.

고시무라 야스히데(越村 康英)

제1장 **4** 삶과 지역을 만드는 공민관의 과제

주민의 학습을 지원하는 공민관 건축의 사상

주민의 학습을 공유하는 장소로서의 공민관

　태어나고 자란 고향에 돌아가 보면 연상 게임과도 같이 기억이 새록새록 되살아난다. 흔히 '세살 버릇 여든까지 간다'라고 하는데 실제로 그 세살은 어느 정도의 시기까지를 의미하는 것일까. 나에게 있어 그 기간은 사춘기 때까지였던 것 같다. 유년 시절에는 주로 동네 아이들과 신사의 경내에서 놀았다. 집을 떠나 다른 곳에 사는 아이들과 처음 만난 것은 초등학교에 입학하고 나서다. 친구가 생기면 그 친구의 집이 있는 지역, 즉 나에게는 미지의 지역이 놀이 장소에 추가되었다. 결국은 학군 내의 전 지역이 나의 영역이 된다. 그리고 사춘기가 되었을 때는 그 장소들이 나의 배회의 장소가 되고 사색의 장소가 되어 있었다.

'세 살 버릇'이 형성되는 장소는 어딘지 모르게 마음을 울리는 부분이 있다. 나에게는 그 장소가 초등학교 학군이라는 명확한 영역을 지닌 채 기억에 남아있다.

'주민의 학습을 지원하는 공민관 건축'이라는 시점에서 생각해보자.

초등학교에서 전학생과 만나 친구가 되었다. 학교에서 자기소개를 한 후 그들의 지역 데뷔가 시작된다. 학군이라는 혈연이 금세 동료의식을 낳는다. 우리 집에 놀러온 그들을 동네 아주머니들에게 같은 반 친구로 소개하는 것이 기뻤다. 지역주민 모두에게 똑같이 열려있는 공설초등학교는 그 학교를 다닌 사람들이 공유하는 장소의 기억을 축적하고 있다.

인간은 원래 활동적으로 더 나은 삶을 위해 각지를 전전하며 거주지를 바꾸어 살아가는 것이 일반적이라는 고도성장기의 논리가 있었다. 현재에는 도시와 시골의 이중생활을 추구하자는 논리도 있다. 이러한 논리에 따르면 각지를 이동하는 주민이 증가하는 것이 필연적이지만, 지역이라는 확고한 혈연에 따라 단기거주자라도 쉽게 지역주민의 일원으로 받아들여진다. 특히 개인적인 학습요구에 응해주는 공민관의 존재는 낯선 장소에서도 보편적인 지적세계의 공유가 되어 귀속의식을 키워 준다. 또한 전입주민이 지역을 학습하는 장소로서도 공민관 건설은 기능한다. 반대로 그러한 활동이 문화교류를 낳아 지역의 활성화로 이어지기도 한다. 이러한 점에서 학군이라는 지역공간과 공민관의 시설공간의 존재의의를 찾을 수 있다.

이는 전입주민에게만 국한된 것은 아니다. 즉 모든 개인의 사회적 참여를 위해서 학습기회를 지원하는 것이 공민관이라는 것이다. 한편 학군 중에서는 교토(京都)시내의 학군이 주목받고 있다. 오랜 전통을 가진 교토에서는 학군이 생활의 기본단위가 되어 있다. 학군별로 자치조직인 자치연합회, 방재조직인 소방단, 마을대항운동회를 주최하는 체육진흥회 및 전통행사 등을 운영하고 있다.

이 학군의 최소단위는 도로를 가운데에 두고 양쪽에 집들이 죽 늘어선 형태로 형성된 지역적 생활공간인 '정(町)'이다. '정'이 몇 개가 모여 '마을(町組)'이 되고 학군이 된다.

메이지(明治)원년(1868)에 도쿄(東京)로 수도를 옮긴 후 교토에서는 '정(町)'의 부담, 즉 주민의 부담에 의해 초등학교가 개설되었다. 설치장소는 마을의 집회소다. 이곳에서는 독서, 습자, 산수 등의 학습과 마을조직을 움직이는 전통관습의 개론, 마을의 의회 및 도쿄부의 출장사무 등이 열렸다.[1] 인구 변동에 따른 학군통폐합이 이루어진 후에도 이 마을 단위는 '원(元)학군'이라 불리며 그 역할을 다하고 있다. '세 살 버릇'을 기르는 장소이다.

공민관에 대해서도 이와 같은 역할을 부여할 수 있지 않을까. 공민관에서 사춘기를 보낸 젊은이들을 인터뷰하여 '기억에 남는 공

---

1) 마을(町組) 초등학교에 대해서는 츠지 미치코(辻ミチ子)가 편찬한 '초등학교' 가도카와서점(角川書店), 1977년에 상세하게 나와 있다.

민관을 조사하는 연구를 2006년에 시작했다. 인상에 남는 사례를 소개하면 다음과 같다.

　A군은 중학교에 입학할 당시 교외 주택지에 살고 있었다. 다른 친구들은 각자 초등학교 단위로 출신 그룹을 형성하고 있었다. 아는 사람이 없었던 A군은 근처에 있는 공민관에서 공수도를 하는 것을 보고 참가했다. 이후 학교의 서클활동보다 공민관의 서클활동이 더욱 중심이 되어 학교 밖의 친구들도 많이 생겼다. 공민관은 A군이 지역에 융화될 수 있는 계기를 제공했다. A군은 지금도 가끔 그 공민관을 산책하며 공민관과의 만남으로 활기를 찾은 예전의 자신을 추억하곤 한다.

　B씨는 초등학교를 마치고 돌아가는 길에 꼭 공민관에 들렀다. 복도를 돌아다니며 어른들의 대화에 귀를 기울이거나 공민관 직원 아저씨가 말을 걸어주는 것이 즐거웠다. 그리고 숙제로 나온 조사활동을 하기 위해 공민관 도서실을 찾기도 했다. 지금도 그 공민관의 앞을 지날 때 마다 어릴 적 자신을 떠올리며 자신의 인생에서 공민관의 존재가 컸다는 것을 실감하고 있다. (치쿠라[千倉] 공민관 참조)

　C군은 도시의 대학에 다니며 새삼 자신이 자란 지역의 소중함을 깨닫고 졸업 후에는 귀향하기로 결정했다. 그곳에는 어릴 적부터 다닌 공민관이 있다. 지역에서의 생활은 공민관을 빼놓고는 생각할

제1장 삶과 지역을 만드는 공민관의 과제 61

수가 없다. 지역에서의 연중행사와 함께 1년이 지나고 자신도 성장해왔다고 실감한다. 부모님과 할머니가 공민관에서 일하는 모습을 보고 자신도 언젠가 그렇게 되고 싶다고 생각하고 있다.

D씨는 대가족에서 자랐다. 그러나 각자의 생활이 바빠 가족공통의 화제는 공민관뿐이다. 각자가 공민관에서 하고 있는 활동이 가족 간의 화제가 된다. 어릴 적에 부모님과 함께 참가했던 공민관 행사 역시 아직 잊지 않고 있다. D씨에게 있어서 공민관 없이는 가족의 추억을 이야기할 수 없다.

공민관 행사

여기서 중요한 것은 A·B·C·D씨가 공민관에서 구체적으로 무엇을 배웠는지가 아니다. 추억 속에 남아 있는 공민관에 대해 세세하게 질문을 해 보아도 어떤 곳에서 어떤 사람들과 보낸 시간이었는지에 대한 편파적인 기억밖에 없다. 즉, 공민관이라는 일괄적인 기억 속에 주마등처럼 스쳐 지나가는 일들이 있고, 그것을 총괄하는 대표명사가 공민관인 것이다.

공민관이라고 불리는 건물이 전국에 9만개 가까이 있다. 전국 공립 공민관 1만 8천여 곳의 2004년 이용자 총수는 약 274만 명이다. 이는 예약 이용자 수를 집계한 것으로 자유롭게 이용할 수 있는 로비 등의 이용자를 더하면 그 수는 더욱 증가한다. 인구 16만 명의 우라야스(浦安)시 시내에 위치한 6개의 공민관 이용자 수는 연간 약 50만 명 이하로 내려가지 않는다고 한다. 게다가 공민관에는 설치 이래 60여년의 역사가 있다. 여기까지의 시간을 생각하면 전 국민 중 공민관을 아는 사람, 이용한 적이 있는 사람의 비율은 얼마나 될까. 이것은 공민관이라는 제도가 만든 결과이다. 우리 생활 문화의 하나로 공민관이 있다고 해도 과언이 아니다.

이러한 공민관은 제도로 보호받는 공동의 공간이다. 법적 근거를 바탕으로 설치된 공민관이므로 당연히 공공성을 지니는 공공재라 할 수 있다. 공공사업에 따라 건설된 공공시설인 것이다. 공공시설에는 공원과 도로 및 공공건축 등의 공동공간이 있다. 공동공간은 불특정 다수의 주민에게 열려있다. 지역의 집회장이자 교류의 장이 되어 많은 사람의 기억에 남는다.

제1장 삶과 지역을 만드는 공민관의 과제 63

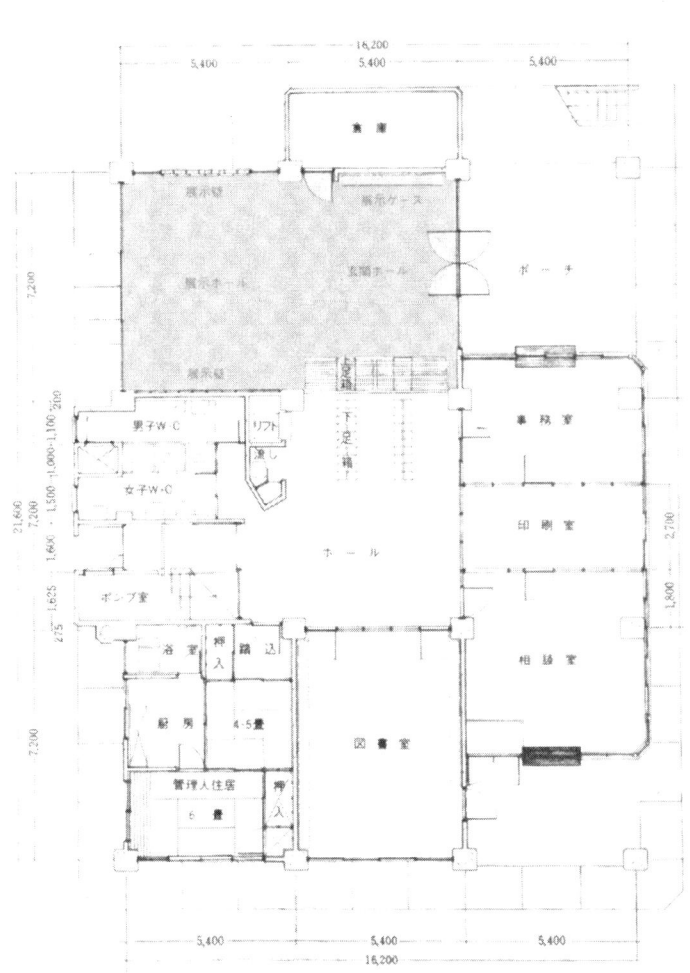

치쿠라(千倉) 공민관 1층 평면도 (진한 부분이 흙으로 된 로비)

그러나 공민관은 공원도 아니고 지역교류센터도 아니다. 왜냐하면 그곳에는 공민관이라는 '공공기관'이 설치되어 있기 때문이다.

이 기관은 법적 근거아래 자주성과 독자성을 가지고 사회교육사업을 실시하고 있다.

공간과 활동기회를 제공하는 공민관

여기서 '공민관 건축'이라는 특별한 건물 형태에 대해 이야기해 보자. 시설공간에다 기관을 설치한 것이 공민관이다. 시설공간만 마련해 두고 직원이나 사업이 없으면 공민관이라 할 수 없다. 또한 간판에만 공민관이라는 기관명을 넣고 공민관으로서의 전용시설공간을 갖추지 않은 복지사무소나 행정센터 등은 공민관이 아니다.

공민관 건축은 공민관 제도를 받아들이는 곳으로서, 공간과 활동기회를 제공하는 장소인 것이다.

공민관 건축에는 왠지 모르게 3층 건물이 많다. 독립적인 건물로 지어진 공민관 중에는 철근 콘크리트구조의 3층으로 된 1000평방미터 정도의 근대적인 건물이 많이 보인다.

물론 건축물 자체만 보아도 이상적이라 할 수 있는 형태지만 공민관론 중에서도 '공민관 3층 건물론'이라는 것이 있다. 1970년대의 도시 공민관에 보편적으로 적용된 이론으로 사회교육 관계자에게는 널리 알려져 있다. 이 이론에 따르면 3층짜리 공민관 건물은 1층이 만남의 장, 2층이 공민관 사업 참가의 장, 3층이 자주적 학습의 장으로 해석할 수 있다. 그러나 이것은 실제의 공민관 건축과는 조금 차이가 있다. 공민관 건축에 있어 넓은 방을 최상층(3층)으로 가져오는 것이 합리적이기 때문에 강당(대집회실)은 3층에 위치하는 경우가 많다. 이곳에서는 공민관이 주최하는 사업도 열리고 이용자가 주최하는 행사가 열리기도 한다. 또한 작은방이라도 똑같이 관 주최사업과 이용자 자율사업이 혼재한다. 즉 사회교육의 현장에서 말하는 공민관 3층 건물론은, 공민관 건축의 물리적 구조를 말하는 것뿐만 아니라 공민관 이용자 의식의 양상을 나타낸다.

여기서 공민관 이용자의 의식과 공민관 공간에 관한 3가지 단계에 대해 알아보도록 하자.

1단계는 공민관과 만나고, 다른 공민관 이용자와 서로 알게 되는 장면을 연출하는 시설공간이다. 하교나 퇴근 길 도중에 들러 사업스케줄을 확인하거나 게시물을 보고, 모임을 가지며, 직원과 얘기하고, 동아리의 포스터를 붙이고, 자판기에서 음료를 사서 휴식을 취하고, 컴퓨터로 정보검색을 하거나, 멀뚱히 앉아서 사람들의 움직임을 보고, 동아리 사물함을 사용하는 등의 행위가 복잡하게 뒤얽히게 된다. 즉 이 공간은 시설의 '얼굴'로 시설의 첫인상을 주는 장소다. 지역사회의 거점으로서 지역의 '얼굴'이 되기도 한다. 이곳에 시설의 역사가 새겨진다.

2단계는 공민관을 이용하는 주민이 공민관 사업에 참여하는 시설공간이다. 학급강좌, 실습서클, 관 주최의 이벤트 등이 개최된다.

3단계는 주민이 자주적으로 학습활동에 이용할 수 있는 시설공간이다. 학습실 등의 명칭으로 개인이 자유롭게 이용할 수 있는 공간을 마련하고 있는 공민관도 있다. 도서실과 자료실 등도 이 단계에 속한다. 자율동아리의 활동장소가 되기도 하다.

기존의 공민관 건축을 분석해보면 1단계에 해당하는 '지역의 거실'로서의 시설공간과 2·3단계에 해당하는 '우리 학교'로서의 시설공간으로 나눠진다. 1·2·3단계의 면적 비율에 따라 시설 전체의 분위기가 변한다.

현재 '지역의 거실' 역할의 시설은 국토교통성(한국의 국토해양부)이 지역진흥을 목적으로 지급하고 있는 '마을 만들기 교부금'에 따른 '지역교류센터'의 형태로 각지에서 급증하고 있고 '우리 학교'는 '평생학습센터'의 형태로 전개되고 있다.

공민관 건축은 지역교류센터만이 아니라 평생학습센터이기도 하다. 이것들을 융합한 것이 바로 공민관 건축이다.

장소가 있어 학습동기가 생겨나는 것인지 학습동기가 있어 장소가 만들어지는지, 즉 시설이 먼저인가 수요가 먼저인가는 중요한 문제가 아니다. 공민관 건축의 존재 자체에 가치가 있고 공민관 건축의 존재에서부터 지역의 중심이 형성되며, 그곳에서의 기억의 축적이 지역의 역사가 되어 인간사회가 지속되고 있는 것이다.

지역사회 형성의 장으로서의 공민관

인간은 고대부터 집단생활을 영위하고 있다. 따라서 대중의 뜻이 필요하고 지역집회가 열린다. 지역집회가 열리는 장소를 '지역집회시설'이라고 규정해 본다. 이 시설의 기능에는 지역사회(지역공동체)의 형성이라는 것이 있다.

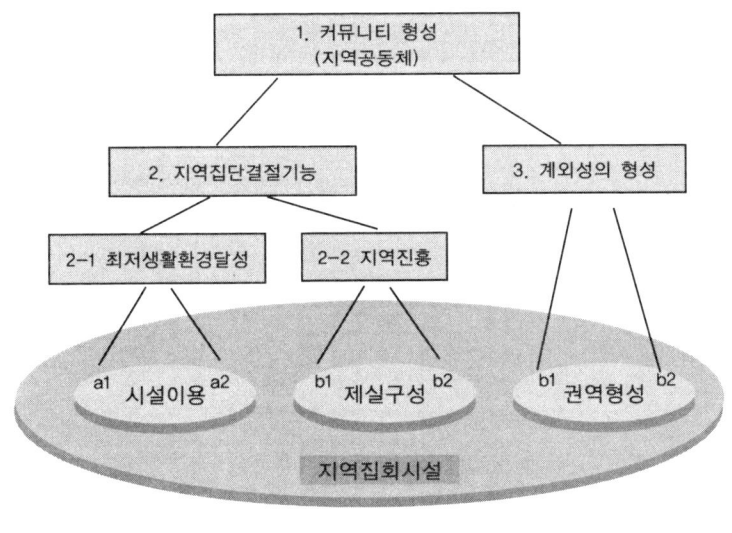

지역집회시설 개념도(아사노 헤이하치[浅野平八] '지역집회시설 계획과 설계' 1995, 이공학사)

이 시설은 '장소의 제공, 행정기관의 설치, 자유롭게 사용할 수 있는 열린 공간, 예약이 필요한 전용실, 시설주변을 일상 생활권으로 하고 있는 주민, 행정이 이용대상자로서 설정한 구획권역 내 주민' 등의 양상으로 나타난다. 시설의 존재가 그곳을 이용하는 주민들의 연대의식을 형성하여 나아가서는 지역공동체라는 실체를 형성한다.

단순히 지역사회권역을 설정하는 것만으로 지역공동체는 형성되지 않는다. 즉 공간만 있고 실체가 없는 것이 된다. 시설공간만으로 공민관이 성립하는 것이 아니라 거기에 사업이 더해져 비로소 공민관이 성립하는 것처럼, 지역집단의 활동이 이루어짐으로써 비로소 지역사회라는 실체가 나타난다. 지역집단에는 주민의 최소한의 필요에 의해 설정되는 경우와 지역진흥을 목표로 결정되는 경우가 있다.

이처럼 지역집회시설의 본질은 지역사회의 형성에 있다.

공민관은 지역집회시설 중의 하나이다. 그리고 지역사회시설 중 하나이기도 하다. 도시형 공민관 발상지인 야하타(八幡)시(現 기타큐슈(北九州)시)에서 50년 간 공민관 사업에 종사한 오노 타카오(小野孝雄)씨는 '사회교육 없이 지역사회의 형성 및 지역복지·고령자복지의 성립은 불가능하다'고 말한다.[2]

공민관에서 전개되는 주민의 학습에는 여러 가지가 있다. 개인의 요구에서부터 지역통치의 요구까지 다양한 요구에서 비롯된다. 주민의 학습요구는 공민관 건축에 의해 정리된다. 밀집주택지에 위치한 음향시설이 없는 공민관은 '북을 배우고 싶다'는 요구에 응할 수 없다. 집회실이 부족한 공민관의 경우 '주 1회의 정기적 모임을 위해 1년 간 집회실을 예약하고 싶다'는 요구에는 응할 수 없다.

---

2) 오노 타카오(小野孝雄)씨는 야하타(八幡)공민관사 연구회를 결성하고 2001년 '기타큐슈(北九州)시 야하타(八幡)공민관 50년통사'를 사판으로 발행하고 있다.

물리적 환경에는 한계가 있다.

　개인의 삶에 대해 생각해 보아도 마찬가지라 할 수 있다. 어떻게 살 것인지에 대한 노력이 없다면 집은 단순히 잠만 자는 곳으로 전락한다. 주어진 도구의 사용방법이야말로 그 도구의 가치라 할 수 있다. 그리고 그것은 사용하는 사람의 의지에 좌우된다. 이처럼 공민관의 사용방법을 학습하여 공통적으로 확인해가는 것에서부터 공민관의 가치가 만들어진다.

　따라서 끊임없이 그 사용방법을 구상하는 것이야말로 공민관 건축 최대의 주민학습지원으로 이어진다.

　그렇다면 어떻게 하면 공민관의 유효한 사용방법을 구상해 낼 수 있을까.

　누구나 들어갈 수 있는 로비공간을 지역의 '도가니'라고 한다면 그곳에 들어가는 사람, 즉 시설을 사용하는 주민의 행위를 설정하는 연구가 남아 있다.

　지역의 작은 집단이 정기적으로 활동하는 장소의 경우, 집단마다 이용목적이 다르기 때문에 각 공간의 책상의 배치 및 도구의 준비가 서로 다르게 고안되어 있어 연구에 안성맞춤이라 할 수 있다. 즉 필요한 도구를 설정하는 작업이나 그것을 수납하여 정리하는 장소 등에 대한 연구가 이루어진다.

　공민관 건축에서는 주민의 개별학습 요구에 응할 수 있는 자유공간에 대해서도 그 분위기의 조성이나 규칙제정이 과제로 남는다. 물론 건축기술 자체로도 비바람을 견디는 안전하고 쾌적한 물리적 환경을 제공할 수 있다. 하지만 건축기술은 공민관 건축을 이용하는 주체인 주민의 의식까지 설정할 수는 없을 뿐더러 설정해서도 안 된다.

그러한 이유로 나는 주민의 배움을 지탱하는 공민관 건축은 배움의 양상을 조성하는 건축이라는 점을 공민관을 통하여 배웠다.

아사노 헤이하치(浅野平八)

공민관을 좋아하게 된 나

교실을 담당하기 전 잠시 동안 계장님이 시킨 잡일을 하면서 선배의 일을 돕게 되었습니다. 이른바 수행기간이었지요. 저는 체조교실에서 시설유지관리와 교실운영 등을 도왔습니다. 솔직히 그다지 즐겁지도 좋지도 않은 나날이었습니다. 명부를 두고 오는 등 단순한 일만 맡았기 때문입니다. 선생님께 인사드리러 갈 때마다 "아직도 하세요? 앞으로 1년만 해주세요. 올해로 끝내고 싶어요"라는 말을 들었습니다. 담당하는 것이 조금 우울했습니다. 하지만 운이 좋게도 저는 지는 것을 매우 싫어했습니다.

하지만 공민관 경험은커녕 사회인이 된지도 일 년밖에 되지 않은 저에게는 저 나름대로 부딪혀 보는 것 외에는 아무 기술도 없이, 가끔 시험 삼아 해 본 개그 역시 전혀 통하지 않아 침울해하며 매주 시행착오를 거듭하고 있었습니다. 제 목표는 수강생이 즐거워하는 교실을 만드는 것이었습니다.

그러던 어느 날, 수업이 끝난 후 수강생에게 "수고하셨습니다. 종강파티를 하려고 하는데 다음 주에는 교실 이용 시간을 한 시간 연장해주세요. 스즈키(鈴木) 씨도 꼭 오세요"라는 말을 들었습니다. 나중에 알고 보니 놀랍게도 처음 말을 꺼낸 것은 선생님이었습니다! 거짓말 같지만 실화입니다.

현재 체조교실은 자율동아리가 되어 활동을 계속하고 있습니다. 당시의 경험이 저를 바꿨다고 생각합니다. 제가 할 일은 즐거운 분위기를 만드는 것이라고 생각했습니다. 공민관의 일도 즐거워졌습니다. 일에 재미를 붙인 저는 교실이라는 틀을 벗어나 오는 사람이 즐거워하는 공민관을 목표로 하게 되었습니다. 대단한 일이지요? 언제나 공민관만 생각하고 있는 저에게 친구는 '공민관병'이라고 합니다. 요즘에는 공민관이 정말 좋습니다.

스즈키 우타코(鈴木 詠子)

제2장
현대의 학습 과제에 다가서다

제2장 **1** 현대의 학습 과제에 다가서다

지역에서 아이들을
키운다

'ALWAYS 3번가의 석양(ALWAYS 三丁目の夕日)'이라는 영화를 보고 그리움에 눈물을 글썽인 사람이 많을 것이다. 나 또한 영화 속 아이들의 생기발랄한 모습에 감동했다. 그러나 요즘은 영화에서처럼 마을 공원이나 길거리에서 아이들이 뛰어 놀며 웃는 소리가 들리지 않게 되었다.

여러 사건·사고가 빈번하게 일어나 아이들을 방치할 수가 없게 되었기 때문이다. 아이들이 안심하고 놀 수 있는 환경이 없어진 것이 아닐까 하는 생각에 주민들과 함께 아이들이 마음껏 뛰어놀 수 있는 환경을 조성하기 위한 학습의 기회를 마련할 필요성을 느끼고 있었다.

치바(千葉)아동학강좌 '지역육아입문'의 개설

육아를 가정에서만 책임져야 하는 것은 아니다. 아이들은 지역 속에서 무럭무럭 자라주었으면 한다. 과거에는 그것이 당연하지 않았는가. 신문이나 텔레비전에서 어린 아이가 희생된 많은 사건과 사고를 보고 듣는 가운데, 지금 당장 가능한 지역 속에서의 육아를 목표로 삼으려 한다.

2002년에 치바(千葉)시와 치바대학의 연계 협력을 통해 치바 아동학강좌 '지역육아입문~육아 프로그램을 기획·실행하자'가 개설되었다.

이것은 문부과학성의 평생교육 마을 만들기 지원 모델 사업으로 실시되었다. 많은 성과를 거두고 끝난 후 수강생과 주요 강사인 치바대학 후지카와 다이스케(藤川大祐) 준교수로부터 강좌를 계속했으면 하는 요청이 있었다.

배우는 것만으로 끝내고 싶지 않다, 학습 성과를 살렸으면 한다, 강좌를 계속 개설하는 것으로 '어린이 활동의 지원자'를 양성하고 싶다 등의 내용이었다.

한편 도도로키(轟) 공민관에서도 현대적 과제인 육아 지원 문제에 대해 지역 주민들이 배울 수 있도록 주최 사업으로 채택할 계획을 세우고 있던 참이라 다음 해에 '치바아동학강좌 PART 2'를 개최하게 되었다.

'치바(千葉)아동학강좌 PART 2'(2003년도)
'지역육아입문' 모여라! 놀이 부대 서포터의 개최

전년의 수강생을 중심으로 '치바(千葉)아동학연구회'가 조직되어 4월부터 월 1회 꼴로 강좌의 기획운영에 대해서 후지카와 다이스케(藤川大祐) 준교수의 지도와 조언을 받아, 학습 테마·내용·강사·담당 등에 대한 의견 교환 및 대화를 거쳐 프로그램과 전단지의 초안을 만들었다.

좀 더 "놀고 싶어하는(놀이부대 : 「あそびたい」는 일본어로 '놀고 싶다'는 말과 동음)" 아이들에게 체험의 장을! 더 "놀고 싶어하는" 서포터들에게 더 높은 수준의 학습의 장을! 아이들과의 즐거운 이벤트를 기획·운영합시다! 이러한 요청에 따라 방과 후나 토요일, 휴일 등에 아이들이 있을 수 있는 장소로서, 가정은 물론 중요한 역할을 맡고 있는 지역에서, 아이들과 관련된 일을 하려는 사람을 육성하고 지역이 아이들을 지원하는 힘을 키우기 위해 아이들과 함께 할 수 있는 활동의 기초를 학습할 목적으로 강좌를 개최했다.

강좌의 전반부에는 강사를 초대하고 후반부에는 배운 것을 실천하며, 아이들을 대상으로 한 이벤트를 위한 학습과 실제 이벤트 개최를 실시하였다.

정원은 40명이었으나 85명이나 응모를 하여 전원 수강생으로 맞이하였다.

12회라는 장기간에 걸친 강좌였음에도 불구하고 전원이 열심히 배우고 의견 교환과 협력을 통해 작업을 하는 등, 다른 공민관의 사업에서는 볼 수 없는 수강생의 열의와 성실함을 느낄 수 있었다.

특히 3월 6일의 이벤트는 그동안의 학습의 집대성으로 많은 기대와 불안 속에 '챌린지 박스 도도로키(轟)'라는 이름을 달고 공민관 전관을 사용하여 실시되었다.

'챌린지 박스 도도로키'에는 286명의 어린이가 모여 공민관 전체가 아이들의 활기찬 목소리로 넘치는 즐거운 시간을 함께 나눌 수 있었다.

치바(千葉)시와 치바대학의 연계사업으로 시작된 '지역육아입문'은 구체적으로 지역에서 육아와 관련된 일을 해 보려는 사람의 범위를 넓힌 한편, 머릿속으로만 생각하는 것이 아니라 실천하는 쪽으로 방향 전환을 시작했다. 이번 연도의 수강생 중에서도 강좌 수료 후 '치바 아동학연구회'에 참가하는 사람이 크게 늘어 활동은 더욱 내실화되었다.

'치바(千葉)아동학강좌' PART 2 프로그램

	날짜	주제	내용	강사
1	10.27(월)	오프닝 오리엔테이션	• 개강행사 • 오리엔테이션	도도로키 공민관장 이시이 마사오(石井雅男) 치바대학 조교수 후지카와 다이스케(藤川大祐)
		요즘 아이들의 사정 ~아이들을 잘 이해하고 있습니까?	• 최근 아이들을 둘러싼 여러 가지 상황 속에서 지역 차원에서 어떻게 아이들을 키우면 좋을지를 배운다. • 질의응답	치바대학 교수 아카시 요이치(明石要一)
2	11.10(월)	자연을 느껴보지 않겠습니까!! ~자연과 놀자	• 자연을 접하고, 멋진 체험을 해 봅시다(나는 누구일까요/필드빙고/술래잡기 애벌레, 버티컬 포엠) ※활동장소는 치바공원 ※우천 시에도 시행(태풍 등은 제외)	NPO 법인 치바 환경정보센터 후루카와 미유키(古川美之) 후쿠미츠 미요코(福滿美代子) 고니시 아키코(小西朝希子)
3	11.17(월)	놀고 싶은 마음을 아이들에게 전하자 ~레크리에이션 입문	• 손을 잡고 가위 바위 보를 하고 크게 소리 지르기. 모르는 사람들과 자연스럽게 지낼 수 있는 것은 어째서일까. 우선 스스로 즐겨 보자. • 게임, 손장난, 노래, 마술 등.	전 일본레크리에이션 더회의 전국상임위원 아라마키 미츠코(荒牧光子)
4	12.1(월)	이야기와 놀자 ~참가형 읽고 들려주기 입문	• '청자도 참가할 수 있는 낭독'이란 뭘까. 온몸으로 '참가형 이야기'를 즐기자. • 전 세계적으로 활동하는 스토리 텔러의 두근두근 가슴 떨리는 낭독을 체험해 보자.	스토리 텔러 스에요시 마사코(末吉正子)
5	12.15(월)	몸으로 표현하자!!	• 춤을 통한 아이들의 표	치바대학 전임강사

		~춤, 표현 활동 입문	현 방법을 실제로 활동 중인 아티스트의 워크숍으로 배우자. • 전래동요를 이용한 춤 실습	데라야마 유미 (寺山由美)
6	1.19(월)	듣고 싶고, 알고 싶은 '피타고라스위치'의 세계 ~아동 프로그램 구성에서 배운다.	• 화제의 아동 프로그램 '피타고라스위치' 제작자에게, "아이들을 끌어당기는 아이디어"와 고생담을 배우고 실습기획에 이용한다. • 프로그램의 배경인 아이들의 입장을 생각한다.	NHK 교육 프로그램 데스크, 「피타고라스위치」담당 후루야 미츠아키
7	1.26(월)	실습기획의 검토, 작성	• 각지의 육아활동의 사례 교류 • 실습기획의 작성방법 (강의) • 그룹 나누기 • 브레인스토밍	치바대학 조교수 후지카와 다이스케
8	2.2(월)	실습 기획의 검토, 작성	• 기획을 상세히 검토 • 홍보 방법(강의) • 작성	치바대학 조교수 후지카와 다이스케
9	2.16(월)	실습기획의 준비	• 실습기획을 위한 준비를 한다 (3월 6일에 실시하는 이벤트를 위한 준비)	치바대학 조교수 후지카와 다이스케
10	2.23(월)	실습기획의 준비	• 실습기획을 위한 준비를 한다 (3월 6일에 실시하는 이벤트를 위한 준비)	치바대학 조교수 후지카와 다이스케
11	3.6(토) ※시간 미정	실습기획	• 지역 아이들을 대상으로 한 기획의 실습 ※이 기획에 대해서는 홍보, 모집, 기획, 운영 등 사업에 관련된 전부를 강좌참가자가 실시한다.	치바대학 조교수 후지카와 다이스케
12	3.15(월)	실습기획 반성	• 실습기획을 돌이켜보고 앞으로 지역에 의한 육아 기획 시스템 등에 대해 의견을 교환한다.	치바대학 조교수 후지카와 다이스케

'치바(千葉)아동학강좌 PART 3'(2004년도)

전년도에 이어 지역에서 아이들과 관련된 일을 하려는 사람들을 육성하고 아이들을 지원하는 힘을 길러 아이들과 함께 할 수 있는 활동의 기초를 배우고 지역에서의 육아지원을 실현하기 위해 많은 의견 교환과 꼼꼼한 준비를 거친 '치바아동학강좌 PART3'이 개최되었다.

전년도와 마찬가지로 프로그램의 마지막에는 이벤트 기획 실습이라는 실천 학습이 있어 '챌린지 박스 도도로키(轟)'라는 이름은 그대로 하되 '노려라! 도도로키 닌자(めざせ！轟忍者)'라는 테마로 개최되었다.

또한 2004년에는 '아동학연구회' 회원들 스스로가 학습을 위해 중급강좌를 개최하고 지역의 놀이방을 견학하는 등 활동의 폭을 확대하기 시작했다.

강좌수강생의 의견

- 아이들은 어떤 시대에도 무방비 상태로 이 세상에 태어나 행복하게 살 권리가 있습니다. 시대의 변화에 따라 아이들의 요구도 변한다고 생각합니다. 중요한 것을 전달하는 부모 세대의 능력이 사라지고 있는 것 같습니다.

어서 오세요!
챌린지 박스
도도로키 PART 2

너희들의 지혜와 용기, 그리고 체력으로 갖가지 수행을 클리어해라

날짜 : 2005년 3월 5일(토요일)
시간 : 집합 오후 1시
       해산 3시 15분
장소 : 치바(千葉)시 도도로키(轟) 공민관
참가비 : 무료
정원 : 200명 (선착순)
준비물 : 보자기나 넓은 스카프
         (닌자 두건용)
         손수건 (손 닦는 용)

건투를 빈다!

본부도장(강당) ◎도장 개장 ★몸을 이용한 수행		수리검 도장(강습실) ★손을 이용한 수행
휴게실(일본식 방) ★종이접기, 색칠하기, 종이연극		닌자 저택(회의실) ★닌자의 수행
변신의 방(라운지) ★닌자로 변신		도도로키(轟) 찻집(조리실) ★직접 만든 간식

다른 사람의 입장을 이해하고 살아있는 것을 소중히 여기는 마음을 가르쳐야 한다고 생각합니다.
- 내가 자라온 환경 이외에 잘 몰랐던 환경, 깨닫지 못한 세계가 존재하고 있다는 것을 알게 되었습니다.
- 아이들을 위한 서포터로서 깊이 연구하고 함께 성장해가는 사이가 되고 싶다.
- 앞으로의 발전이 매우 기대됩니다. 놀이를 통해 아이들이 자란다는 이야기도 있고, 아이들이 즐거우면 부모도 즐겁고 주위의 어른이 매일 즐겁게 지낸다면 아이들도 즐겁게 지낼 수 있을 것이라 생각했습니다. 나 자신이 놀이를 즐기며 아이들에게도 즐거움을 제공할 수 있었으면 합니다.

육아에 대해 한사람의 부모로서는 물론, 한 사람의 어른으로서 모든 아이들에 대한 수강생들의 생각이 변화하고 있음을 느꼈다. 2003년과 2004년의 2회에 걸쳐 주최한 이 사업의 수강생 중 치바(千葉)아동학연구회의 회원으로서 아이를 키우면서 활동하는 회원도 점점 늘어났다. '치바아동학연구회'는 적극적이고 학습 의욕이 왕성한 많은 회원들의 상호 교육의 장이 되었다.

후지카와(藤川) 준교수의 강좌는 아동학연구회 회원은 물론 공민관 직원인 나에게도 많은 가르침과 함께 인생의 지침을 제시해 주고 있다.

시작 당시의 아동학연구회는 ①'신인류(新人類)'세대가 부모세대가 된 지금, 새로운 세대에 맞는 육아방식의 모색이 필요 ②이기적인 '꿈' 모델에서 다른 사람과 사회를 위하는 '이타적인 꿈' 모델로 ③'지적호기심'보다 '승인욕구'에 응하는 실천을 ④지금까지의 농촌형 공동체가 아닌 현대에 걸맞은 네트워크 구축 ⑤'자신들이 할 수 있는 것'에 그치지 않고 어른들이 즐겁게 배우면서 '할 수 있는 것'을 넓혀 간다는 목표를 활동의 축으로 삼았다.

어린이 무엇이든 체험대

'치바(千葉)아동학연구회'의 행보

'치바아동학연구회'는 아이들과 교류하고 싶다, 스스로가 발을 내딛어 지역과 관련된 일을 해보고 싶다, 지역에서 동료들을 만들어 활동을 하고 싶다, 다음 세대에게 전달해야 할 것들에 대해 배우고 싶다, 실버 세대가 육아에 어떻게 참여하면 되는지 배우고 싶다 등의 생각을 가진 20대에서 80대까지의 회원 31명이 있는 연구회이다.

매월 1회 도도로키(轟) 공민관에서 '우물가(井戸端) 회의: (원래는 아낙네들이 우물가에서 모여서 나누는 잡담·수다라는 뜻)'라는 이름의 회의를 실시하고 있으며 2006년부터는 학교의 주5일제에 대응하여 도도로키 공민관에서 주최하는 '어린이 무엇이든 체험대'의 기획과 실천을, 2005년부터는 치바(千葉)시 평생학습센터에서 넘겨받은 '치바아동학강좌'의 기획운영을 맡고 있다.

'우물가회의'는 회원들이 체험반과 강좌반으로 나뉘어 각자가 자유롭게 자신의 생각을 펼치는 장이 되고 있어 의미 있는 배움과 실천으로 이어지고 있다.

많은 사업 및 이벤트의 기획·운영을 중심으로 활동하고 있는 연구회의 앞으로의 모습에 대해 회원들은 각각 다음과 같이 기대하고 있다.

- 멤버들의 역량과 기술을 서로 갈고 닦는 한편, 훌륭한 강사와의 만남을 소중히 여기면서 공민관 활동을 계속 하고 싶다.
- 아이들에게 도움이 되는 것을 목표로 여러 가지 활동을 하여 그것이 나 자신의 발전에도 도움이 되었으면 좋겠다.
- 어른도 아이도 웃는 얼굴로 안심하고 즐겁게 지낼 수 있는 장소를 여러군데 만든다. 그리고 공민관을 그러한 활동을 하고 있는

사람들에게 교육과 정보를 제공하는 곳으로 만들고 싶다.
- 아이들과 어머니들, 그리고 지역의 연계를 강화하여 벽을 허무는 역할을 맡고 싶다.
- 우선 스스로 즐길 것.
- 스스로 인간으로서 성장할 수 있는 곳.
- 단순한 이벤트뿐만이 아니라 스스로도 배우면서 지역육아와 관련된 일을 할 것.
- 하고 싶은 일을 구체화한다. 아이들과 함께 배우고 아이들의 자주성을 지켜주기 위해 어른들에게 필요한 것은 무엇인지 생각하는 곳.
- 자주 학습을 지역에 환원하는 곳. 다함께 어떻게 하면 아이들을 더욱 잘 키울 수 있을 것인가를 연구하고 싶다.

제2장 현대의 학습 과제에 다가서다 87

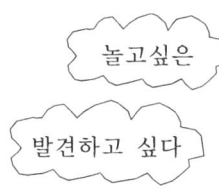

어린이 무엇이든 체험대
대원 대모집!

작년의 '사이언스 키즈'에 이어 올해는 환경을 생각하는 '에코 키즈'를 목표로 하여 '"아까운 것"을 찾자'라는 테마로 마음껏 배우고 재밌게 즐겨보고자 합니다.

초등학생 대상

연간계획 (일부 일정이나 내용이 변경될 수도 있습니다.)

날짜	내용	날짜	내용
5/12(토)	핑거 페인트	10/3(토)	네이처 게임
6/16(토)	에코 게임으로 놀자	11/17(토)	에코 나막신 만들기, 에코 수예
7/14(토)	종이뜨기에 도전!!	12/15(토)	페인트 Xmas 카드 만들기
8/미정	에코 목수	1/19(토)	요리교실
9/15(토)	페인트 놀이	2/16(토)	즐기는 모임
		3/미정	챌린지 박스 도도로키(轟)

이런 체험을 하고 싶다……

- 학교 이외의 **친구** · 지역민들과 교류하고 싶다
- 집이나 학교에서는 아직 보이지 않은 모습, 숨어있는 재능을 **발견** 하길 바란다
- 토요일의 놀이 장소로 공민관에서 **즐거움**을 찾았으면 한다

정원 30명 선착

장소   도도로키(轟)공민관 이나게구(稲毛区) 도도로키쵸(轟町) 1-12-3
문의·신청   TEL 251-7998
※오늘부터 5/11(금)까지 전화로 신청해주세요
재료비   전기 (5~9월) 1000엔
        후기 (10~2월) 1000엔

(5/12에 지참해 주세요. 1년분 납입도 가능합니다.)

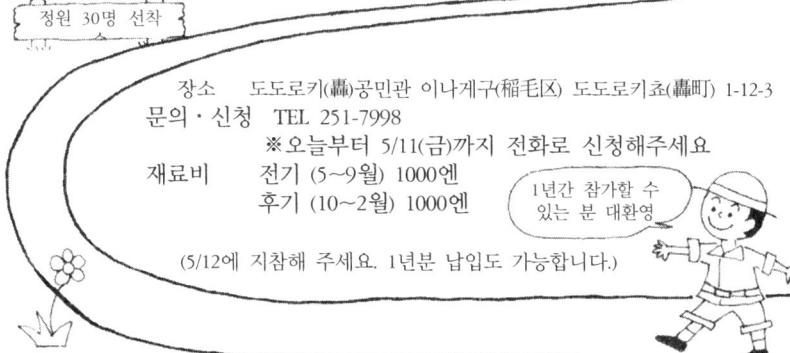

1년간 참가할 수 있는 분 대환영

①연구회와 지역에 관한 어른들의 배움의 장 ②깨달음 ③함께 생각하기 ④함께 연구하기 ⑤함께 실천하기.

①에서 ⑤를 반복하며 계속해서 이 연구회에 참가함으로써 스스로를 계발할 수 있는 연구회로 만들고 싶다.

이러한 회원들의 의견을 수렴하여 후지카와(藤川) 준교수는 ⑴연구회이므로 연구하고 실천한다. 아이들과의 활동을 통해 모두가 배우고, 무엇을 배우고 싶고 배운 것을 어떻게 활용하고 환원할 것인지를 생각해 보고자 한다, ⑵정보를 제공한다. 관심을 가지고 있는 사람들에게 연구회의 활동 정보를 제공한다, ⑶두근두근 캠퍼스(わくわくキャンパス: 재미있고 즐거운 것을 배우거나 나누는 장으로 워크숍이나 세미나, 콘서트 등이 있다)에 어떻게 대응하고 연계하며 연구회의 활동을 이러한 곳에서 살릴 방법은 없는가, ⑷이벤트나 행사를 열 때에는 면밀한 사전 준비와 함께 당일 그 자리에서의 대응에 대해서도 생각하여 잘 마무리 한다, 등 앞으로의 연구회의 내실화를 위한 충고를 하였다.

사회전체가 병들었다고 생각하는 것은 나뿐만이 아닐 것이다.

과연 공민관은 지역의 중요한 학습 시설로서 제 기능을 하고 있으며 그 주최사업은 지역의 요구를 반영하고 있는가. 나는 치바(千葉) 아동학연구회의 출범부터 현재에 이르기까지 계속해서 참여해 오며 아이들의 미래를 위해 어른들이 할 수 있는 일, 해야 하는 일을 사업계획에 포함시켜 다양한 각도에서 어른들이 배울 수 있는 프로그램을 만들 필요성을 통감하고 있다.

어린이회관이 없는 치바시에서는 공민관이 아이들을 위한 활동을 지원해야 한다. 겉으로는 건강해 보이는 아이라도 마음이 병들어 있는 경우도 있다. 우리 어른들은 아이들의 여유로운 성장을 지원하기 위한 환경을 조성해야 한다.

학습을 지속하며 더 높은 단계를 목표로 하는 공민관 학습자들의 의욕에 경의를 표한다.

사람은 언제 어느 시대든 자신이 의도하지 않은 때조차도 배우고 있다는 것을 깨달았을 때 의도적·주체적인 학습으로 한 발 더 내딛을 수 있다.

스즈키 미사코(鈴木 美佐子)

제2장 **2** 현대의 학습 과제에 다가서다

매력적인 청소년사업을 찾아서
보켄야로(冒険野郎) B팀의 궤적

아이들은 어째서 재미있어 하지 않는가?

여러분은 공민관으로 이동하여 청소년사업을 담당하게 되었을 때 어떤 사업을 생각하고 기획하셨습니까? 많은 주사(主事) 여러분들이 전 담당자에게 배운 사업을 모방하지 않으셨습니까? 저도 마찬가지였습니다.
2002년에 다시 공민관에 근무하게 되어 전문직으로 채용되었지만 공민관 근무는 실로 5년만이었기에 현장에 복귀는 했어도 아직 실수 투성이였습니다. 이전에 공민관 업무를 경험하긴 했지만 청소년사업이라고 해도 '가족 레크리에이션' '어린이 도예 체험' '여름방학 챌린지 자유 연구'와 같은 단발적이고 계절에 한정된 사업이 중심으로, 딱 잘라 이야기하자면 온 힘을 들여 실시했다고는 말하기 어렵습니다.

'새로운 청소년 사업을 시작하여, 있는 힘껏 노력해보고 싶다'는 야심을 품고 오랜만에 일에 의욕을 불태우기는 했지만 청소년사업을 실시하는 데에 있어 피해갈 수 없는 문제에 맞닥뜨렸습니다.

①연령차 설정의 어려움
②지역(아이들)이 원하는 과제의 어려움
③관리 책임과 안전 확보

매력적인 청소년사업의 걸림돌은 바로 이 세 가지 조건이 아닐까 생각합니다. 그 중에서도 특히 ③관리 책임과 안전 확보'는 청소년사업에 있어 강하게 요구됩니다. 그러나 그것이 청소년 사업을 추진해 나가는 데 모순이 되기도 합니다.

아이들은 호기심이 강합니다. 가슴이 '두근두근'하고 '설레는 것'을 좋아합니다. 그러나 우리 어른들은 예전의 자신이 피부로 느낀 멋진 기억을 잊어버린 채 자신도 모르는 사이에 어른들에게 맞춘 규칙에 아이들을 가두고 있습니다.

아이들이 참가하고 싶어 할 만한 기획, 더 나아가 어른들까지 참가하고 싶어지는 매력적인 내용의 사업을 공민관에서 실현할 수 있을까요.

'보켄야로(冒險野郎) B팀'은 그러한 생각에서 시작되었습니다. 대상자는 초등학교 고학년에서 중학생까지의 남녀학생에, 내용은 '자전거를 타고 모험 여행을 하는 것'으로 생각을 현실로 실현시키기까지의 어려움과 즐거움을 이 사업을 통해 느끼게 되었습니다.

'동료(협력자)를 찾아서'

그러나 많은 과제와 문제, 그리고 불안을 품은 이 사업을 실현시키기 위해 상시 근무자 2명, 비상 근무자 1명(당시 분쿄[文京]공민관의 체제)만으로는 도저히 불가능합니다. 따라서 협력자가 필요한데 저는 처음부터 '고등학생들의 협력 없이는 절대로 이 사업을 실현 할 수 없다'고 생각했습니다. 왜냐하면 어른과 아이들 사이에는 아무리 해도 뛰어넘을 수 없는 국경이 존재하기 때문입니다. 서로를 이해하기 위해서는 파이프 역할(통역)이 필요합니다. 다행히도 시내에는 공립고교 둘과 사립고교 넷, 그리고 전문학교가 하나 있기 때문에 바로 전단지를 돌려 젊은 협력자를 모집했습니다. 그러나 협력자는 그리 간단히 모이지 않았습니다. '젊은이들(고등학생 이상)을 사업에 참여시키는 것은 어렵다고 새삼 느꼈습니다. 이 어려운 문제를 여러분이라면 어떻게 하시겠습니까?

사업 시작일도 가까워져 이제 포기해야하나 하는 생각이 들었을 때 운 좋게 희망자가 한명 나타났습니다. 공민관 근처에 있는 고등학교의 여학생으로 이야기를 들어보니 '재미있을 것 같아서'라며 게다가 '친구들에게 같이 하자고 해도 돼요?'라고 했습니다. 저는 남학생만 모으려고 했기 때문에 조금 망설였지만 일단 자세한 사업설명을 한 후 협력을 부탁했습니다. 희망자 한 명의 출현에 담당자로서는 마치 이 사업의 성공이 보장된 것 같은 기분이 들어 마음이 벅차올랐습니다. 모든 일은 시동이 걸리면 그 기세가 가속되기 마련입니다. 그렇게 찾기 힘들던 협력자도 계속해서 나타나 실행조직으로서 체제를 갖출 수 있게 되었습니다. 정말로 운이 좋았습니다.

어쨌든 그런대로 운영진을 모으는 데는 성공했지만 멤버구성을 보면 정년을 맞이한 분들에서 고등학생까지 말 그대로 남녀노소가 모인 조직이 되었습니다. 이 멤버로 진행하는 '스태프 회의'는 엄청났습니다. 여고생부터 원래 교원이었던 분에 이르기까지 서로 의견 교환을 하기 때문에 '의견 수렴'은 너무나도 어려웠지만 죄송스럽게도 제 자신은 이 상황을 꽤 즐겼습니다. 세대차가 심한 멤버들이 나누는 진지한 대화는 좀처럼 들을 수 없기 때문입니다. 좋은 의미로 진정한 의견 교환을 했다고 느꼈습니다. 그러한 회의를 몇 번이나 반복하여 5월에는 참가희망자 및 보호자를 대상으로 사업 설명 오리엔테이션을 실시하여 제 1회를 향한 준비를 해나갔습니다.

덧붙여 그 오리엔테이션의 첫머리에 '이 사업은 위험합니다. (중략) 100% 안전하다고는 보장할 수 없습니다'라고 당당히 말했는데, 이런 말을 하는 사업은 시내 공민관이 주최하는 사업에서는 처음이 아닐까요?

제2장 현대의 학습 과제에 다가서다 95

● 한여름 자전거로 언덕을 오른다!

첫 모험 - 그리고 최악의 사고를 겪고 나서

그렇게 첫 회를 맞이한 모험은 후츠(富津)시 후츠미사키(富津岬)까지의 당일치기 여행이었습니다. 기사라즈(木更津)시에서 후츠미사키까지는 국도 16호선으로 이어져 있고 비탈도 심하지 않을 뿐더러 경치도 좋기 때문에 첫 번째 코스로 정했습니다. 도중에 일어난 여러 해프닝과 에피소드는 지금도 잊을 수가 없습니다. 자전거의 변속기 사용법을 모르는 아이, 가드레일이나 소나무에 충돌한 아이, 막대기(1m 정도)를 휘두르면서 자전거를 타는 아이 등, 어느 것 하나 주최자 측으로서는 마음 편할 순간이 없었습니다. 회의를 통해 일어날 가능성이 있는 해프닝에 대해 충분히 예상했다고 생각했지만 그 예상을 뛰어넘는 상황에 청소년 사업은 '살아 있다'는 것을 스태프 모두가 깨닫게 된 첫 항해이기도 했습니다.

   제1회 모험을 디딤돌로 그 후로는 큰 사고 없이 순조롭게 모험을 계속 해오던 중, 2년 째 봄에 결국 일어나서는 안 되는 사고가 일어났습니다. 여름에 물놀이를 하기 위해 소데가우라(袖ヶ浦)시의 풀장에 다녀오는 길이었습니다. 물을 뺀 인공연못의 움푹 팬 자리에 모험에 참가한 초등학생 K군이 실수로 자전거에 탄 채로 구르다 머리를 세게 부딪쳐 그 자리에 쓰러져 움직이지 못하게 되었습니다. 스태프들은 크게 당황했고 점점 구경꾼들이 주위를 둘러쌌습니다. 이상하게도 저는 전혀 동요하지 않고 '아, 일어날 일이 일어났구나' '이제 어쩌지?'와 같이 담담하게 생각했던 것을 기억하고 있습니다. 구급차가 도착하여 K군이 실려 가고 사고 발생 상황을 상사에게 보고하고 스태프와 남은 아이들을 어떻게 돌려보낼 지에 대해 상의하는 일 등이 눈 깜짝할 사이에 이루어졌습니다. 당시 막 취임한 다카하시(高橋) 관장님(여성) 및 동료인 가이(甲斐)씨와 함께 병원 대기실에서 보호자와 만나기 위해 기다리고 있는 동안, 제 머릿속에는 '보호자에게 어떻게 사죄하지?' '무척 화내시겠지' '보상이나 여러 가지 성가신 이야기를 하시려나' '당연히 모험은 계속하기 어렵겠지'와 같은 생각이 맴돌았습니다. 그런데 '폐를 끼쳐서 죄송합니다'라고 K군의 어머님이 먼저 사과를 하셨습니다. 다행히 상처도 가벼운 뇌진탕에 그쳐 K군 본인도 '죄송합니다, 제가 잘못했어요'라고 말해 주었습니다.

게다가 '모두에게 폐를 끼쳐서 죄송해요. 이 일 때문에 모험이 중단되진 않겠죠?'라고 하였습니다.

보켄야로(冒險野郎) 최대의 위기는 이렇게 지나갔습니다. 오리엔테이션이 쓸모없는 것이 아니었다는 사실을 확신했습니다. (이 사업은 아이들 자신의 행동을 중시하여 스스로 판단하고 스스로 결정하며 스스로 책임지는 것에 대해 생각하게 함으로써 좀 더 청소년의 생활력을 기를 수 있는 사업으로 만들고 싶습니다.)

계속 맛보고 싶어지는 즐거움 – 제1회 투르 드 치바에 참가

그 후로도 횟수를 거듭함에 따라 참가자와 협력자가 늘어났습니다. 달리는 거리도 늘어나고 모험의 목적도 다채로워져 우리들은 많은 모험 여행을 통해 다양한 경험을 아이들과 함께 쌓아 나갔습니다. 그리고 2006년, 보켄야로 사업의 휴식 기간에 대해 생각하기 시작했을 때 '제1회 투르 드 치바'의 개최 소식을 듣고 대회에 참가하고 싶다는 의향을 스태프에게 전해 대회 참가를 위한 준비를 시작하게 되었습니다.

이 대회는 치바(千葉)현 내에서는 처음으로 시행되는 본격적인 자전거 이벤트로써 현 내 약 300km를 3일 동안 완주하는 것입니다. 보켄야로에서는 초등학생은 하루(약 100km), 중학생 이상은 개인의 체력에 맞춰 참가(자유 참가)한다는 방침을 세우고 이벤트에 참가하여 저를 포함한 스태프 3명과 중고생 3명은 첫 날부터, 나머지 초등학생 멤버와 그 외의 스태프는 마지막 날 개최된 시라하마(白浜)~기사라즈(木更津) 사이의 100km여행에 참가하는 등 총 20명이 이 이벤트에 도전하게 되었습니다. 대회를 돌이켜 생각해 보면 뜨거운 감정이 복받쳐 오르고 참가자 각자에게 감동의 드라마가 있었던 것 같습니다. 이 보켄야로의 활동을 지역 케이블TV 관계자 분이 취재하여 뉴스로 만든 것을 편집한 DVD가 있는데 이것을 보여드리지 못하는 것이 참으로 아쉽습니다.

아이들이 숨을 헐떡거리며 이 장거리 모험에 도전하여 누구 한 사람 탈락 없이 규정 시간 내에 도착했습니다. 완주한 순간은 저도 오랫동안 잊고 있었던 뜨거운 감동이 마음에서 북받치는 것을 느꼈습니다. 완주한 스태프와 아이들 역시 분명 같은 기분을 맛보았을 것이라 생각합니다. 이 대회를 통해서 저는 사이클링의 훌륭함과 '도전이 청소년사업에서는 큰 의의가 있다'는 생각을 강하게 느끼게 되었습니다.

아카데미아 앞에서 출발

보켄야로(冒險野郎)가 향하는 곳

2006년 3월로 보켄야로(冒險野郎) B팀은 해산했습니다. 4년간의 총 주행거리는 1,975km이고 모험 횟수는 36회, 총 참가자 888명이라는 기록을 남겼습니다. 초등학생 때 참가했던 아이는 중학생으로, 중학생 때 참가했던 아이는 고등학생으로, 고등학생 때 참가했던 아이는 대학생으로, 성인 참가자는 체력의 한계 때문인지 은퇴하는 분도 생기는 등 시간은 흘러 멤버들의 얼굴도 많이 변했습니다. 그렇다면 이처럼 많은 모험을 거쳐 얻은 것은 과연 무엇이었을까요?

아이들 입장에서 (감상문에서 발췌)

자신의 한계에 도전할 수 있었다. '하면 된다'는 말은 정말이었다. 자전거를 좋아하게 되었다. 혼자 힘으로도 먼 곳까지 가보고 싶다! 자전거가 이렇게 힘들 줄은 몰랐다. 작년은 도중에 기권(여름 1박 여행)했지만 올해는 성공(완주)했다. 자전거로 여기저기 처음 가보는 곳에 가서 매우 즐거웠다. B팀 부활! 제2의 보켄야로(冒險野郞) B팀에 참가하고 싶다.

어른들 입장에서 (반성회에서의 의견 등)

아이들의 성장을 피부로 느낄 수 있었다. 마음의 교류를 할 수 있어 신뢰관계를 맺을 수 있었다. 아이들을 꾸짖는(아이와 진지하게 대화 하는 것) 것이 얼마나 중요한지 알게 되었다. 사이클링(자전거)에 흥미가 생겼다. 또한 이 사업은 안전이나 관리 책임에 대해 엄격하던 청소년 사업에 파장을 일으켜 노력의 가능성을 넓히는 것으로 연결되었다고 생각한다. 아이들의 성장을 사업에 반영시키면 보호자가 자연스럽게 적극적인 지원 협력에 나서게 되고, 지역의 협력자도 나타나 그것이 결국 사업의 큰 추진력이 된다.

'원래 청소년 사업은 즐거운 내용으로 담당자도 함께 즐길 수 있어야 한다' 이제 와 사업을 돌이켜 보면 얻은 것이 많아 놀라울 따름이고 새로운 것들을 발견했다는 것을 깨닫게 됩니다. 저는 지금 이 사업으로 얻은 힘 = 인재(어른과 아이를 포함한 모두)를 보존하기 위해 노력하고 있습니다. 이 스태프들만 있으면 시내 어느 공민관에서도 분명 제2의 보켄야로(冒険野郎)가 실현 가능하다고 생각하기 때문입니다. 2007년도 보켄야로는 자주 서클로써 기간 한정 활동을 시작했습니다. 이 '기간 한정'에는 이유가 있습니다. 서클을 만드는 것은 간단한 일이지만 시간이 지남에 따라 방향성을 잃고 창설 당시의 목적을 잃은 서클로 만들고 싶지 않았기 때문입니다. 이후에는 1년에 한 번 서클의 존속에 관해 멤버들과 협의하여 존속을 시킬지를 결정할 예정입니다. 지금 보켄야로는 대표자 S씨를 리더로 새로운 '더블 B' 활동을 시작하였습니다.

보켄야로는 청소년 사업의 새로운 가능성을 찾기 위해 앞으로도 계속 달려갈 것입니다.

미즈코시 마나부(水越 学)

제2장 **3** 현대의 학습 과제에 다가서다

'육아'에서 시작되는 '자아찾기'

지금까지 공민관 네 곳에서 근무하면서 여러 가지 사업에 관련된 일을 해 왔다. 그 중에서도 '육아 중인 어머니들의 학습'에는 특히 신경을 써서 노력해 왔다.

2003년 4월에 지금의 근무지인 기사라즈(木更津) 시립 하타자와(畑沢) 공민관에 부임하였는데, 이곳에서는 지역의 수요에 힘입어 한층 더 열정과 성의를 다해 '육아 중인 어머니들의 학습'에 관한 일을 맡게 되었다. 아마 많은 선배 공민관 직원 분들이 시도해온 사업으로 특별히 새로운 것은 없을지도 모르겠다. 다만 나 자신도 육아 중인 어머니이기에, 사업의 대상자와 같은 시대를 사는 담당자로서 이 사업을 통해 느끼고 배운 것을 기록해두고 싶다고 생각했다.

'육아 중인 어머니들의 학습'에 어떻게 착수할 것 인가

하타자와(畑沢) 공민관의 대상지역은 인구 약 12,700명, 세대수 약 4,700세대이다. 최근 새롭게 주택지가 조성된 구역이 있어 지금도 조금씩 인구가 증가하고 있다. 주택지구 내 초등학교는, 아동 수 약 900명의 시내에서는 1, 2위를 다투는 큰 규모의 초등학교로 앞으로의 아동 증가에 대응하기 위해 작년에는 학구 재편도 시행했다. 기사라즈(木更津)시에서도 젊은 세대가 비교적 많이 거주하는 지역이기도 하다.

부임한지 얼마 지나지 않아 유모차에 아이를 태운 엄마가 공민관을 방문했다. 얼마 전에 이사를 와 친구가 없어 참가 가능한 육아 서클이나 학급을 찾고 있다고 했다. 당시 하타자와 공민관에는 육아 서클이 하나 있기는 했지만 새로운 참가자는 모집하지 않고 있었다. 공민관의 주최사업 중에도 영유아가 있는 아기엄마들을 대상으로 한 사업은 없었다. 그 후에도 젊은 아기 엄마들이 자주 공민관을 방문했다. 새로운 마을에서의 육아에 불안이 섞인 표정이었다. 이 지역에 있어 '아기 엄마들의 학습을 어떻게 진행시킬 것인가'가 시급한 문제라고 생각해 그 필요성만큼이나 기대감을 가지고 육아 중인 아기 엄마들을 대상으로 한 사업을 진행하게 되었다.

그 후 나는 기사라즈(木更津)시의 지역 육아 센터에 자주 들러 그곳에 모이는 아기엄마들 및 보육사들과 교류를 가졌다. 이전에 담당했던 가정교육학급이나 영유아학급의 상황에 대해 고민하고 있던 나로서는 이곳에서 이루어진 보육사들과의 교류가 다음 사업에 착수하는 자세에 큰 영향을 미쳤다.

전임 공민관에서 담당했던 육아학급(2살 이상의 미취학 아동이 있는 부모를 대상)에서는 참가자 스스로가 기획운영에 참가하여 강사의 이야기를 들은 후에는 다함께 의견 교환도 했다. 학급생 자신이 매회 학급통신을 발행하며 자주적이고 의욕적인 학급운영이 이루어졌다.

그러나 육아 방법, 아이들의 질병, 식사 이야기 등을 전문가로부터 직접 듣는 강의 형식에 대해 물론 내용 자체는 유익해도, 강사에게 들은 이야기가 정말로 참가자 자신의 육아에 도움이 되고 있는지, 이 학급에서의 학습이 아이 엄마들에게 정말로 필요한 학습으로 이어지는지는 담당자로서 자신이 없었다.

결국 내린 결론은 '육아는 자신이 자라온 대로밖에 할 수 없는 것은 아닐까'라는 생각이었다. 육아 방법이나 수단을 배우는 것보다 육아를 하고 있는 자기 자신을 돌아보는 것이 먼저가 아닐까, 그러지 않고서는 진정한 의미로 아이들을 마주할 수 없는 것은 아닐까. 이러한 의견을 나눈 지역육아센터의 보육사들과 함께 '육아세미나'를 추진하기 시작했다.

'하타자와(畑沢) 육아세미나'에서의 학습

지역 육아 센터의 보육사가 패실리테이터(facilitater: 촉진자)로 참가하고 2세 이상의 미취학 아동이 있는 아기 엄마들을 대상으로 한 보육 강좌 '하타자와 육아세미나'가 시작되었다.

~육아는 즐겁습니까? 고민하거나 침울해질 때는 없습니까? 누군가 내 기분이 어떤지 들어 주면 좋겠다고 생각한 적은 없습니까? 육아를 혼자서만 떠안고 있지 않습니까? 누군가의 힘을 빌려 어깨의 힘을 좀 빼는 것도 필요합니다. '나다운 육아'를 찾아내기 위해 모이지 않겠습니까?~

참가자 자신의 고민이나 이야기 등을 이야기함으로써 서로의 경험이나 아이디어를 나누고 자신과 마주보며 스스로의 마음을 깨닫기 위해 대화를 반복했다. 2003년도 말에 제1회를 실시한 후 그 다음 해부터 6회를 한 단위로 매회 새 참가자를 모집했다. 각각의 회에 8~12명의 아기 엄마들이 참가했다. 2006년까지 총 7회 실시 중 '육아ing 클럽'이라는 모임이 만들어져 지금도 한 달에 한 번 학습회를 계속하고 있다.

육아세미나에서는 참가자 자신이 제안한 주제에 대해 이야기하고 강사(패실리테이터)가 제공하는 다양한 책과 그림책, 비디오의 제재를 바탕으로 과제 심화를 시도했다. 무엇보다도 지도자의 존재가 세미나의 내용을 크게 좌우했다는 사실은 말할 필요도 없다.

　매회 세미나의 마지막에는 반성의 글을 쓴다. 6번의 강좌 중 회를 거듭할수록 글의 내용이 변해간다. 각 참가자들이 자기 자신의 감정을 주저하지 않고 표현하게 되었다. 처음에는 발언을 꺼리던 사람들이 스스로 말을 꺼내게 되었다. 자신의 감정을 말하는 것, 누군가가 들어주는 것, 남의 말에 귀를 기울이는 것을 통해 자기 자신의 감정을 깨닫게 된다.

　강좌 횟수가 부족하였기 때문에 세미나의 참가자 전원에게 성과가 있었다고는 할 수 없을 것이다. 그러나 한 사람이든 두 사람이든 이 세미나에서 배운 것을 통해 새로운 자신을 발견하고 다음 단계로 한 발이라도 전진할 수 있다면 매우 기쁠 것이다. 또한 '육아ing 클럽'의 멤버가 세미나를 통해 배운 것을 다음 사람에게 전해줄 것을 기대하고 있다.

　'하타자와(畑沢) 육아세미나' 활동은 그 횟수나 방법, 그리고 무엇보다도 담당직원으로서의 나 자신의 참가 방식에 대한 반성도 과제도 많이 남았다. 그래도 참가자 개개인의 '삶의 방식에 관련된 학습'에 조금이라도 도움이 되었다는 보람을 느낀 것이 이 강좌의 가장 큰 성과일 것이다.

주최 : 기사라즈 시립 하타자와 공민관

하타자와(畑沢) 육아세미나

매일 육아를 즐기고 있습니까? 머뭇거리거나 고민하는 일은 없습니까? 누군가에게 내 기분을 이야기하고 싶다고 생각한 적은 없습니까?

'육아'를 혼자서 떠안고 있지는 않습니까? 누군가의 힘을 빌려 어깨의 힘을 잠시 빼는 것도 필요하답니다.

'나다운 육아'를 찾기 위해 모여보지 않으시겠습니까?

대 상	원칙적으로 2세에서 취학 전 유아가 있는 어머니 15명
개최일	2006년 5월 17일(수) / 5월 30일(화) / 6월 14일(수) 6월 28일(수) / 7월 5일(수) / 7월 11일(화)
시 간	오전 10시~11시 30분
보 육	보육 그룹 코알라회에서 아이를 봐 드립니다. 비용은 전회 합쳐 1인당 300엔(간식비 등)
참가비	100엔 (차 값으로)
신 청	5월 10일(수)까지 하타자와(畑沢) 공민관으로 직접 또는 전화, 팩스로 신청해주십시오. 단, 정원이 다 차는 대로 마감됩니다. *신청은 화요일~금요일(공휴일 제외) 오전 8시30분~오후 5시까지 가능합니다.

강사 (패실리테이터)
히라노 히로미(平野ひろみ)씨 (육아센터 유리카모메 보육사)

여기서 다루는 주제는 참가자의 요구 중에서 선정하였습니다.
서로의 경험과 아이디어를 나눕시다.
구체적인 사건이나 체험을 들어 질문을 할 예정입니다.
질문을 통해 깨달음과 통찰력을 얻는 것을 목표로 합니다.

신청 및 문의처 : 기사라즈(木更津) 시립 하타자와(畑沢) 공민관 TEL/FAX 37-1005

<참가자의 감상에서>

'이번 강좌에 참가하여 가장 많이 느낀 것은 나 자신이 희로애락의 감정을 표현할 수 있다는 것이었습니다. 강좌나 강의는 웃지 않고, 울지 않고, 화내지 않고, 기뻐하지 않고 선생님의 이야기를 듣는 것이라 생각해 왔지만 그렇게 해서는 강좌를 자신의 삶의 양식으로 만들 수 없다고 생각했습니다'

'자신의 감정(생각하고 있는 것)을 다른 사람에게 말하는 것은 매우 기분이 좋은 것이라고 느꼈습니다. 지금까지 겉으로 표출하지 않았던 것을 조금씩 표출할 수 있게 되기를 바랍니다. 조금 다른 자신을 발견한 것 같습니다'

'반복의 문제가 테마였던 적이 많았는데 그 반복 덕에 스스로의 생각이나 행동을 고칠 수 있어 나 자신의 토대가 형성되고 있는 듯한 느낌이 듭니다'

'무슨 일이 생겨도 불안을 덜 느끼게 되었습니다. 커뮤니케이션은 어떤 상황에서도 중요한 것이라고 생각합니다'

하타자와 육아세미나

<육아세미나를 함께 한 강사들의 감상에서>

'강의를 통해 알게 된 것은, 부모로서 아이의 기분을 이해하기 이전에 부모 자신이 지금껏 살아오는 동안 누군가가 자신의 감정을 들어주거나 자신의 감정을 전달해 본 경험이 거의 없었다는 것입니다…… 부모 스스로가 자신의 감정을 이해받고 나서야 상대의 감정도 받아들일 수 있게 되는 것이 아닐까요. 그리고 자기 자신과 마주함에 따라 반드시 깨닫는 것이 있고 마음이 움직임에 따라 자신이 받아들일 수 있게 되는 것이라 생각합니다.'

'산들바람 가정교육 학급'에서 배운 것

하타자와(畑沢) 공민관에서는 초등학생 아이를 둔 어머니를 대상으로 '산들바람 가정교육 학급'을 개최하고 있다. 이 어머니 학급은 매월 1회 개최되며 5개의 반체제로 각각 연간 2회의 행사를 기획·운영한다. 대략적인 내용에 대해서는 그 해 초의 학급 개최식에서 학급생 전원이 이야기를 나누지만 상세한 내용은 각 학급에 맡겨진다. 내용은 강의·만들기·운동·교류 등 여러 가지가 있다. 매회 학급의 마지막에는 한 가지 테마에 대해서 몇 개의 그룹 별로 이야기를 나누는 시간을 만들어 그 내용을 모두의 앞에서 발표한다. 또한 사업 내용은 통신을 이용하여 결석한 사람에게도 전달한다. 2007년도에는 48명의 학급생과 함께 학급 운영에 힘쓰고 있다.

일찍이 가정교육학급의 운영을 고민한 것처럼 이 사업의 담당자로서 이 상태로 괜찮은지에 대한 걱정은 여전하다. 학급생 자신의 자주적인 학급운영은 상당 부분 달성되고 있다고 생각하지만 학습내용만을 가지고 보면 '쉽고 즐거운 내용'에 치우쳐 있어 '육아세미나'에서처럼 '살아가는 방식을 묻는 학습'에까지는 도달하지 못하고 있다는 점에 대해 공민관 직원으로서의 역량부족도 느끼고 있다. 그러나 현실적으로 초등학생의 어머니를 대상으로 '육아세미나'와 같은 목표를 가진 학급을 운영하는 것은 어렵다. '쉽고 즐거운 내용'이 아니면 참가하는 사람이 적어지는 경향이 있다는 사실도 부정할 수 없다. 물론 '살아가는 방식을 묻는 학습'은 중요하지만 중요하기 때문에 참가자도 담당자도 거기에 큰 에너지를 쏟아 부어야만 한다. 그러한 면을 감당할 수 있는 사람의 수는 역시 한정되어 있다. 인원이 평가의 전부는 아니지만 인원을 무시한 채 사업을 진행할 수는 없다.

아이로부터 조금씩 자유로워져 일을 재개하는 사람도 늘어나고 개인의 생활양식 및 의식도 더욱 다양해지고 있다. 한 사람 한 사람의 육아에 대한 과제 역시 크게 달라지고 있다. 지금까지의 아이와 밀착된 관계에서 벗어나, 육아에만 쏟아 붇던 힘을 육아 외의 일에도 쏟아 부을 수 있게 되었을 때, 표면적으로는 '고독에서 생겨난 육아에 대한 고민'에서 해방되는 것이다. 행동범위가 넓어지면 정보도 많아진다. 나는 동세대의 참가자들과 어울리며 공민관 직원으로서 참가자들이 공민관에서 배우는 것에 대한 의미를 되묻지 않을 수 없었다.

참가자들은 자신의 생활양식 속에서 현명하게 자신에게 필요한 것을 선택하고 있다. 공민관은 그 중 하나의 선택지에 불과하다. 학습 내용만을 보고 학습의 질을 평가하는 것은 그다지 의미가 없는 일이라고 생각하게 되었다. 교육에 대한 관심도 높고 육아에는 남들보다 배는 열심인 엄마들에게 '공민관이기 때문에 배울 수 있는 것'을 제대로 제시하면서 학습 내용으로 '무엇을 배우는가?'보다도 '무엇을 위해 배우는가?'를 제안해야 한다고 생각한다. 배우는 주체인 엄마들의 요구를 알려고 노력하고 함께 배우며 엄마들을 신뢰하고 엄마들의 마음에 다가서는 것이 중요하다고 느끼고 있다.

그리고 당연한 일이지만 우선은 공민관에 모이는 것이 중요하다. 그리고 모두가 모이는 공민관은 기운을 낼 수 있는 즐거운 곳이어야 한다. 학급 참가자 모집 전단지에는 언제나 '모두를 활기차게 할 수 있는 학급을 목표로 하겠습니다!'라고 쓴다. 아기 엄마들이 '공민관에 모인다'는 첫 단계를 먼저 이루어내야만 한다.

'관계하는 것', '이어지는 것'을 힘으로

산들바람 가정교육 학급에서도 육아세미나에서도 학습의 키워드는 '인간관계 속에서 배운다'는 것이라 생각한다. 공민관은 어른들이 사람과 사람 사이의 관계에서 커뮤니케이션이 중요하다는 사실을 배우는 장소다. 학급이나 강좌가 그것을 위한 기능을 완수할 수 있도록 우리 공민관 직원은 잘 짜인 교육적 장치와 사고방식을 제공하는 역할을 맡고 있다.

'육아를 위한 엄마의 학습'이 아니라 엄마들 자신이 육아를 계기로 '자기 자신과 마주하기 위한 학습'을 하기를 응원하고 싶다. 아기 엄마들이 몸도 마음도 함께 기운을 낼 수 없다면 결코 육아는 즐겁지 않다. 엄마가 언제나 활기차게 웃어 주면 아이들도 기뻐한다.

이상적인 육아법을 무조건 수용하는 것이 아니라 '나는 이런 아이로 키우고 싶다'고 스스로 자신을 가지고 아이와 마주 하는 것이 중요하다고 생각한다. '착한 아이로 키우는 법을 가르쳐 드립니다'와 같은 강좌는 오히려 육아에 대한 불안을 부추기고 압박을 가할 뿐이다.

'산들바람 가정교육 학급'과 '하타자와(畑沢) 육아세미나'. 학습 방법도 참가자가 요구하는 것도 다를지 모른다. 그러나 둘 다 '육아'와 연결되는 공민관에서의 학습이다. 즉 어른들끼리 풍요로운 인관관계를 쌓고 자신을 되돌아보는 법을 배우며, 그것을 아이들에게 전해주는 법을 배우는 것이다.

  사람과 사람의 관계이기 때문에 더욱 더 스스로가 나로 존재하는 가치가 보인다. '관계하는 것' '이어지는 것'이 한 사람 한 사람의 힘이 된다. '산들바람 가정교육 학급'과 '하타자와(畑沢) 육아세미나'의 '참가자인 엄마들'이 그 사실을 가르쳐 주었다. 나는 그녀들의 가장 가까운 지원자가 되고 싶다. 어떠한 상황에서도 눈앞에 있는 사람들과 제대로 마주 대하며 만남 속에서 배우고, 그 때마다 자신이 느낀 것을 소중히 여기고 싶다.

스즈키 카즈요(鈴木 和代)

제2장 **4** 현대의 학습 과제에 다가서다

지역·대학과 연계한 청년 커리어 교육

청년취업, 무엇이 문제인가

'이정도 일은 누구라도 할 수 있다고요'라고 내뱉듯이 한 말을 지금도 똑똑히 기억하고 있다. 내가 처음으로 일을 맡은 '청년취업지원세미나'의 참가자인 남성 프리터(프리 아르바이터[free+arbiter]의 약칭, 주로 아르바이트로 생계를 꾸려나가는 사람을 지칭하는 말)가 한 말이다.

그의 말 속에서는 '자신이 할 일은 따로 있다고 꿈꾸며 아르바이트를 계속 하고 있다. 그러나 내일 모레면 30세인데 초조하기도 하고 프리터로 지내온 자신의 인생에 직업적 성장이 있었는지 자신이 없다'는 내면의 고민이 엿보였다.

단순노동이나 가사노동을 포함한 모든 일이 사회에서 없어서는 안 되는 중요한 존재이며 사람들이 더 행복해지는 데에 도움이 되고 있다. 프리터를 포함하여 열심히 일하는 사람을 존중하고 평가하는 시스템이 있어야 한다. 일 하는 것 자체가 존중받는 사회가 이상적인 노동 사회라는 것을 상식으로는 모두가 이해하고 있을 것이다.

그러나 안타깝게도 현대 사회에서는 '아르바이트'가 직업적 성장을 위한 노동 조건을 다 갖추지 못하고 있다고 여겨지는 듯하다. 왜냐하면 아르바이트는 표준화·매뉴얼화된 노동의 '단편'에 지나지 않으며 반대로 아르바이트 노동은 단편화되어야 비로소 호환성을 확보하기 때문이다. 그러므로 아르바이트 노동자에게는 노동계약에 규정되어 있는 것 이외의 노동을 하는 것이 요구되지 않고 권한도 없다. 그렇기 때문에 그들은 '자신의 일'의 경계선 밖에서 생긴 실수나 트러블을 '자신의 일'로 받아들이는 교육을 받지 않는다. 그러나 비즈니스 현장에서 실수는 때때로 '누구의 영역도 아닌 곳'에서 발생한다. 자신의 일이 아니지만 뭐라도 하려는 '쓸데없는 참견', 즉 근무자의 임기응변으로 치명적인 충돌을 피하는 일도 많다.

나는 아르바이트 노동을 부정하려는 것이 아니다. 학업과 아르바이트라는 두 종류의 '사회생활을 경험하는 것은 사회인이 되기 위한 트레이닝으로서 의미가 있다고 생각한다. 그러나 버블 붕괴에 따라 이러한 청년들이 학교를 졸업한 후 성장을 위한 '성인의 노동'으로 나아가기 어려운 시기가 도래했다. 취직빙하기라고 불리던 이 시기에 사회로 나온 청년들은 본의 아니게 아르바이트 사회에 방치되었다. 부모와 사회가 따로 말하지 않아도 아르바이트에 대한 불안은 가장 많이 느끼고 있지만 발버둥 쳐 봐도 자력으로는 벗어날 수 없다. 그러한 갈 곳 없는 청년들을 만난 일이 청년 취업 문제에 대해 생각해 보는 계기가 되었다.

마츠도(松戸)시의 청년취업지원의 노력의 경과

마츠도(松戸)시에서는 2003년부터 니트(NEET)·프리터 대책의 일환으로 여러 가지 청년취업지원 사업을 진행해 왔다. 취업활동의 노하우를 전수하는 취직 스킬 업 세미나에는 매회 30명 정도의 청년들이 참가하여 수강자의 30% 정도가 취업에 성공했다. 적은 수라도 일단 어느 정도의 결과를 내고는 있었지만 여기서 만족할 수는 없었다. 또한 수강 후의 앙케트에서 '왜 일을 해야 하는지 잘 모르겠다' '일할 이유가 없다'와 같은 답변이 눈에 띄는 것 역시 마음에 걸렸다. 풍요로운 시대에 태어나 자란 그들에게는 먹고 살기 위해 일한다는 의식이 희박하고, 일하는 것 자체에 대해 큰 의의를 느끼지 못하는 것은 아닐까. 그렇기 때문에 일하는 것의 의의를 스스로 찾아내지 못한다면 일을 할 수 없다고 생각하고 있는 것이 아닐까라는 생각이 들기 시작했다.

이러한 경험을 통해 지금까지 시에서 실시해온 사업이 청년들의 생각과는 조금 거리가 있다는 것을 알게 되었다. 취업활동을 하기 전에 '왜 일하는가?'라는 의문을 해결하여 한 사람 한 사람이 '스스로 납득할 수 있는 취업'에 대해 깨닫지 못한다면 취직했다하더라도 다시 금세 이직하게 되는 것이 아닐까 하고 생각했다. 그 과제를 해결하기 위해 청년취업지원 사업에 커리어 교육을 도입하기에 이르렀다.

지역·대학과 연계한 커리어 교육 - 이 거리 전부가 캠퍼스

최근 많은 대학에서는 커리어 센터를 새로 열거나 커리어 교육을 필수 과목으로 지정하는 등 졸업과 동시에 원활하게 일을 할 수 있도록 노력을 아끼지 않고 있다. 취직 후 3년 이내에 직장을 옮기는 젊은이의 비율은 중졸, 고졸, 대졸 순으로 70%, 50%, 30%로 조사되었다. 이른바 '753현상'이다. 이러한 상황 속에 일하는 것의 의의를 가르쳐 만족할 만한 취직을 돕기 위해 많은 대학에서 빠른 시기부터 커리어 교육에 힘쓰고 있다.

2006년, 시내에 있는 류츠케이자이(流通経済)대학과 쇼토쿠(聖徳)대학과 연계하여 청년취업을 지원하는 프로그램을 실시하게 되었다. 유통경제대학에서는 학교나 교수진의 지원이외에 학생들 스스로가 서로의 취업활동을 지원하는 동아리가 있어, 학생이기 때문에 가능한 신선한 발상으로 네트워크를 살린 활발한 활동을 펼치고 있다.

또한 쇼토쿠 대학에서는 평생학습의 일환으로 학생들이 지역에 공헌하는 활동을 적극적으로 실시하고 있다.

이 두 대학의 특색을 살린 활동을 기반으로 대학의 취직담당부의 지원을 받아 시와 연계한 청년취업지원 사업 '커리어 플랜 포럼' 실행위원회가 발족되었다. 이 위원회에는 두 대학의 학생과 마츠도(松戶)시의 사회교육시설인 마츠도청소년회관에서 활동하는 젊은이, 그리고 청소년육성사업을 펼치고 있는 NPO 단체의 젊은이들이 멤버로 참가했다.

실행위원회는 2006년 봄부터 대학 시험기간을 제외한 월 2회 정도 회의를 개최하여 '일한다'는 것에 대한 활발한 의견 교환을 해왔다. 솔직히 말해 '두 번 다시 참가하고 싶지 않다'며 포기하고 돌아가는 젊은이들도 가끔 있었다. 어쩌면 위원장을 맡고 있는 학생은 잠 못 이루는 밤을 지냈을지도 모른다. 학생들이 관리하는 블로그에는 회의에 임하는 의욕이 담긴 글 외에 회의가 생각대로 진행되지 않는 실망감을 표현한 글도 있어 담당자로서 미안함을 느낀 날도 있었다. 그러나 회의가 거듭됨에 따라 학생들의 의욕도 높아져 병아리가 알을 깨고 나온듯한 희망찬 말이 화면을 채우는 날이 늘어났다. 그리고 모임을 계속 하는 동안 '일하는 것의 의의'에 대해 각자가 생각하고 있는 것이 서로 다르기 때문에 회의가 잘 진행되지 않았다는 것을, 즉 '일에 대한 가치관'이 서로 다르다는 것을 모두가 깨닫게 되었다. 모두가 나름대로의 '일하는 것에 대한 의의'를 가지고 있고 그 의의는 서로 같을 필요도 없으며 물론 정답도 없다. 모두 무언가를 원하고 무언가를 달성하고 무언가에 만족한다. 그 반복이 바로 '일하는 것'이라는 결론에 도달했다.

2006년 6월 3일 토요일 맑음. 지역의 청년들에게도 '일하는 것의 의의'에 대해 생각할 기회를 주기 위해 대표토론회를 개최했다. '만족스럽게 일하는 방법'이라는 제목의 기조연설에 이어 2부는 마츠도(松戸)공공직업안정소(公共職業安定所) 소장 및 청년취업을 지원하는 단체인 '청년자립학원(若年自立塾)'에서 활동하는 청년, 그리고 지역 기업의 경영자들을 초대한 대표 토론회로 구성하였다. 일해 본 경험이 없는 젊은이와 프리터, 학생 등 95명이 참가했다.

여기서 참가자를 대상으로 간단한 직업의식조사를 실시한 결과를 일부 소개하고자 한다.

'나는 조금 무리라고 생각될 정도의 목표를 세워 노력하는 경향이 있다'라는 질문에 대하여 '그렇다'라고 대답한 사람이 70%를 넘었다. 또한 '나의 특성을 키워 그 특성을 살리는 인생을 산다'라는 질문에는 92%가 '그렇다'라고 대답해 진취적인 답변이 돋보였다.

한편 '직업은 돈을 버는 수단이다'라는 질문에는 약 80%가 '그렇지 않다'라고 대답했다. 이것으로 보아 많은 젊은이들이 자신을 연마하고 사회에서 자신의 능력을 살리는 것 자체에 인생의 가치를 느끼고 있는 것은 아닐까하고 분석했다.

참가자의 40%는 대학생, 33%는 비정규직사원과 구직 중인 젊은이, 18%는 취직을 희망하는 젊은이의 보호자, 그 외 교육 관계자 등이 있었다. 비정규직사원과 구직 중인 젊은이에 대해 살펴보면 아르바이트와 파견사원, 그 외에는 무직인 채로 정사원으로 취직을 희망하고 있는 사람들이었다.

참가자의 수강 후 앙케트에서 발췌한 것을 소개하겠다.

- '주위에 도움이 되고나서 처음으로 돈을 벌 수 있다'는 말에 강한 인상을 받았습니다. (대학생)
- 스스로 움직이지 않으면 질 높은 정보는 얻을 수 없다고 느꼈습니다. (대학생)
- 일하는 방법의 다양성을 사회가 좀 더 인정하게 되면 '일'의 입구가 넓어져 적어도 아무것도 하지 않는 젊은이는 줄어들지 않을까. (20대 후반, 파견사원 정사원 구직 중)
- 아직 잘 모르는 것도 많고 망설임도 크기 때문에 취직에 대한 계기를 찾고 있다. 힌트를 얻을 수 있는 기회가 취직을 위한 첫 걸음이 된다고 생각한다. (20대 후반, 구직 중)
- 사회의 살아있는 정보를 들을 수 있는 기회를 만들어 주셔서 감사합니다. 용기를 많이 얻었습니다. 힘내겠습니다. (20대 후반, 구직 중)

그룹 토론회

2007년 2월 24일 (토요일) 맑음. 마츠도(松戶)역 동쪽 출구 쪽에 자리 잡은 쇼토쿠(聖德)대학 평생학습 사회공헌센터에 실행위원들이 모였다. 2회째의 포럼을 개최하기 위해서다. 노동시장의 유연화가 진행되고 있는 현재, 니트와 프리터 문제 등 청년 취업문제에 대해 사회의 관심이 모아지고 있다. 지역 젊은이들의 협력을 얻어 젊은이들이 각자 일하는 데 있어(취업활동을 하는 데 있어) 가장 '가치'를 둘 것은 무엇인지에 대해 한 사람 한 사람의 의식의 고취시키는 기회로서 '커리어 플랜포럼'을 개최한 것이다. 60명 정도의 참가자는 무직, 학생, 프리터, 파견사원 등, 입장은 서로 다르지만 한 가지

일치하는 것은 '일하는 것'에 대해 불안을 느끼고 있다는 점이다.

이 포럼은 네 개의 분과로 나뉘어 미니 토론회를 실시하는 방식으로 진행되었다. 실행위원회가 제안한 테마, '일하는 것에 대해 불안한 점'이나 '알고 싶은 정보'를 중심으로 실행위원회 멤버가 촉진자(패실리테이터)가 되어 그룹 토론을 진행했다. 각 분과회의 테마는 '인간관계를 만드는 커뮤니케이션 방법' '일 선택의 기준' '일의 밸런스' '회사 선택의 노하우'였다. 각 분야에서 활약하고 있는 분들을 코멘테이터로 초빙하는 등 많은 것을 느끼고 의견교환도 활발히 이루어지는 시간을 보냈다.

사업을 반성하며

제2회 포럼의 성과는 먼저 젊은이들 스스로가 자신들 세대의 과제에 대해 자각하고 주체적으로 관여하기 시작하였다는 것이다. 무조건적으로 수용하는 교육에서 벗어나 이벤트 기획의 과정에 직접 참가하여 고생하면서 많은 배움을 얻을 수 있었다는 실행위원의 감상에서도 알 수 있었다. 두 번째로는 지역 대학의 커리어 교육을 마츠도(松戸) 시민에게 환원한 것이다. 마츠도의 강점이라고도 할 수 있는 '지역 대학'과의 연계. 이것은 마츠도시와 지역 대학 모두를 위한 커다란 한 걸음으로 대학 취업담당자의 임무이기도 한 학생의 사회 진출에 일조했다고 생각한다. 세 번째로 이미 학교를 졸업하여 커리어 교육을 받을 기회를 놓치고 만 젊은이들에게 학생들과 함께 교육을 받을 수 있는 기회를 줄 수 있었다. 참가자 중에는 프리터나 니트로 불리는 젊은이, 직장을 계속 옮겨 온 사람, 본의 아니게 파견사원이 된 사람 등이 상당수 포함되어 있다. 참가 대상을 한정하지 않음으로써 고민을 숨기고 있던 젊은이들이 학생들과 섞여 마음 편히 회관을 방문할 수 있었다.

자칫하면 젊은이들의 나태함 때문이라 여겨질 수 있는 현재의 상황. 경제의 시장원리주의에서 인건비 삭감으로 기업 경영은 변하고 있다. 현재를 살아가는 젊은이들에게 우리 어른들은 무엇을 인생의 이정표로 제시해야 할까. 노동력부족, 판매자 시장으로 불리는 요즘, 기업이 진정으로 필요로 하는 것은 어떠한 젊은이일까. 담당자로서 매일을 고민으로 보내고 있다.

이번에는 패널 토론 및 그룹 토론이라는 형식으로 사업을 실시했다. '정보의 제공 및 교환'이라는 점에서 의의는 있었지만 '젊은이의 정사원화'라는 우리의 목표를 생각하면 앞으로는 명확한 의식 개혁을 기대할 수 있는 '문제 해결형' 이벤트로 전환할 것을 검토해야 한다. 젊은이들이 그룹별로 시간을 투자해 연구한 내용을 발표하거나 찬반의 입장에서 문제를 분석할 수 있는 주제, 예를 들면 정규 및 비정규사원의 유리한 점과 불리한 점을 합리적으로 검증하는 것과 같은 주제를 제시하여 토론을 이끌어 나가는 등의 노력을 생각해 볼 수 있겠다.

지역의 미래는 젊은이의 두 어깨에

 현실적으로 프리터나 니트의 대부분은 부모의 경제적인 지원 아래 생활하고 있다. 부모 세대가 비교적 경제력이 있기 때문에 지금은 생활이 가능하지만 경제적으로 자립하지 못한 채 부모가 세상을 뜨면 순식간에 생활이 궁핍해진다. 이러한 젊은이의 증가를 방지하고 희망찬 지역 경제의 미래를 이루기 위해서라도 앞으로 청년취업 지원을 계속하여 한 사람이라도 더 많은 젊은이가 경제적으로 자립할 수 있도록 해야 한다. 지역의 미래는 젊은이들의 두 어깨에 달려 있기 때문이다.

 마지막으로 대학을 포함한 지역민들이 참가한 이 노력들은 우리 직원들이나 학생들에게 있어서도 다른 분야의 사람들과 다면적으로 토론할 수 있는 귀중한 장이 되었다. 지역 및 지역민들의 구체적인 과제에 대해 여러 각도에서 생각해 보고 행정·대학·학생·NPO·지역민이라는 각자의 입장을 뛰어넘어 창조적인 정책발전에 도움이 될 수 있는 소중한 기회였다고 생각한다.

우스이 마미(臼井 眞美)

제2장 **5** 현대의 학습 과제에 다가서다

지역의 생활을 지원하고 키워 온 여성의 삶에서 배운다
청취기록의 확대

    사회교육에 관련된 일을 해온지 27년, 우리 딸들도 벌써 독립할 나이가 되어 일본 문화 중에서 '전하고 이어받을 것'이 무엇이 있을까! 하고 궁금해 하기 시작했다. 때 마침 당시 여성연수센터(현재는 남녀공동참획센터)에 새로 근무하게 되어 그 곳의 강좌담당 직원과 상의하여 전할 것과 이어 받을 것을 주제로 한 강좌 실시 및 야치요(八千代)시의 지역여성사를 편찬하는 사업에 시민 여러분들과 함께 힘을 쏟게 되었다.

야치요(八千代)시 여성연수센터 여성학 강좌의 실천(2000년도)

2001년 2월에 '지금 당신에게 전하고 싶은 나의 보물'이라는 제목으로 4회에 걸쳐 실시했다. 1999년 정부의 남녀공동참획(男女共同参画) 기본법이 시행되고 이듬해인 2000년에는 아동학대방지법이 성립되어 간호보험제도가 시작되었다. 야치요(八千代)시에서도 차후 10년간 남녀공동계획(제2차 야치요 남녀공생 계획) 책정에 돌입하고 있던 터라 이 강좌에서는 고령자문제와 아동문제 등 여성과 남성이 함께 해결해야 할 문제를 다루었다. 학습내용은 다음과 같다.

회수	일시	내용
1	2월 6일(화) 10시~12시	'나를 키워 준 것 ①' • 지금 어째서 역사(여성사)에 몰두해야 하는가? • 역사는 가까운 곳에 있다 • 자신 안에 있는 역사의 중요성과 그 자각
2	2월 13일(화) 10시~12시	'나를 키워준 것 ②' • 여성 생활 100년, 결혼 · 가족(며느리와 시어머니, 육아, 아내와 남편)일 · 노후 · 은거 · 죽음
3	2월 20일(화) 10시~12시	'여성의 일기에서 배울 것' • '여성의 일기에서 배우는 모임'의 세 분이 선배 여성의 일기를 해석
4	2월 27일(화) 10시~12시	'내가 전하고 싶은 것'-참가자 전원이 말하는 내가 전하고 싶은 것. • 두 분의 육아일기 소개(어머니의 일기와 아버지의 일기) • 신문기사에서 발췌한 '내가 걱정하는 것'을 발표

이 강좌는 참가자끼리 서로 이야기를 나누고 매주 느낀 것을 기록한 후 마지막에는 함께 기록집을 만드는 실천적인 학습을 목표로 했다. 강사는 청취기록자로 '여성의 일기에서 배우는 모임'의 주최자인 시마리 에코(島利榮子)씨(야치요[八千代]시 거주)다. 35명의 수강생(그 중 남성은 1명)은 매회 감상문을 쓰고 신문의 투고란에서 눈에 띄는 기사를 그룹별로 수집하고 발표한 후 마지막 회에는 '내가 전하고 싶은 것, 전하고 싶지 않은 것'에 대해서 이야기를 나누었다. 첫 회에는 앙케트를 실시하였는데 그 내용은 다음과 같다.

첫 회 앙케트 ①지금 가장 걱정되는 것, ②나를 성장시켜 준 것.

그 결과는,
① · 지구환경 5명   · 살벌한 세상 6명
   · 젊은이의 꿈, 아동학대, 아이들의 미래 각 9명,
   · 부모와 자녀 간의 관계 소수   · 오늘 저녁 메뉴(폭소)
② · 부모 14명   · 조부모 6명   · 남편 4명   · 자녀 7명   · 고향 7명   · 자연 3명,
   · 신앙이나 일 (소수)   · 동료나 친구 11명.

이처럼 가장 걱정되는 것은 자녀, 성장시켜 준 것은 부모라고 생각하는 사람이 많았다.

4회의 강의라는 짧은 시간동안 서로 이야기하고, 듣고, 쓰는 것을 통해 참가자는 저마다 다음 세대에 전하고 싶은 것들을 확인해 나갔다. 그것은 "*자신도 선택한, 여성으로 살아가는 법을 딸에게 전하고 싶다=출산의 위대함, 직업과 가정을 양립하며 살아가기, *부모에게 물려받은 '인사' *사람으로 태어나 자라고 살아가는 법, *식물에게도

사람에게도 통하는 상대를 생각하는 마음, *아버지와 어머니의 행동을 보고 자란 나와 같이 자녀들도 나의 행동을 보고 자라길 바란다 *내가 자란 고향의 따뜻함을 전하고 싶다. *역사를 진지하게 바라보는 마음, *일본의 정신을 전하고 싶다. *평화를 소중히 여기는 마음" 등이었다. 이 강좌가 청취기록의 강좌를 개설한 계기 중 하나가 되었다.

야치요(八千代)시 여성연수센터 여성학 강좌 '야치요의 여자들' 개강(2001, 2002년도)

드디어 야치요(八千代)시의 지역여성사 편찬을 위한 강좌가 시작되었다. 2월 강좌의 참가자들에게 '내년에는 야치요시에 살고 있는 7·80대 선배 여성분들께 이야기를 듣고 기록하는 강좌가 예정되어 있습니다. 이번 강좌에 흥미가 있으셨던 분들은 반드시 참가하시기 바랍니다'라고 전한 후 강좌에 대한 희망사항도 들어 두었다. 강좌의 담당직원 및 강사와 상담하여 2001년 10월부터 개강하기로 했다. 그러나 시와 공공기관을 통해 홍보와 모집을 실시해도 응모자는 전혀 없어 이대로는 개강할 수 없을 것 같았다. 그래서 담당자들이 분담하여 이쪽에서 먼저 연락을 하여 참가 희망자를 모으기로 했다. 이전의 강좌에서 희망사항을 말했던 사람, 청취기록을 좋아할 것 같은 사람, 입소문으로 소개받은 사람 등 가까스로 22~23명의 참가자를 모았다.

청취기록을 시작하게 된 또 하나의 계기

야치요(八千代)시는 2007년 1월 1일로 시제(市制) 40주년을 맞이하였다. 2006년부터 2007년에 걸쳐 행정기관과 시민의 연대를 바탕으로 시내 각 지역 및 각 분야의 기념행사를 실시하였다. 남녀공동계획 부서에서도 이곳 야치요다이(八千代台) 동남공공센터(東南公共センター)와 남녀공동참획센터 등 관계기관과 많은 시민들이 협력하여 2007년 11월 24일에 아이들부터 어른들까지 160명 정도가 모인 기념행사를 실시하게 되었다. 야치요다이 동남공공센터가 개설된 지 19년째에 이루어진 첫 시도였다.

여기서 야치요시의 탄생배경에 대해 잠시 살펴보자면, 1954년 1월에 오오와다(大和田)정과 무츠(睦)마을이 합병하여 야치요정이 탄생하였고 같은 해 9월에는 아소(阿蘇)마을이 야치요정에 합병되었다. 당시의 인구가 15,658명이었던 것에 비해 최근에는 188,114명(2007년 10월말 현재)으로 인구도 크게 늘고 마을도 발전했다. 물론 그 동안의 야치요시의 발자취를 키워온 것은 시민이다. 또한 많은 여성들이 하루하루의 생활과 함께 지역의 행사나 활동·농업·공업·상업 등의 일을 지원하고 키워왔다고 할 수 있다. 나와 강좌 당담자는 지금까지 회자되는 일이 적었던 여성의 삶에 초점을 맞춰 청취기록이라는 방법을 통해 여성연수센터의 강좌로서 시민과 함께 정리해 볼 수 있지 않을까! 하고 생각하였다. 그 후 당시부터 여성연수센터를 중심으로 '여성의 일기에서 배우는 모임'을 운영하고 있던 시마리

에코(島利 榮子)씨와 상의하여 흔쾌히 승낙을 받은 것이 이 사업의 두 번째 계기였다. 당시는 도쿄 23구보다 10년 정도 늦기는 했지만 치바(千葉)현 기사라즈(木更津)시나 나라시노(習志野)시에서 여성 시민그룹에 의한 청취기록의 자주적인 실천 노력도 시작되고 있을 때였다. 시마(島)씨는 이들 지역에도 도움을 주고 계셨다.

여성학 강좌 '야치요(八千代)의 여성들'의 실천에서 지역여성사 편찬까지

참가자 대부분이 '청취기록'을 해보는 것은 처음으로, 야치요(八千代)시의 역사에 대해서도 상세히 알고 있는 것은 아니었지만 야치요시를 키워온 분들의 이야기를 듣는 것에 흥미를 가지고 있었다. 따라서 박물관의 협력을 받아 전시와 강의를 통해 야치요시의 통사(通史)를 사전 학습하고 시(市)의 버스를 타고 1일 코스의 사적(史跡)견학을 하는 등 청취기록의 중심인 야치요시의 역사에 대해 직접 발로 뛰며 배웠다.

〈4회 째부터 청취기록 실연(實演)이 시작되다〉

먼저 두 분의 화자에게 실연을 부탁했다. 당시 여성단체연락협의회의 회장과 전 회장이다. 수강생은 1회째의 강의를 바탕으로 상의를 거쳐 반마다 인터뷰를 할 화자를 정한 후 그 사람의 인생의 어느 시기(어린 시절, 처녀 시절, 직업, 결혼, 육아 등 가사, 지금의 자신, 사는 보람 등)에 대해 들을지를 정해 두 사람에게 질문을 한다. 그리고 요점을 기록한다. 물론 카세트테이프도 크게 활약했다. 이 청취기록이 다음 회의 평가를 위한 과제가 되기 때문이다. 지금 생각해 보면 수강생은 모두 화자의 인생 이야기에 흥미진진한 모습이었다. 참가자 왈, '잘 모르는 채로 참가했지만…인생 선배 분들에게 들은 이야기는 모두 재미있고 흥미진진하여 꼭 기록으로 남겨 아이들에게 전하고 싶은 내용뿐이었습니다.…'

〈5회 째부터는 지난번 강좌를 반성하고 깨달은 것을 보고하다〉

5회부터는 청취기록 실연(実演)으로 구성하여 반별로 정한 기록 분담(1, 2, 3반은 K씨, 4, 5반은 Y씨)에 따라 청취·기록한 것을 발표했다. 그리고 듣는 사람은 발표자의 기록표현에 대한 의견이나 감상을 말했다. 이러한 피드백이 학습자의 문장 표현력을 길러준다고 생각했다. 또한 새로운 화자의 선정에 대해 함께 상의하는 시간을 가졌다. 모두들 '야치요(八千代)시의 여성들'에 대한 기록을 남기기 위해서는 시 전체에서 화자를 선출해야 한다고 입을 모았다. 야치요시에서는 커뮤니티 지구로 나눠 행정적인 대응을 시행하고 있다.

2001년도 커리큘럼

회수	월일	내용	강사	장소
1	10월 18일(목) 13:30~15:30	청취기록이란 …목적과 방법을 배운다	여성사연구가 시마리 에코 (島利 榮子)	여성연수센터 강습실
2	10월 25일(목) 13:30~15:30	야치요(八千代)를 알자① • 야치요시의 역사를 배운다 (강의와 전시 견학)	향토박물관 우미노테츠타로 (海野鐵太郞) 야기야스 유키 (八木康行)	향토박물관전시실, 학습실
3	11월 1일(목) 10:00~16:30	야치요를 알자② • 야치요시의 역사를 배운다 (버스와 도보로 사적 견학)	향토박물관 우미노테츠타로 야기야스유키	시내 둘러보기
4	11월 15일(목) 13:30~15:30	청취기록 실연 • 화자 두 명에게 인생을 듣다	여성사연구가 시마리 에코	문화전승관
5	12월 13일(목) 13:30~15:30	내가 전하고 싶은 것① • 화자 후보를 서로 이야기한다	여성사연구가 시마리 에코	여성연수센터 강습실
6	1월 17일(목)	내가 전하고 싶은 것② • 화자 후보 선출 계획과 청취기록 실천 그룹을 정한다	여성사연구가 시마리 에코	여성연수센터 강습실
7	2월 7일(목)	내가 전하고 싶은 것③ • 청취기록의 평가를 시작한다 (1반의 발표)	여성사연구가 시마리 에코	여성연수센터 강습실
8	3월 7일(목)	내가 전하고 싶은 것④ • 청취기록의 평가를 시작한다 (2반의 발표)	여성사연구가 시마리 에코	여성연수센터 강습실

따라서 우선 이야기를 들어 보고 싶다고 수강생이 추천한 후보자들을 야치요(八千代)시의 백지도에 표시하고 지역별로 후보의 편중

이 있는지를 검토했다. 후보자가 없거나 적은 지역에 대해서는 시청의 각 부서나 공민관, 학교 등에 후보 선출 협력을 받아 계획을 진행하기로 했다. 목표로 삼은 화자의 수는 40명에서 50명 정도였다. 청취기록을 야치요(八千代)라는 지역의 자료로 만들려는 목표 때문이었다. 청취기록의 의의에 대해 여성사연구가 오리이 미야코(折井美耶子)씨는 "지역여성사입문"(도메스출판, 2001년)에서 다음과 같이 서술하고 있다. 청취기록에는 ①개인의 삶의 역사로서 기록하는 경우와 ②지역여성사로서 기록하는 경우가 있다. (중략) ②의 경우 몇 명의 기록으로는 지역의 자료가 될 수 없다. 최저 수십 명 이상에게 이야기를 들어야 한다. 여러 계층의 사람들에게 이야기를 듣는 것으로 그 지역 여성들의 모습이 중층적으로 드러나기 때문이다.

<드디어 청취기록 실천 시도, 그리고 지역여성사의 편찬으로>
12월에는 시마(島)선생님이 청취기록을 시작하도록 지도를 시작하였다. 이 시점에서의 화자 후보는 20명 정도였다. 각자 자신이 듣고 싶은 이야기를 선정하여 보통 두 사람 또는 세 사람이 한 조로 청취기록을 실시했다. 그 외에 혼자서 하는 사람도 있었고 강사인 시마(島) 선생님 및 강좌담당인 우리 세 사람도 함께 시작하였다. 우선은 화자의 인생에 대해 성장과정에 따라 이야기를 듣기로 했다 화자의 성장과정은 ①어린 시절(놀이, 학교, 축제 등) ②처녀시절(학교, 일, 즐거웠던 일 등) ③결혼과 출산(힘들었던 일, 일화 등) ④육성(일, 육아, 지역 활동) ⑤지금의 나(일, 삶의 보람, 기대되는 일 등)로 다섯으로 나누었다.

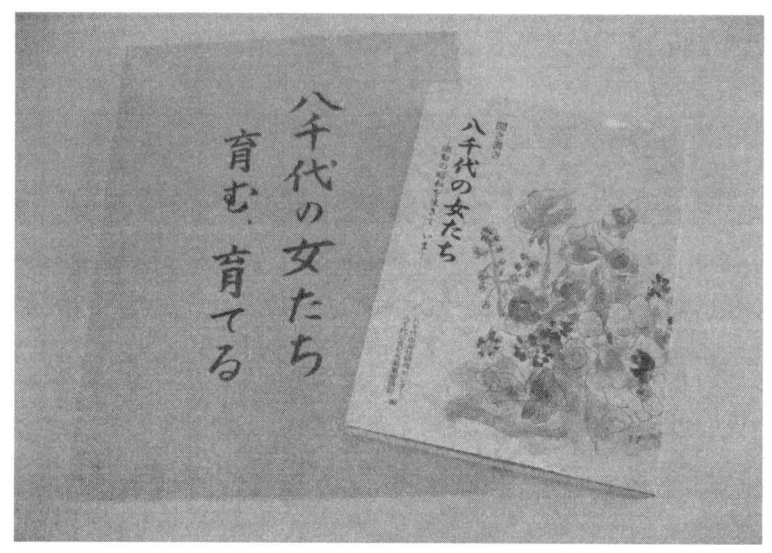

기록집과 야치요(八千代) 여성들의 책자

다음으로는 화자가 이야기한 내용 중 검증이 필요한 부분에 대해 자료와 비교해 보기로 했다. 그리고 강좌에서는 반 순서대로 청취·기록한 내용 중 정리된 부분을 모두에게 들려주고 표현이나 내용에 대해서 느낀 점을 서로 평가하는 과정을 통해 더 나은 청취기록문을 작성하였으며 완성된 글은 제출하여 강사에게 첨삭도 부탁했다. 이러한 작업은 2002년 강좌에서도 계속해 왔다. 4월부터 이듬해 3월까지 매달 한 번씩 총 12회의 강좌였는데 2년째에는 수강생이 직접 청취기록 책자를 만든다는 목표를 세웠다. 따라서 수강생 중 편집위원을 구성하여 컴퓨터 입력반과 연표 작성반으로 나누었다. 광고와 입소문을 통해 수강생도 조금 늘어 총 25명이 되었는데, 정규 강좌

이외에 매달 실시된 컴퓨터 학습회와 연표작성회에도 참가가능한 사람은 참가하여 셀 수도 없을 정도의 퇴고와 수정, 보충을 거듭하여 완성된 책자를 화자 분들께 나눠 드릴 수 있었다.

감격스럽게도 3년째에는 시(市)차원에서 책으로 간행하게 되었다. 화자는 총 44명이었는데 부부 한 쌍이 집안에 전해 내려오는 전통행사에 대해 이야기 해주시게 되어 남성 한 분에 나머지는 50대에서 99세까지의 여성으로, 그 중 17명이 야치요(八千代)에서 태어나서 자란 분이었다. 오래된 상점이 많은 야치요다이(八千代台)지역에는 좌담회 형식으로 기록했다. 농촌 지역 역시 혼자서 말하는 것 보다는 친한 사람들과 어울려 이야기를 풀어 나가는 것이 나을 것 같아 해당 지역의 공민관에서 좌담회를 열었다. 또한 박물관 관장님의 소개로 시사(市史)편찬위원인 나카자와 케이코(中澤惠子)씨에게 '야치요의 역사'에 대해 한 말씀 부탁할 수 있었다. 수강생, 화자, 지도자, 담당직원 등의 한층 더 깊어진 연계 속에서 이번 책자 '청취기록 야치요의 여성들 -격동의 쇼와(昭和)를 보내고 현재-'를 완성할 수 있었다.

* 책의 구성을 화자의 제목과 연령으로 표시

책을 내며	야치요(八千代)시장	
제 1장 청취기록		
청취기록이란	강사	
이과교사OK 모두 OK!	야치요다이미나미(八千代台南) 거주	1933년 출생
앞뒤 생각 없이 유아교육	오오와다신덴(大和田新田) 거주	1921년 출생
맛있는 쌀과 250년 된 집	사야마(佐山) 거주	1933년 출생
호시나(保品)의 농업을 지탱하며	호시나(保品) 거주	1923년, 1919년, 1923년 출생 1927년, 1928년, 1930년, 1936년 출생
도후쿠인(東福院)에 시집가 무기마루(麥丸)에서	무기마루(麥丸) 거주	1918년 출생
호쿠센(北鮮)에서 자라 현재를 살아간다	가츠타다이미나미(勝田台南) 거주	1918년 출생
시계방 안주인으로서	야치요다이키타(八千代台北) 거주	1934년 출생
장애를 극복하고	야치요다이키타 거주	1931년 출생
미소(味噌) 담그기에 푹 빠져서	사야마 거주	1927년 출생
민화를 이야기하다	요네모토(米本) 거주	1913년 출생
부인회와 함께 50년	오오와다(大和田) 거주	1925년 출생
타카즈(高津)의 염불을 계속 지켜오며	다카츠(高津) 거주	1923년 출생
남의 도움으로 지낸 반세기	야치요다이키타 거주	1920년 출생
60년 동안 그림을 그리며	무라카미(村上) 거주	1918년 출생
자신이 선택한 자신의 길을 걷다	시마다다이(島田台) 거주	1923년 출생
일본 첫 여성 경관	야치요다이키타 거주	1920년 출생
얼굴도 머리카락도 사람마다 다른 걸요	오오와다 거주	1931년 출생
배 재배를 맡아	가미코우야(上高野) 거주	1925년 출생

선(禪)과 차를 한결같이	요시하시(吉橋) 거주	1922년 출생
조산부(助産婦)로서 생명이 다 할 때까지	요네모토(米本) 거주	1924년 출생
노래와 춤과 짚공예	야치요다이미나미(八千代台南) 거주	1912년 출생
양돈 그리고 낙농	오오와다신덴(大和田新田) 거주	1919년 출생
99세 남편과 아미타불의 보살핌을 받으며	오오와다신덴 거주	1905년 출생
의학 덕에 살아난 목숨	오오와다신덴 거주	1922년 출생
칼럼 가츠다(勝田)의 연중행사를 지키며	가츠다(勝田) 거주	1945년, 1950년 출생
요시하시(吉橋)의 연중행사	요시하시 거주	1922년, 1923년 출생
좌담회 야치요(八千代)에서 장사를 하다	야치요다이(八千代台) 거주	요식업, 부인복주문판매 화과자 판매, 화과자 제조 판매
뭍에 태어나서 뭍에서 살고	시마다다이(島田台) 거주 소우노하시(桑橋) 거주	1918년, 1920년 출생 1916년, 1920년, 1923년, 1931년 출생
제 2장 야치요의 역사	야치요시사편찬위원회	
우리들의 야치요(八千代)시역(市域)-시역도(市域図), 연표(편찬위원회), 참고문헌, 협력기관 등, 후기(야치요의 여성들 편집위원회)		
장정, 일러스트 (화자이며 일본미술가연맹회원, 야치요 예술문화협회회원)		

현재는 편집에 관계한 수강생들이 행상인들에 대한 청취기록을 시작한 상태이다.

메구미 후쿠코(惠 芙久子)

제2장 **6** 현대의 학습 과제에 다가서다

오키나와(沖繩)의 에이사를 통한 평화문화 교류사업

오키나와(沖繩)에 예로부터 전해오는 말 중에 '누치도타카라(命(ぬ
ち)どぅ宝)'라는 말이 있다. 오키나와 말로 '목숨이야말로 보물(命こ
そ宝)'이라는 뜻이다. 이 말을 어린 시절부터 피부로 느끼며 진심으로
평화를 바라고 있는 오키나와 현 긴정(金武町)의 젊은이들과 인연이
닿아 2005년 11월 3일~5일에 마츠도(松戸)시 마츠도 청소년 회관,
치바(千葉)대학, 기사라즈(木更津) 시립 하치만다이(八幡台)공민관에
서 오키나와의 전통예능 '에이사(エイサー)'공연을 펼치게 되었다.

오키나와 현 긴정은 오키나와 본도(本島)의 거의 중앙부에 위치하
며 총면적은 37.68평방km, 인구11,028명, 세대수 4,719세대(2007년

11월 현재)인 마을이다. 마을 면적의 약 60%를 미군기지가 차지하고 있어 주민의 생활은 군사 훈련에 의한 피해나 생명의 위험에 항상 노출되어 있다.

청년회에 의해 에이사 보존활동이 활발히 이루어지고 있어 독자적인 지역별 전통이 현재까지도 계속해서 이어져 내려오고 있다. 특히 매년 음력 백중이 지나고 개최되는 '긴정(金武町) 청년 에이사 축제'는 현(県)내에서도 유명한 이벤트 중 하나다.

전후(戰後) 60년 기획의 실현을 향해

시작은 내가 나가사와 세이지(長澤成次)[치바대학 교육학부 교수]씨와의 대화 중 '전후(戰後)60년을 맞이하는 해에 "진짜" 오키나와(沖繩)의 에이사를 공민관 사업으로 초청할 수 있다면' 하고 던진 한마디였다. 예로부터 오키나와에서 젊은이들에게 계승되고 있는 전통예능 '에이사'를 통해 다시 한 번 평화의 소중함과 전통 문화의 중요성에 대해 생각해 볼 수 있는 계기로 삼고 싶었기 때문이다.

치바(千葉)대학 교육학부 사회교육 연구실과 오키나와 현 긴정의 청년단과는 세미나 합숙이나 실습 등으로 이전부터 교류가 있었다. 또한 연구실의 학생을 중심으로 2004년 7월에는 도쿄(東京) '신주쿠(新宿) 에이사 축제'에서 긴정나미사토(金武町並里)청년회와 함께 에이사를 추기도 했다. 나가사와(長澤)씨도 에이사를 통해 깊어진 긴정과의 교류를 앞으로도 유지할 수 있기를 바라며 내 이야기에 공감했다. 그 후 다카세 요시아키(高瀨義彰)씨(마츠도[松戶]시 마츠도청소년 회관)까지 협력하여 셋이서 '치바(千葉)현 평화문화교류사업 실행위원회'라는 이름으로 에이사 초청공연 실현을 향한 첫 발을 내딛었다.

그러나 우리들이 마련할 수 있는 사업 예산은 어림잡아 20만 엔 정도였다. 처음에는 이 금액으로 긴정(金武町)에서 4, 5명 정도를 초대하고, 신주쿠(新宿) 에이사 축제 경험의 성과를 살려 대학 내에 에이사 동아리 '가주마루 클럽(ガジュマルクラブ)'을 결성하여 활발한 활동을 하고 있는 학생들에게 협력을 얻어 함께 사업을 실현시키고자 생각했다.

이전부터 사회 교육 연구실의 합숙이나 학생의 교육 실습 등을 통해 긴정과는 밀접한 교류가 있던 나가사와씨가 20여년에 걸쳐 친분을 쌓아 온 가카즈 요시미츠(嘉數義光)씨(전 긴정 공민관 직원, 현 긴정의회 의원)에게 "밑져야 본전"이란 각오로 의향을 물어보았다. 가카즈(嘉數)씨도 '치바분들이 모처럼 요청을 하니 어떻게든 실현을 위해 노력해 보겠다'며 긍정적으로 받아들여 주셨다. 그 후 짧은 공백기가 있기는 했지만 가카즈씨로부터 나가사와씨에게 '긴정에서 청년파견사업으로 예산을 짤 수 있도록 치바(千葉)대학이나 마츠도(松戶)시, 기사라즈(木更津)시에서 초청장을 시급히 보내 주셨으면 한다는 기쁜 연락이 왔다. 예상치 못한 기쁜 소식을 발판삼아 다음으로는 긴정 청년단 협의회 나카마 켄지(仲間硏二) 사무국장(당시)과의 의논을 중심으로 계획을 마무리 짓고 교류 사업의 실현을 향해 매진했다. 긴정(金武町) 의회에서 정식으로 예산이 승인된 것은 공연 약 일주일 전의 일이다.

사업의 실현을 위한 긴구(金武區) 청년회 멤버의 눈물겨운 노력과 긴정 분들의 많은 지원 덕분에 처음에는 겨우 20만 엔의 규모의 계획에 지나지 않았던 이 사업이 결과적으로 400만 엔을 넘는 대사업으로 바뀌었다. 그리고 긴정 청년단 협의회 긴구 청년회 41명은 11월 3일 오전, 무사히 하네다(羽田)공항에 도착했다.

꿈같은 에이사 공연이 시작되었다

11월 3일 오후, 마츠도(松戶) 청소년 회관에서 치바(千葉) 첫 공연을 개최했다. 많은 아이들과 가족 앞에서 나기나타(薙刀 : 일본 무술의 한 가지)와 에이사 공연을 보였다. 긴정장(金武町長)인 기부 츠요시(儀武剛)씨와 치바 오키나와현인회(沖繩縣人會)도 격려차 방문하여 공연에 기쁨을 더했다.

4일 오전에는 기사라즈(木更津) 시립 하치만다이(八幡台) 초등학교에서 하치만다이 공민관 주최로 '아름다운 섬 오키나와(沖繩)에서 온 메시지 ~에이사 감상회'를 개최하였다.

원래는 고령자교실의 연간 계획의 하나로 실시하려고 했다. 그러나 나로서는 이러한 둘도 없는 꿈같은 기회를 맞아 지역의 어린이들을 비롯하여 가능한 많은 분들에게 오키나와 젊은이들의 늠름하고 다이내믹한 전통 예능 '에이사'를 꼭 보여드리고 싶다는 마음이 강했다. 우선은 공민관의 대상 구역인 하치만다이(八幡台) 초등학교를 방문하여 교장선생님께 사정을 설명하고 3학년 이상의 수업을 에이사 감상회 시간으로 충당해 학교 체육관에서 실시할 수 있도록 흔쾌히 승낙을 받았다. 다음으로는 중학교를 찾아갔지만 중학교 측은 3학년의 진로 등의 사정으로 일정 조정이 어렵다며 처음에는 난색을 표했다. 그러나 사업 실시 며칠 전에 교장선생님께 연락을 받고 1, 2학년 학생을 선생님들이 인솔하여 초등학교까지 약 20분 거리를 걸어와 참가하게 되었다. 평일 낮임에도 불구하고 초·중학생과 보호자, 타 지역 주민들 등 약 600명 앞에서 오키나와현과 긴정(金武町)의 역사와 생활, 평화의 귀중함에 대한 이야기와 질문 시간, 에이사 공연 등 지역 전체가 참여하는 큰 사업이 실시되었다.

특히 초등학생의 질문 시간(오키나와의 바다는 왜 파란가?·오키나와의 사람은 왜 장수하는가? 등)에 청년들이 진지하게 대답하는 모습이 실로 인상적이었다. 이날 사업의 피날레로는 청년회의 지도로 샤미센(三味線)의 음색에 맞춘 오키나와의 전통춤 '가차시(カチャーシー)'를 아이들과 지역 주민, 선생님들 등 회장(会場)에 모인 전원이 함께 추며 교류를 돈독히 했다.

점심시간에는 중앙 공민관 직원의 협력으로 기사라즈(木更津)시청을 방문하여 시장님과 시청 직원등 약 200명의 관중이 지켜보는 가운데 시청 정면 현관 앞에서 에이사 특별 공연을 펼쳐 보였다.

하치만다이(八幡台) 초등학교에서의 에이사공연

하치만다이(八幡台) 초등학교에서 에이사를 감상한 분들은 이러한 의견을 남겨 주셨다.

'에이사의 북소리가 마음에 울려 퍼졌습니다. 매우 감동했습니다. 아름다운 바다 뒤로는 슬픈 역사가 있다는 것을 알고 있습니다. 이제부터는 아름다운 바다처럼 사람들이 서로를 배려하여 두 번 다시는 그런 비극이 일어나지 않고 평화롭게 살아갈 수 있도록 기도하겠습니다'

하치만다이(八幡台)에 "진짜" 오키나와(沖縄) 에이사가 온다!

주최 : 기사라즈(木更津) 시립 하치만다이(八幡台) 공민관

오키나와(沖縄)에 예로부터 전해오는 말에 '누치도타카라(命(ぬち)どぅ宝)'라는 말이 있습니다. 이 말은 '목숨이야말로 보물이며 생명이 제일 소중하다'라는 의미입니다. 전후 60년을 맞이하는 올해, 이 말을 충분히 피부로 느끼며 진심으로 평화를 기원하고 향토를 사랑하는 오키나와 현 긴정(金武町)의 젊은이들과 인연이 닿아 하치만다이(八幡台)에서 오키나와의 전통 예능 '에이사'를 공연하게 되었습니다. 매우 소중한 이 기회에 여러분을 초대합니다. 꼭 보러 오시길 바랍니다.

오키나와긴정(沖縄金武町)

긴정은 오키나와 본섬의 거의 중앙부 동해안에 위치하며 인구 10,848명 세대수 4,421세대(2005년 9월 현재)인 마을로 현 내에서는 오키나와 해외 이민의 선구를 이룬 곳으로 알려져 있으며 면적의 약 60%를 차지하는 광대한 미군기지가 위치하고 있습니다.

아시키름 지나다 와로 섬 부터 온

메오

출연 : 오키나와(沖繩)현 긴정(金武町) 긴구(金武區) 청년회 여러분

에이사란 오키나와(沖繩)의 전통적인 춤. 젊은이들이 북을 두드리며 춤을 추면서 천천히 행진하는 늠름하고 역동적인 춤으로 젊은이들을 중심으로 지역의 독자성을 전승한 특색 있는 춤을 즐길 수 있습니다.

일시	2005년 11월 4일 (금) 오전 10시 30분~11시 30분	입장 무료
회장	기사라즈(木更津) 시립 하치만다이(八幡台) 초등학교 체육관	

'쉽게 보기 힘든 에이사를 손자와 함께 볼 수 있어 정말 기뻤습니다. 용맹이 넘치는 전통예능이었습니다. 손자들도 꼭 오키나와(沖繩)에 가보고 싶어 합니다'

'오키나와의 전쟁 시의 비디오를 보고 처음으로 그 비참함을 알게 되었습니다. 지금까지 아무것도 몰랐던 것이 부끄럽고 너무나도 죄송한 마음이 들었습니다. 오늘 활기 넘치는 젊은이들의 모습을 볼 수 있어 기뻤습니다'

4일 오후 이번 공연의 마지막인 치바(千葉)대학에서의 공연은 이제까지의 공연 일정을 매듭짓는다는 듯이 청년들이 두드리는 북소리에도 더욱 기합이 들어가 공연이 끝난 순간 해냈다는 성취감으로 눈물을 머금는 청년회 멤버도 있을 정도였다.

평화문화교류사업을 끝내고

치바에서의 마지막 날인 4일 밤에는 니시치바(西千葉)의 숙소에서 동 요인 사무국장의 진행 아래 위로회가 성대하게 열려, 아와모리(泡盛 : 오키나와 특산 소주)를 마시면서 청년회 멤버들이 각자의 감상을 이야기했다. 그 중 한 청년회 멤버가 이렇게 말했다.

'그렇게 많은 아이들 앞에서 에이사를 출 수 있어 영광스럽고 기쁩니다. 가차시(カチャーシー)를 출 때의 아이들의 미소를 잊지 못할 겁니다'

'긴정(金武町)의 많은 분들의 협력과 자금 지원이 있었기 때문에 저희 청년회가 치바에 올 수 있었습니다. 긴정분들에게 감사드리고 절대 잊지 않겠습니다. 치바에서 많은 것을 배웠습니다'

밤중에 청년회 여성 멤버 전원이 숙소의 한 방에 모여 '(자금 모금에서 공연에 이르기까지)우리들 정말 열심히 했어'라고 하며 서로 부둥켜안고 울었다고 한다.

이렇게 치바에서의 평화문화 교류사업은 많은 분들의 지원과 협력을 통해 성공리에 끝났다. 나도 20년 이상 공민관 직원으로 여러 가지 공민관 사업을 실천해 왔지만 이렇게 꿈같은 경험은 처음이었다. 물론 이번과 같은 사업은 매우 특이한 사례일지도 모른다. 그러나 감히 한 마디 말할 수 있는 것은 공민관의 사업에는 무한한 가능성이 있다는 것을 실감했다는 것이다.

아키모토 준(秋元 淳)

제2장 7 현대의 학습 과제에 다가서다

생활에 뿌리박힌 평화학습을 모색하며
생활사·개인사 강좌의 자세

우라야스(浦安)시의 개요

　우라야스(浦安)시는 도쿄만(東京湾)의 안쪽에 위치하고 있으며 현재 인구는 약 15만 8천 명 정도다. 과거에는 어업 중심의 마을이었으나 1971년에 어업권을 전면 포기한 후 해면 매립 사업이 시작되었다. 이 사업으로 시의 넓이가 4배(16평방km)가 되어 도쿄의 베드타운으로서 인구는 계속 증가세를 보이고 있다. 인구 구성을 보면 15세~65세가 전체의 73%를 차지하고 있는 젊은 도시다.

　공민관은 중학교 구 단위로 6개가 위치하고 있다. 전 관 공통의 공민관 사업 운영 방침을 기본으로 각 관이 독립적으로 특성을 살리면서도 좁은 시 구역을 감안하여 중앙 공민관을 중심으로 연락 조정을 취하면서 사업을 실시하고 있다.

공민관에서의 평화 학습의 자취

　1987년 3월 비핵 평화 도시 선언을 계기로 호리에(堀江)공민관에서 '평화를 생각하는 모임'("평화를 위해 지금 우리들은 무엇을 해야 하는가" 강사, 후지타 히데오[藤田秀雄]씨(릿쇼[立正]대학교수))이 개최되었다. 개최 목적은 "비핵 평화도시 선언(1985)이 행해졌다. 이에 따른 평화교육의 필요성을 통감하고 평화의 귀중함을 일깨우기 위해 평화를 알기 쉬운 문제로서 시민과 아이들에게 인식시키는 것"으로 정했다.

　1990년도부터는 강좌의 기획과 운영에 있어 시민 참가로 이루어지는 '기획운영위원회 방식'을 채용하여 이후 2002년도까지 시민의 열의에 힘입어 약 100회의 강좌를 실시해 왔다. 주제는 '평화'를 중심으로 하면서도 현대적인 과제에 대한 기획운영위원회의 관심을 넓히기 위한 주제를 시작으로, 환경·복지·교육 등 여러 갈래로 세분화되어 이 강의의 수강생들이 환경문제 해결을 위한 활동이나 학교교육을 생각하는 그룹 등을 조직하는 계기가 되었다. 또한 직원의 입장에서도 기획운영위원들과의 협력을 통해 공민관에서의 학습을 새롭게 되돌아보는 기회가 되었다.

'생활사 강좌'의 시작

이렇게 호리에(堀江) 공민관이 단독으로 노력해 오던 평화 학습도 2003년부터는 6군데 공민관 전체가 연계하여 추진하게 되었다. 현대 사회에 대한 모든 과제로 범위를 넓혀 온 학습은 각각 인권강좌와 복지강좌 등으로 이어졌다(표). 평화학습의 시점에 대해서도 '(실제 체험 등을)듣는 것' '(영상이나 전쟁의 자취, 기록 등을)보는 것'을 통해 각자가 마음으로 느끼고 생각하는 것을 중요하게 생각한 기획안을 세우게 되었다.

연 도	인권, 여성, 복지 학습	평화 학습
2002년	인권강좌 '아동 인권을 생각한다 ~생기 넘치는 미소를 기대하며~' (사쿠라이 치에코[櫻井千枝子]씨 외) (호리에공민관) 전 3회 복지 강좌 '정신 장애를 이해한다' (후지시로 츠네아키[藤城恒昭]씨 외) (호리에공민관) 전 4회 환경을 생각하는 강좌 '산반제(三番瀬)에서 생각한다' (히노데[日の出]공민관) 전 4회	평화를 생각하는 강좌 '평화를 만들어내다 ~아이들의 미래를 위해 어른들이 할 수 있는 것은~' (국경 없는 의사단 간호사 외) (호리에공민관) 전 4회 아동 평화 영화 상영회(도미오카[富岡]공민관) 전 2회 어린이와 평화 패널전 (중앙, 호리에, 히노데 각관 순회)
	인권강좌 '아동 인권을 생각한다 ~부모도 아이도 빛나게~' (야마다유키코[山田由紀子]씨 외)	평화를 생각하는 강좌 '아이들에게 어울리는 세계를 위해'(호리에공민관) 전 4회

2003년	(호리에공민관) 전 3회 인권 계발 영화 상영회, 강연회 다큐멘터리 영화 '바람의 춤(風の舞)' 상영/미야자키 노부에(宮崎信惠) 감독 강연 동시 개최…나병 치료소 사진 패널 순회전 (5 공민관, 본 청사 로비) 복지강좌 '지적장애를 이해한다 (야나카 테루오[谷中輝雄]씨 외) (호리에공민관) 전 3회 여성세미나 '다시 생각하자! 여성과 말 (호리에공민관) 전 3회 환경을 생각하는 강좌 '식품의 안전성' (히노데공민관) 전 3회	우라야스(浦安)시민의 전쟁체험을 듣다 외 어린이와 평화 패널전 (중앙, 호리에, 히노데 각관 순회) 아동 평화 영화 상영회 (도미오카공민관) 전 2회
2004년	인권강좌 '아이와 부모의 파트너십을 목표로' (하나사키 미사오[花崎みさを]씨 외) (호리에공민관) 전 4회 인권 강연회① '아동 인권이란 무엇인가' (아오키 에츠[青木悅]씨) (미하마[美浜]공민관) 인권 강연회② '나병과의 60년의 싸움' (히라오카 야스하루[平岡保治]씨) (도미오카공민관)여성문제 강좌 '여성사를 배운다 ~히라츠카 라이테우(平塚らいてう)의 세계를 중심으로'(요네다 사요코[米田佐代子]씨) (호리에공민관) 전 5회 여성문제강좌 영화상영회 "원시시대, 여성은 태양이었다 히라츠카 라이테우의 생애 (原始、女性は太陽であった平塚らいてうの生涯)" 복지 강좌 (지적장애를 이해한다 (NPO 법인 치바 MD 에코넷트 외)) (호리에공민관) 복지 강좌 영화 상영회 "햇볕쬐기(ひなぼっこ)"	평화를 생각하는 강좌 "평화를 만들어내다" (시민의 전쟁 체험을 듣다 외) (호리에공민관) 전 4회 평화 패널전 (각관 순회) 7, 8월 평화학습강좌 (미얀마 난민캠프에서의 활동 체험을 듣다 외) (히노데 공민관) 전 2회 평화학습강좌 (관 외 연수) '이치카와(市川)의 전쟁의 자취를 답사하자' (도다이지마[当代島]공민관) 아동 평화 영화 상영회 (도미오카공민관) 전 2회 전쟁 체험담 모집, 문집 "우라야스의 스토리 텔러들(浦安の語り部たち)"작성

제2장 현대의 학습 과제에 다가서다 155

	환경을 생각하는 강좌 '주제 식품으로 생각하는 환경' (히노데공민관) 전 3회	
2005년	헌법기초강좌 (우사키 마사히로[右崎正博]씨) (중앙공민관) 전 5회 인권기초강좌 (이시카와타카코[石川多加子]씨) (미하마공민관) 전 5회 인권계발영화회 '붉은 빛 하늘을 봤어(あかね色の空を見たよ)' (호리에공민관) 전 1회 복지강좌 심포지엄과 영화 "도토리의 집(どんぐりの家)" 상영 '장애인 차별이 없고 자립해서 활기차게 살 수 있는 사회를 목표로 하는 모임' (호리에, 중앙공민관) 전 2회 인권강좌 '아이들이 어린 시절을 보내기 위해' (노쥬 신사쿠[能重眞作]씨) (호리에공민관) 전 5회 아동인권강연회 '아동 권리조약을 알고 계십니까' (아라마키시게토[荒牧重人]씨) (히노데공민관) 여성문제강좌 '전후여성사를 배운다' (요네다 사요코[米田佐代子]씨) (호리에공민관) 전 5회 환경을 생각하는 강좌 (주제 온난화 대책) (히노데공민관) 전 4회	'우라야스(浦安)의 스토리 텔러의 이야기와 미니 콘서트' (호리에 공민관) 전쟁 체험을 듣다 (중앙공민관) 평화 패널전 (각관 순회) 7, 8월 영화 상영회 (각관 실시) '개인사, 생활사 강좌' (호리에공민관) 전 7회 '세계의 먹을거리와 교육 - WFP의 노력' (도미오카공민관) 관외연수 '사쿠라(佐倉)의 전쟁의 자취를 걷다' (토다이지마[当代島]공민관) 평화강연회 '내가 만난 세계의 아이들' (고오리야마 소이치로[郡山総一郎]씨) (중앙 공민관) '아버지와 살면(父と暮せば)' 대본낭독회 (미하마공민관) '60년 전의 일기 -전쟁 아래 살았던 아이들' (시마 리에코[島利榮子]씨) (미하마공민관) 전쟁체험담모집, 문집 '우라야스의 스토리 텔러들 2(浦安の語り部たち2)'작성
2006년	인권계발영화 상영회 "학교 Ⅳ" (토미오카 공민관) 헌법기초강좌 (이시카와 타카코씨) (중앙공민관) 전 5회 인권강좌 '어린이와 인권 -집단 따돌림 문제에서 배우는 아이의 성장과 어른의 과제' (노쥬신사쿠[能重眞作]씨 외)	평화 판넬전 (각관 순회) 7, 8월 영화 상영회 (각관 실시) '개인사, 생활사 강좌' (호리에공민관) 전 7회 "아버지와 살면(父と暮せば)" 대본낭독회 (중앙 공민관) LOVE&PEACE 콘서트 "화내는 지장(おこりじぞう)"

(호리에 공민관) 전 5회 여성문제강좌 '현대여성사에서 배운다 -생명과 사랑을 위해 산 여성 군상' (요네다 사요코[米田佐代子]씨) (호리에공민관) 전 5회 '마음의 배리어 프리 프로젝트 ~신경 쓰이는 아이가 되어 보자' (히노데공민관) 복지강좌 '긍지, 따뜻함, 빛남 ~복지가 변한다, 우라야스부터 변한다' (오오쿠마유키코[大熊由紀子]씨) (토미오카공민관)	초등학교 연계사업 인형극 전쟁체험담모집, 문집 "우라야스의 스토리 텔러들3(浦安の語り部たち3)" 작성

특히 호리에(堀江)공민관에서는 시민 한 사람 한 사람이 각자의 생활에서 평화를 생각하는 자세가 중요하다고 생각하여 2005년부터 '개인사·생활사 강좌'를 개최하고 있다. 마침 올해는 전후 60년을 맞이하여 '전쟁'이나 '생명' '평화'가 여러 매체에서 다루어지고 있는 시기였다. 지금까지의 강의 중심의 학습에서 한 발 더 나아가 어떻게 하면 자신의 생활과 연관시켜 평화를 생각할 수 있을지에 대해 모색하고 있었다. 자신의 체험을 글로 써 봄으로써 자신의 시선으로 평화를 배울 수 있게 되지 않을까. 우라야스(浦安)는 전국 각지에서 온 사람들이 살고 있는 곳이다. 그만큼 다양한 삶의 모습과 생각이 존재한다. 그것들을 공유하는 것에서부터 배울 수 있는 평화나 미래가 있지 않을까. 이러한 생각에서 치바(千葉)대학에서 학생들의 생활사를 지도하고 있는 나가사와 세이지(長澤成次) 교수의 지도 아래 생활사 강좌가 시작되었다.

다음은 2005년부터 시작된 강좌의 상황을 기록한 것이다.

① 강좌명을 '생활사·개인사 강좌 -생활사에 도전! ~생활을 글로 쓰고, 나를 이야기하다'로 정한다.

인생의 기념행사나 단순한 문장지도를 실시하는 '개인사'가 아니라 강좌의 목적을 정확하게 전달하기 위해 '글로 쓰고 이야기 하는 것'을 알릴 수 있는 부제목을 붙인다.

② 개설의 취지와 목적

전후 60년을 맞아 전쟁이라는 격동의 시대를 지나 지금에 이르기까지의 시간을 사람들이 어떻게 살아왔고 느껴 왔는지 '글로 쓰는 것'을 통해 뒤돌아보고 평화로운 미래를 전망한다.

- 스스로 살아 온 발자취를 시대 속에서 뒤돌아보고 글로 엮는다.
- 각 시점에서 자신이 무엇을 생각하고 바라고 행동했었는지 삶의 방식을 되돌아본다.
- 앞으로 자신이 살아감에 있어 사회와 어떻게 마주하고 어떻게 바라볼 것인지, 자신은 어떤 인생을 살고 싶은지를 생각한다.

③ 대상 및 횟수 : 성인, 총 7회

④ 강사 나가사와 세이지(長澤成次)씨 (치바[千葉]대학 교수)

⑤ 프로그램 (2005년, 2006년)

	주제	내용
1	오리엔테이션 - 서로 알아 갑시다	강좌의 취지, 진행방식 강사 소개 수강생 자기소개
2	강의 '생활을 글로 엮은 것은……' 강사 나가사와 세이지 (長澤成次)씨	전회 결석자 자기소개 강의 '생활이나 성장과정'을 글로 쓰는 의미에 대해서, 생활을 글로 엮는 방법, 생활사 기록의 역사 • 학습권 선언 • 치바(千葉)대학에서의 생활사 학습의 시도부터 글의 시점, 포인트를 충고 • 부모의 성장과정을 조사하여 글로 엮어 보자 • 지금까지의 인생에서 한 장면을 골라 써보자 (어린 시절, 청년 시절 등) • 글쓰기 실력이나 양에 구애 받지 않는다
3~6	개인사를 글로 엮는다	발표 → 질문 → 감상 듣는 법 (발표를 그대로 받아들여 경청한다. 비판을 하지 않는다) 발표가 끝난 후 쓴 작품을 다시 낭독 문집 편집
7	정리	문집 완성. 강좌를 반성하며 의견 교환. 점심식사모임

　개최 첫 해의 수강생은 60대 후반에서 70대가 대부분으로 유일하게 20대가 한 명 있었다. 대상은 전쟁을 경험한 세대뿐만 아니라 젊은 세대까지 폭넓게 모집했다. 현대는 과거의 역사가 쌓여 만들어진 것으로 젊은 세대도 부모세대, 조부모세대의 성장과정을 듣는 것을 통해 전쟁을 간접 체험하여 현대를 살아가는 자신의 삶의 방식을 생각하는 기회가 될 것이라고 생각했지만, 결과적으로는 역시 전쟁체험세대가 중심이 되었다.

「생활사·개인사강좌」　　　호리에(堀江)공민관 주최 사업

생활사에 도전!
- 생활을 글로 쓰고 자신을 이야기 하다 -

새로운 인생의 출발선에 선 분, 그리고 육아 중인 분들도 여러분이 살아온 시대와 삶의 모습을 글로 쓰고 서로 이야기 해보지 않으시겠습니까?
앞으로의 인생을 향한 새로운 발견이 있을지도 모릅니다.

	일정	주제	내용	강사
1	11/13	오리엔테이션 ~처음뵙겠습니다~	강좌의 진행 방식 자기소개	치바(千葉)대학 교수 나가사와 세이지 씨
2	11/20	「생활을 글로 쓴다는 것은…」 (강의)	무엇을 위해 쓰는가… 그 의의에 대한 이야기를 듣습니다.	
3~4	12/4, 18	「쇼와(昭和)의 발자취를 배운다」 (강의)		전 치바대학 교수 미야하라 타케오(宮原武夫) 씨
5~8	1/8, 22 2/5, 19	~생활을 글로 쓰고 자신을 이야기 하다~ (발표)	각자가 쓴 글을 발표하고 경청하며 의견 교환을 합니다.	치바대학 교수 나가사와 세이지 씨
7	3/4	문집작성	편집 작업	공민관 직원
9	3/11	정리, 다과회	지금까지를 반성하며	치바대학 교수 나가사와 세이지 씨 공민관 직원

☆ 전 9회, 화요일 10시~정오 ☆

- 정원　　　　　시민 20명 (선착순)
- 신청방법　　　전화 또는 직접 호리에(堀江)공민관으로
- 신청접수시작　9월 25일 (화)~
- 신청, 문의　　호리에공민관　TEL353-0002

그러나 평화로운 시대에 태어나고 자라며 그 나름대로 가족과 학교 속에서 성장해가는 자신을 바라본 젊은이의 발표는 세대를 뛰어넘는 이해와 공감의 기회를 만들 수 있었다. 또한 젊은이들에게 있어 자신의 성장 과정을 글로 쓰고 조부모세대의 성장과정을 듣는다는 경험은 앞으로 긴 인생을 살아가는 데 있어서도 좋은 양식이 되지 않을까. 2년 연속 참가한 그녀는 다음과 같이 작품을 끝맺고 있다.

첫 해

"(생략) 앞으로 어떻게 살아가야 하는지 고민하고 있던 저에게 여러분의 생활사를 듣게 된 것은 정말 좋은 경험이었습니다. 막연한 고민이나 불안이 완전히 사라지지는 않았지만 '활기차게 살아가는' 것을 목표로 깊이 있는 사람이 되기 위해 노력하겠습니다."

이듬해

"(생략) 1년 후, 혹은 5년 후에 22살의 내가 쓴 이 글을 어떠한 기분으로 읽게 될까 하고 생각할 때가 가끔 있습니다. 미래의 내가 어떤 사람이 되어 있을지는 모르지만 지금 이 기분을 그리워하고 흐뭇해하며 회상할 수 있길 바랍니다"

참가자의 동기로는 걸어온 길을 되돌아보고 남기고 싶은(자신이 받은 전쟁 중·전후 교육, 다세대가정에서 자라며 배운 "가족"이나 "사람과의 인연"의 소중함을 자손에게 전하고 싶은) 마음이 대부분이었다. 또 만주에서 귀환한 유아기의 체험을 통해 평화 학습에 관심을 가지게 되어, 혼돈스럽고 복잡한 심정을 남기고는 싶지만 마음 속 깊은 감정을 어떻게 글로 표현해야 할지 고민되어 망설이면서도 계속 참가한 분도 있었다.

생활을 글로 쓰다!

글을 쓰는 작업에 들어가기 전에 나가사와(長澤) 교수님에게 무챠쿠 세이쿄(無着成恭)씨의 "메아리학교(やまびこ学校)", 츠루미 카즈코(鶴見和子)씨의 욧카이치토마리(四日市泊) 방적공장 여공의 생활기록 "어머니의 역사(母の歷史)", 그리고 강사 자신이 치바(千葉)대학에서 매진하고 있는 생활사 학습을 사례로 '생활을 글로 쓰는 의의'에 대해 배웠다. 부모의 생활을 알고 자신의 생활을 자신의 언어로 엮어냄으로써 사회와 역사를 배우고 삶의 방식의 확립, 발견하는(생활이나 가족과의 관계, 지역을 풍요롭게 하는) 방법을 파악하는 것은 '무엇을 글로 엮을 것인가'에 대한 시점 설정이 되었다.

자신을 이야기하다!

발표는 발표자가 소리 내어 읽고 전원이 경청한 후 질문이나 감상을 받는 형태로 진행 되었다. 작품 속에는 당시의 사회를 살아간 보통 사람들의 모습이 아로새겨져 있어 여기에 강사가 역사적인 배경설명을 보충함으로써 살아있는 쇼와(昭和) 역사에 대한 학습도

되었다.

그리고 청자의 질문이나 감상을 통해 발표자 자신도 의식적으로 다른 사람의 이야기를 듣게 되어 양쪽 모두가 사물을 보는 방식에 대해 새로운 발견을 할 수 있었다. 강좌의 중심이 된 이러한 대화의 장을 통해 단순히 글을 쓰고 문집을 만드는 것만으로는 발견할 수 없는 '객관적 공감의 공간'이 형성될 수 있었던 것은 아닐까.

생활사 쓰기를 끝낸 참가자의 감상

마지막 강좌에서는 완성한 문집을 손에 든 한 수강생이 다음과 같이 감상을 남겼다.

'우선 글을 쓰고 자신의 생각을 이야기한 것에 대한 달성감과 함께 글을 쓰는 것이 자신과 가족을 되돌아보고 인생의 목표를 되돌아보는 계기가 되어 앞으로의 삶의 희망이 될 것 같다. 그리고 무엇보다도 '모두 함께 이야기하는 것'이 중요한 일이라는 것을 실감할 수 있었다'

앞서 언급한 만주귀환 체험을 가지고 있는 수강생은 귀환 시의 애매모호한 감정을 글로 쓰고 이야기하는 것을 통해 자신을 객관적으로 바라볼 수 있었다고 이야기했다. 작품 속의 한 구절을 인용해 보겠다.

'전후 50년을 맞이하여 아이들에게 이야기해 줄 수 있는 체험을 글로 쓰고 싶었지만 좀처럼 뜻대로 되지 않아 답답하고, 쓴 글을 평화강좌에 제출할지 말지 망설였습니다. 그러던 중 생활사 강좌를 듣게 되어 두 가지 원고를 썼고 몇 번이고 고쳐 쓰면서 억지로 글을 하나로 만드는 와중에 깔끔하지 못한 글이 되어 버렸습니다.

지금, 세계적으로도 일본 국내도 많이 혼란스러운 상황이며 저 역시 마찬가지입니다. 전쟁은 아직 해결되지 않은 채로 남아있습니다. 어머니는 일방적으로 말씀할 뿐이고 아버지는 아무 말씀도 없이 타계하셨습니다. 그래도 그 너머에 진실이 있을지 모릅니다. 세계사라는 커다란 흐름 속에 일본의 역사가 있고, 아버지 어머니의 생활사·개인사 역시 존재하고 있습니다. 혹은 그 반대일지도 모릅니다. 정보가 넘쳐나는 이 시대에 개인사를 엮는 것을 통해 중요한 것을 배웠고 다른 분들 앞에서 발표를 하며 제 자신에 대해 객관성을 가지게 되고 반성도 할 수 있었습니다. 남이 읽는 글을 쓰는 것은 보통 힘든 일이 아니라는 것을 깨달았습니다. 감사합니다'

(2005년도 문집에서 발췌)

책자 '생활을 글로 쓴다' '자신을 이야기 한다'

자신이 살아온 증거를 남기고 싶다는 마음으로 참가한 참가자가 강좌가 끝날 즈음에는 '자신을 이야기하는, 그것도 모두 함께 이야기하는 것'의 의의를 느낀 모양이다.

3년째를 맞이하는 생활사 강좌

3년째를 맞이하는 올해는 지금까지의 프로그램에 쇼와사(昭和史)(전후에 초점을 맞춰)를 배우는 강의를 추가하여 진행 중이다. 참가자의 연령층에도 변화가 나타났다. 50대 후반에서 60대, 전쟁을 모르는 단카이 세대(団塊の世代 : 전후 베이비 붐 세대), 고도 성장기에 청년 시절을 보낸 여성들의 모습이 보이기 시작했다. 아내이자 어머니로서 가정을 지탱해 온 그녀들이 육아를 마치고 자신의 시간을 가질 수 있게 된 지금, 자기가 살아온 인생에 대해 회고하고 또한 어머니에 대해 글을 쓰는 것으로 자신의 삶의 방식에 대해 되묻고 싶다는 마음을 안고 모이고 있다.

전후 60년이라는 시간의 흐름이 이 생활사 강좌에도 변화를 가져온 것이라 느끼고 있다.

성장 과정을 글로 쓰고 함께 이야기하는 것은 세대와 세대를 동일 선상으로 연결하고 때로는 포개어 간다. 바로 그 연결이 글을 쓰는 사람에게 앞으로의 삶의 기준을 발견할 수 있게 하는 것이 아닐까.

경쟁사회를 꿋꿋이 살아 온 단카이 세대는 이제 정년을 맞이하고 육아기의 젊은 세대는 이 혼란스런 현대사회 속에서 열심히 살아가고 있다. 앞으로의 생활사 강좌가 그러한 폭 넓은 세대의 사람들의 참가를 통해 진정한 풍요로움과 평화로운 생활에 대해 다시 한 번 생각하는 장이 될 수 있도록 끊임없이 노력하고 싶다.

다카나시 아키코(高梨 晶子)

제2장 **8** 현대의 학습 과제에 다가서다
지역에 스포츠클럽을 만들다

시작은 지역의 어머니 배구에서

   한 해가 바뀌기 전에 이동 하게 된 K공민관. 이미 시작된 사업을 계속해 나가면서 제 나름대로 지역 과제를 발견하기 위해 노력하고 있었습니다.

   그러던 중 가정교육 학급의 학생이 문득 'PTA 배구팀에 인원이 부족해. 이래서는 시합은커녕 연습도 제대로 못 하겠어'라는 말을 꺼냈습니다.

   저는 학생 시절 배구를 했었다는 이야기를 하고 중학교 체육관에서 하는 야간 연습에 참가하게 되었습니다. 오랜만에 배구를 한 기쁨과 함께 앞으로 일을 통해 만나게 될 지역민들과 교류를 먼저 체험할 수 있었습니다. 주 1회 연습을 통해 지역의 상태와 아이들의 상황 등 여러 가지를 알 수 있었습니다. 학생 때에도 배구를 통해 여러 가지 경험을 했었는데 일을 시작하고 나서도 배구가 이러한 형태로 도움이 될 줄은 생각도 하지 못했습니다.

새해가 밝고 배구 연습 중간에 이런 저런 이야기를 하다가 나온 뜻밖의 이야기가, 중학교 여자 배구부의 고문 선생님이 전근을 가셨는데 후임으로 오신 선생님이 경험자가 아니라 곤란을 겪고 있다는 것이었습니다. 그래서 대단한 경험도 아니지만 일단 '경험이 있는' 저에게 고문 자리를 부탁해 왔습니다.

사실 저는 학생 때 학교 선생님이 되기 위한 공부를 했었습니다. 게다가 공부를 가르치는 것만큼이나 관심을 가지고 있던 것이 바로 동아리 활동 지도였습니다. 여러모로 신세를 진 선생님들에 대한 감사의 마음을 이렇게라도 보답할 수 있으면 좋겠다고 생각해 부탁을 받아들이기로 했습니다.

토·일요일과 아침연습이 중심이었는데 정말 즐거운 경험이었습니다. 덕분에 학교 선생님들 및 다른 동아리를 지도하고 계시는 지역 분들과도 만날 수 있게 되었습니다.

스포츠클럽을 만들자~ 시작은 술자리에서

그러던 어느 날 지역 회의의 뒤풀이로 술자리에 초대받았습니다. 그 자리에서 K씨가 '실은 이 지역에 종합형 지역 스포츠클럽을 만들고 싶은데…'라는 말을 꺼냈습니다. K씨는 시의 체육과 직원으로 지역의 청소년 상담원 및 중학교 탁구 지도를 맡고 있었습니다. 그 자리에는 K씨 외에도 Y씨(전 청소년 상담원, 지역에서 검도 지도), D씨(청소년 상담원, 소년 야구 지도)가 있었습니다. 술을 마시면서 이야기는 순조롭게 진행되었습니다. 조금 취한 상태였지만 스포츠를 통해 지역 과제에 대한 이모저모를 들을 수 있고 이 지역에서의 중요한 과제 중 하나가 이 스포츠클럽을 만드는 것이라고 확신했습니다.

공민관 강좌로 착수

그 후 공민관에서 무엇을 할 수 있을지를 생각해 행동에 나섰습니다. 우선은 공민관 주최사업으로 스포츠 교실을 열었습니다. 다행히 당시의 초등학교 교장선생님(검도의 달인)과 중학교 교장선생님(소프트볼 아시아 대회 출전)의 많은 이해 덕분에 학교 시설을 마음껏 활용하여 진행할 수 있었습니다. 탁구를 즐기는 모임, 쇼트 테니스 교실, 배드민턴 입문 교실 등을 연달아 실시했습니다. 그리고 이벤트로 '스포츠

페어'를 구상하여 소프트 배구 및 그라운드 골프 등을 실시하여 사업에 박차를 가하기로 했습니다. 물론 당시의 술자리 멤버들은 모든 교실과 이벤트에 협력을 아끼지 않았습니다.

  교실을 시작하자 다양한 사람이 모였습니다. 어떤 경기든 경험자가 있기 마련으로 '예전에는 관동(關東)지역 대회까지 올라갔다'고 자랑스레 이야기 하시는 60대 참가자와 중학생 간의 경기는 굉장히 흥미진진하면서도 스포츠클럽 설립의 의의를 느끼게 하는 인상적인 경기였습니다. 테니스나 배드민턴의 경우에는 타 지역에서 활약하시던 경험자가 지도 및 운영을 맡아 스포츠클럽 설립의 중심 멤버가 되어 주셨습니다. 또한 다른 강좌의 수강생 중에도 '실은 예전에 운동을 좀 했었는데… 참가해 보고 싶어'와 같은 말을 하는 분이 적지 않았습니다. 공민관 강좌가 지역의 인재를 발굴하고 지역민들을 연결하는 것을 직접 느낄 수 있어 직원으로서 정말 행복한 경험이었습니다.

가네다(金田)뉴 스포츠 교실
'탁구를 즐기는 모임' 참가자 모집！！

올해 겨울은 추워질 것 같습니다만 요즘 어떻게 지내십니까?
이렇게 추울 때야말로 스포츠로 몸을 움직여 보지 않으시겠습니까?
이번에는 '탁구'에 도전해 봅시다!!
경험이 없는 분도 대환영입니다!
'해보고 싶다'라는 마음만 있다면 어떤 분이라도 상관없습니다.
오랜만에 기분 좋은 땀을 흘려 보지 않으시겠습니까?

1. 일 시 ① 2002년 2월 9일(토) 오후 7시~9시
          ② 2002년 2월 23일(토) 오후 7시~9시
          ③ 2002년 3월 9일(토) 오후 7시~9시

2. 장 소 가네다(金田) 중학교 체육관

3. 비 용 무료

4. 준비물 라켓(있으면), 수건, 실내용 운동화

5. 대 상 가네다(金田)지구에 살고 계시는 분. 중학생 이하는 보호자 동반.

6. 신 청 전화 또는 직접, 공민관(TEL 41-0002)로.

각각의 교실이 끝난 후에는 동호회의 형태로 그대로 방과 후 스포츠클럽 활동으로 연결되었습니다. 교실을 지도나 운영을 맡던 '발굴된 인재' 여러분이 활동을 지탱해 주셨습니다. 그 분들을 멤버로 영입하여 드디어 설립준비위원회를 조직하여 활동하게 되었습니다. 스포츠클럽의 설립을 기본적인 목표로 하여 회의에서는 각 세대와 어린이들의 상황, 앞으로의 전망 등 많은 화제가 나왔습니다. 지역 공민관의 직원인 것을 실감할 수 있는 소중한 시간이었습니다.

공민관 강좌가 남긴 것

이 지역은 예로부터 농업과 어업이 중심산업을 구성하고 있어 스포츠클럽을 만들 준비를 할 때도 "평소에 일 때문에 충분히 몸을 움직이고 있어서 휴일에 일부러 운동 같은 것을 하지 않아도 된다"와 같은 말을 많이 들어왔습니다. 그러나 젊은 세대의 경우, 회사원의 비율이 늘고 농업이나 어업은 쇠퇴하고 있는 것이 명백합니다. 따라서 20년 후에 모두가 고마워할 수 있는 스포츠클럽을 만들자고 서로를 격려하면서 클럽 조직을 진행해왔습니다. 공민관의 사업에 대해 수치로 평가하고 그것도 사업이 끝나면 바로 눈에 보이는 결과를 요구하는 이 시대상황 속에서도, 20년 후를 바라보며 지역민들과 공들여 노력하는 사업을 하고 싶습니다. 공민관 강좌가 남긴 것이 언젠가 지역의

'보물'이 되리라 믿습니다.

야마시타 요이치로(山下 要一郎)

제2장 **9** 현대의 학습 과제에 다가서다

지역 만들기의 구호
지혜와 아이디어! 의욕과 실행!

요카이치바(八日市場) 공민관의 성장과정

'안녕하세요! ○○씨, 오늘도 활기차 보이시네요!' '○○씨의 미소를 보면 기운이 나요'

공민관을 방문하는 손님들과 언제나 이런 대화를 나누고 있는 소사(匝瑳) 시립 요카이치바(八日市場)공민관.

비교적 긴 역사를 가지고 있는 이 공민관은 1972년 구(旧)요카이치바시의 사회교육 거점 시설로 설립되었으며 당시로서는 매우 큰

3층짜리 공민관이다. 또한 사회교육을 주관하는 사회교육 주사(主事)도 배치되어 청소년 학급, 부인 학급, 고령자 학급 등 '시민의 학습과 교류의 장'으로서 활동을 시작하였다.

  기본방침은 '주민과 밀접한 학습 및 교류의 장으로서 주민이 살아가는 보람을 찾을 수 있도록 지원하면서 마을 만들기, 지역 조성, 인재 육성을 추진하는 곳. 직원은 주민의 학습 요구을 정확히 파악하여 주민과 일심동체로 매진할 것'이다. 물론 현재도 이 기본방침에는 변함이 없다. '지역을 만드는 공민관'의 원점이라 할 수 있다. 말로 표현하는 것은 간단하지만 막상 실천하려면 막대한 업무량으로 다가온다. 또한 직원의 전문성이나 역량에 따라 사업의 내용이 변하기 때문에 공민관이 살아 있는 것처럼 느껴지기도 한다. 지금도 당시의 기억이 새록새록 떠오른다.

무(無)에서 재출발

  그러나 이 '지역을 만드는 공민관'은 시간이 지남에 따라 만성적이고 타성적인 학습 제공이 중심이 되어 공민관 고유의 지역과의 연계가 희박해질 뿐만 아니라 자기만족에 빠지는 경향이 있다고 생각된다. 특히 기간(基幹)이 되는 공민관이 1관뿐인 행정구역의 경우 그 경향이 더욱 눈에 띄는 것 같다. 당시의 요카이치바(八日市場)도 예외가 아니었다. 날이 갈수록 취미나 교양 강좌의 개최가 주류가 되어 지역 커뮤니케이션으로서의 핵심을 잃어가고 있었다. 결국 '무(無)에서 시작'이라는 슬로건을 걸고 2003년부터 개혁을 단행했다. 개혁의 필요성에 대한 시비는 일단 제쳐두고 실례를 소개하도록 하겠다.

1998년 요카이치바(八日市場) 공민관은 대형 도서관을 병설하여 개축하였다. 그러나 개축하여 새롭게 태어난 공민관은 문화 센터와 다를 바가 없는 시설이었다. 이용단체는 거의 고정화되어 있었으며 강좌 역시 매년 같은 강좌가 되풀이되고 동아리 수도 적은데다가 강좌 수강생은 5년 이상의 장기 수강생이 3분의 1이상을 차지하는 경우가 많았다. 또한 강사의 변화도 거의 없이 강좌는 강사에게 전임한 상태였다.

원인은 간단하다. '공민관은 편한 직장'이라는 생각이 직원들 사이에 팽배해 있었던 것이다. 컴퓨터에 저장되어 있는 전년도 기획서를 연도만 바꿔서 신년도 사업으로 단숨에 탈바꿈시키는 일도 비일비재하게 일어나고 있었다.

정보교환은 '지혜의 보고'

물론 사무 효율화의 영향으로 공민관에 정규직원이 줄고 있는 가운데 업무량이 많은 사업을 나서서 시작하려는 직원은 거의 없을 것이다. 그러나 공민관 사업은 직원의 것이 아니다. 공민관 이용자나 지역민들과의 교류를 통해 주민이 원하는 학습 요구의 포인트를 파악하는 것이 직원에게 주어진 최소한의 직무다. 따라서 우선 직원의 의욕향상을 위한 대책으로 직원이 바뀌어도 변함없이 이어질 '구호'를 정했다.

'지혜와 아이디어! 의욕과 실행! 공민관을 내 집처럼 생각하자!'
또한 의식의 고양을 위해 '백문이 불여일견'이라고 선진(先進) 공민관의 시찰도 시행했다. 무조건적인 '모방'은 아니지만 각 공민관의 장단점을 실제로 보는 것을 통해 '왜? 어째서? 어떻게?'라는 의식의 변화가 생겼다.

그리고 지구(地區) 및 현(県)의 공민관 연락협의회에는 적극적으로 참가했다. 직원들에게 있어 정보 교환은 '지혜의 보고'다. 직원이 적다고 해서 출장을 제한한다는 이야기를 자주 듣는데 현실에 완전히 역행하는 것이라고 여겨진다.

'우리 집 2채!' 공민관 직원

다음으로 우리 집(공민관)을 변모시킨 실천사례를 소개하겠다. 가정에서 손님을 맞이하기 위해서는 집 주변을 정리하고 청소하는 등 세심하게 준비한다. 직원도 공민관을 내 집처럼 생각한다면 여러 가지를 준비하게 될 것이다. 먼저 자전거가 어지럽게 주차되어 있어

출입이 어려웠던 현관을 손수 꽃으로 장식했다. 57개의 화분을 질서 정연하게 배치하는 데 꼬박 하루가 걸렸다. '봄에는 앵초, 여름에는 채송화, 가을에는 모란채, 겨울에는 콜리플라워'가 피기를 기대하며 공민관을 방문하는 분이 많아져 재배 지도도 실시하게 되었다. 이러한 노력이 지역주민 및 이용자와의 교류로 발전하였음은 말할 필요도 없다.

또한 관내 여러 곳에 붙어있는 '공민관장의 부탁 벽보'는 공공시설에서 자주 눈에 띄는 '○○해서는 안 됩니다. 공민관장'이라는 문구로 되어 있었다. '규제를 위한 벽보를 붙여두면 만일의 경우를 예방할 수 있다'고 말씀하시는 분도 있었지만 만약에 자기 집이라면 어떻게 했을까? 라는 생각에서 일러스트를 넣은 부드러운 느낌의 벽보로 바꾸었다.

그 후 포스터가 덕지덕지 붙어 있는 게시판의 나열로 개축 이후 변함이 없었던 현관 로비의 이미지 체인지를 단행해 밝고 여유로운 느낌의 로비로 변신시켜 보았다. 물론 그 상태로 또 다시 몇 년이고 방치하는 것이 아니라 봄·여름·가을·겨울 별로 '계절의 이미지'를 살려 장식이나 레이아웃을 변경하고 있다.

이러한 노력은 공민관뿐만 아니라 공공시설에서 일하는 모든 직원의 필수사항이 아닐까.

'축제'로 지역 조성

이번에는 사업을 이용한 지역 조성의 사례를 들어 보겠다. 일본인은 축제를 매우 좋아한다. 우리 공민관에도 '공민관 축제'라는 이름의 사업이 있었다. 이 사업 역시 모든 내용을 실행위원에게 맡기는 실행위원방식을 고수하고 있었다. 강좌수강생이나 동아리 회원의 입장에서 보면 매년 변화도 '꿈'도 없는 고리타분한 행사로 직원 역시 전년도 자료를 컴퓨터로 수정하는 정도로 업무를 마쳤다. 공민관 축제라고는 해도 동료들끼리 여는 전시회와 같은 모습이었다.

이러한 축제에도 개혁을 단행하여 병설한 도서관 및 인접한 상공회관까지 이용하여 회장 배치를 3배로 확대했다. 실행위원은 처음으로 축제 내용을 바꾸려 하는 사무국 운영에 잠시 당황했지만 변화에 대한 의식은 점점 높아져 새로운 조짐이 싹트게 되었다. 그 이면에는 '공민관 활동의 성과 발표를 통한 지역 주민 교류'를 캐치프레이즈로 하여 시민이 자유롭게 참가할 수 있는 체험 광장을 채택하는 등의 시도가 있었다. 그리고 직접 만든 전단지 2만장(A3양면 색지 사용)을 신문에 끼워 넣고 시내 행정 무선을 이용하여 홍보하는 등의 노력으로 이틀간 4천명이 넘는 방문객이 내관했다.

그러나 놀라운 점은 그 중에서 처음 공민관을 방문한 분이 3분의 1정도에 불과하였다는 것이다. 공민관이 평생학습의 거점시설이라고 자부해왔지만 이제껏 특정 이용자가 많았다는 것을 통감했다.

'공민관은 지역 주민의 친근한 학습의 장'으로 시민이라면 모두가 알고 있을 것이라 생각하기 십상이다. 그러나 이러한 생각은 공민관 직원의 자기만족에 지나지 않는다. 공민관 스스로가 주민에게 홍보를 하지 않고서는 공민관의 본래 목적을 달성할 수 없다고 직원 모두가 느끼게 되었다.

'1+1=3' 법칙

'지역 조성·인재 육성'은 결국 공민관 직원의 능력 발휘가 기본이 된다. 최근 '정규 직원이 줄었으니 사업 축소를 해야 한다'는 소리가 들리고 있지만 공민관 직원이 나아가야 할 길은 단순한 전문직이 아니라 '지역과 공유하는 마음'이 있는 직원이다.

직원의 위촉이 진행되고 있는 가운데 반대로 이 '마음'의 경험을 쌓은 위촉 직원을 채용하여 공민관이 되살아난 경우도 있다. 우리 공민관이 그 전형적인 예로 보육사 경험이 있는 지역 활동형 위촉 직원의 채용으로 '무(無)에서의 재출발이 가능했다. 또한 위촉 직원은 이동이 없기 때문에 지속적인 고용으로 지역과 밀착된 공민관 활동을 추진할 수 있다는 이점도 있다.

'1+1=3'의 법칙을 알고 있는가. 의욕 있는 직원 두 명이 노력하면 공민관 활동의 결과를 '3'으로 만들 수도 있다. 정규직원의 삭감에 대해 불만만 토로하고 있을 것이 아니라 '마음'이 있는 위촉 직원의 활용에 대해 적극적으로 검토해 보아야 하지 않을까. 풍부한 지식과 경험으로 공민관 활동에 바로 힘이 될 수 있는 인재 발굴이 그리 어렵지만은 않을 것이다. 발상의 전환을 통해 공민관 활동을 더욱 발전시킬 수 있으리라 확신한다.

옛날이나 지금이나! 원점은 변하지 않는다

마지막으로 주민의 요청에 따라 평생학습 내용을 넓히는 것이 중요하다. 이것은 '지역 조성·인재 육성'이 가능해지면 저절로 학습 요망을 수렴할 수 있게 된다.

앙케트나 각종 강연회, 전시회 등의 이벤트에서 실시하는 조사 이외에도 주민과 접하여 직접 이야기를 듣는 것이 기본이다. 그리고 그 원점은 '방문객의 이름을 기억하고 자신도 기억해 달라고 하는 것'이다. 앞서 서술한 '○○씨, 오늘도 활기차 보이시네요!'와 같이 내관객와 직원의 커뮤니케이션이 가장 좋은 방법임은 말할 필요도 없다. 물론 억지를 부리는 내관객에게는 의연한 태도를 취하는 것도 필요하다.

익히고 싶다! 배우고 싶다! 알고 싶다!
여러 명이 모이면 출장 강좌를 해드립니다!

이용해 주세요! '공민관! 출장강좌'

1. **목적**   시민 여러분의 요청에 의해 지금 알고 싶은 정보나 배우고 싶은 내용을 공민관이 창구가 되어 언제라도 '강좌'를 열어 드립니다.
    현재의 '기성 강좌 수강형'에 새로운 '요청에 의한 출장 강좌를 더해 여러분이 언제 어디서나 배울 수 있는 장을 만들겠습니다.
2. **수강자**   시내 거주 또는 근무하는 같은 것을 배우길 바라는 수명 이상의 단체 (사무소, 서클, 지역 단체, 친구 등 편성은 자유입니다.)
3. **주최**   소사(匝瑳)시립 요카이치바(八日市場) 공민관
4. **학습 메뉴** 강연회, 취미, 교양 등 강사 은행 등록자와 상담하여 결정
5. **장소**   공민관 혹은 희망하는 시설
6. **시간**   오전 9시~오후 9시사이의 2시간 이내
7. **수강료**   관공서 관계 직원은 무료. 일반 수강은 7,000엔 정도

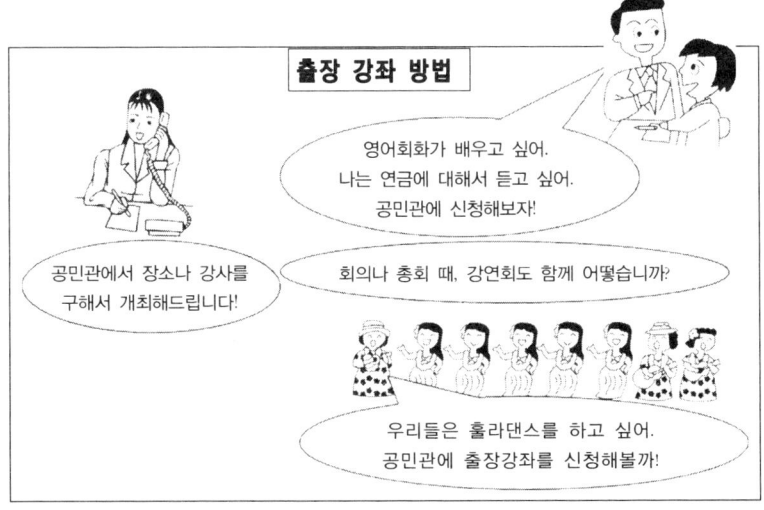

| 신청 순서 | ①그룹 대표가 공민관과 상담, ②신청서 기입, ③상세 내용 협의, ④공민관에서 강사와 장소 등을 섭외, ⑤강좌 결정. |

전화 (72) 0735   FAX (73) 7654

* 내용이 강좌로 인정되지 않은 경우(클레임, 요청, 영리, 종교, 정치적 이용 등)는 접수가 불가능합니다.

요카이치바(八日市場) 공민관의 '즐거운 강좌' 일람(발췌)

NO	목적	교실명	강사	회수	대상	기간	요일
1	전승	김말이초밥 (초급)	고니시 토시코 (小西利子)	4	초급자	6월~9월	두 번째 일요일
2		김말이초밥 (중급)	츠바키 마사에 (椿正惠)	4	중급자	10월~1월	두 번째 일요일
3		동요와 서정가를 부르자	간바라 요코 (神原洋子) 오가와 쿄우 (小川恭) 사이토 유리코 (齋藤百合子)	8	초등학생~	6월~1월	첫 번째 토요일
4		즐기는 민요	하야시 신이치 (林信一) 와타나베 코스케 (渡邊洪介)	8	초등학생~		네 번째 일요일
5	기초	금줄 만들기	이시게 소이치로 (石毛惣一朗)	1	일반	12월	15(토)
6		가도마츠(門松) 만들기	고시카와 타케코 (越川武子)	1	일반		16(일)
7		다도 입문	고시카와 에이코 (越川英子)	8	일반	6월~1월	세 번째 화요일
8		실용 서예	야마자키 사다코 (山崎貞子)	8	일반		세 번째 수요일
9		간단하게 숙달! 어른을 위한 펜글씨	마스다 히데호 (增田秀峰)	8	일반		두 번째 금요일
10		기초 가야금(琴) 입문	아츠타 세츠코 (熱田節子)	8	일반	6월~2월	월 1회 토요일

11		4계절 엽서그림	가와무라 키미코 (川村紀美子)	8	일반	5월~2월 (7,8월 제외)	세 번째 목요일
12		쉬운 회화	와타누키 히로코 (錦貫ひろ子)	8	일반	6월~1월	첫 번째 토요일
13		화도입문	고시카와 노리코 (越川紀子)	8	일반		첫 번째 화요일
14	장식	계절의 가드닝	오가와 나오미 (小川直美)	8	일반	5월~2월 (7,8월제외)	두 번째 토요일
15		서양식 꽃꽂이의 기초	이와사와 (岩澤凉風)	8	일반	7월~2월	첫 번째 일요일
16		도예 입문	스세키 케이코 (栖關慶子)	8	일반		두 번째 토요일
17		기초부터 배우는 칠보 공예	가츠마타 카즈코 (勝股和子)	8	일반		네 번째 수요일
18	창작	압축 건조 꽃의 기본	호리카와 사키코 (堀川咲子) 신교우치 요시미 (新行内喜美)	8	일반	6월~1월	세 번째 목요일
19		아메리칸 패치워크	고바야시 히로코 (小林博子)	8	일반		네 번째 금요일
20		점토 공예 (클레이 공예)	다모리 카오루 (田守薰) 스도 케이코 (須藤惠子)	8	일반		세 번째 토요일

본 강좌는 전부 No. 31까지 있으며 "창작"은 이외에도 '즐거운 그림편지', '아메리칸 플라워', '실천! 가정요리' 등이 있다. 또한, "건강"에는 '피로를 푸는 요가 건강 스트레칭' '하와이언 훌라 입문' '즐겁게 노래하는 가요교실' (각 8회)등이 있다. 또한 '교류'활동의 일환으로 '여성교실'(6회)도 개설되어 있다.

휴일 코스 18강좌, 평일 코스 13강좌

정원	내용 (재:는 재료비입니다.)
25	계란말이 만드는 법을 비롯해 김말이초밥의 기본부터 배울 수 있습니다. 재: 첫 회만 500엔, 2회 이후 초밥용 밥 3합 지참

25	향토의 대표음식! '김말이초밥'! 졸업만 하면 쓸 만한 솜씨가! 재: 초밥용 밥 3합 지참	
없음	계절 따라 시정(詩情)이 넘치는 노래를 즐겨보시지 않으시겠습니까? 학생 여러분 어서 오세요!	
없음	샤미센, 퉁소와 함께 일본의 '마음'을 연주합시다! 초등학생부터 참가 가능!	
30	정월에 빼놓을 수 없는 금줄을 직접 만들어 봅시다! 재: 500엔 정도	
30	프로가 가르쳐 주는 가도마츠(門松)입니다! 재: 1쌍에 3,000엔 정도, 미니 소나무 1쌍에 700엔	
15	'일생에 한번 뿐인 인연' 초보의 마음가짐부터 배울 수 있습니다! 재: 회당 150엔 정도	
30	해서체를 중심으로 한 서예의 기본학습입니다! 요청에 따라 가는 글씨 등도 배울 수 있습니다!	
20	지금 대 인기인 볼펜 글씨! 사인펜도 OK! 악필도 교정할 수 있습니다!	
10	고토(琴)가 없는 분도 참가 가능합니다. '일본의 가락'을 기초부터 차근차근 가르쳐 드립니다!	
20	수묵화형식으로 계절별 도안을 1회 완결식으로 배웁니다! 재: 첫 회 1,000엔에, 2회 이후 300엔 정도	
20	꽃, 정물, 풍경 등 친근한 모티브를 그립니다! 유화, 수채화 어느 쪽도 가능!	
15	초보자에게는 꽃꽂이의 즐거움을! 경험자에게는 기술 향상을! 즐기는 것이 기본입니다! 재: 회당 700엔 정도	
24	계절에 맞는 꽃, 나무, 풀 등을 모아 심어봅시다! 인기 강좌입니다! 재: 회당 3,000엔	
30	꽃을 '더 아름답게' 장식합시다! 재: 첫 회 2,000엔에, 2회 이후 1,500엔	
20	흙 반죽~초벌구이~재벌구이(완성)! 자랑스러운 작품을 만들 수 있습니다! 재: 첫 회 1,500엔	
20	액세서리 등 친근한 소품을 만듭니다. 재: 첫 회 1,500엔 2회 이후 1,000엔 이내	

20	멋지게 장식할 수 있는 압축 건조 꽃을 만들어 보지 않으시겠습니까? 재: 첫 회 2,000엔, 이후 돈이 드는 만큼. 건조 매트 2,000엔
20	파우치부터 가방까지! 기초를 배우면서 직접 손으로 만드는 즐거움을 맛 볼 수 있습니다. 재: 기초도구 약 10,000엔
30	소프트 점토로 꽃 벽장식이나 트리를 만듭니다! ※신청 시 도구비 3,000엔 재: 첫 회 2,000엔 이후 1,000엔 정도

관외 학습! 요카이치바(八日市場)
공민관이 모든 준비와 안내를 해드리겠습니다!

◆ 어서 오세요 ◆

역사와 제철의 맛의 고장! 소사(匝瑳)의 동산으로!

◆ 볼거리① ◆

삼나무 가로수와 역사
그림 두루마리
(국가 지정 중요 문화재)
"이이다카 단림터
(飯高檀林跡)"

◆ 볼거리! 식도락② ◆

'길의 역(道の驛)'과 같은
"제철의 맛이 있는 곳"!
연간 100만 명의 손님이 모이는
새로운 명소.
"교류의 공원 요카이치바(八日市場)"

◆일정 (요코시바히카리(橫芝光)IC 또는 나리타(成田)IC에서 30분)

*모델 코스 (최대 시간입니다! 자유롭게 선택하세요!)
주차장(화장실 있음) 출발 → 이이다카 단림(飯高檀林) → 강당 내 설명 →
10:30　　　　　　　10:45~11:10　　　　　11:15~11:35
이이다카 신사(飯高神社) → 묘후쿠지(妙福寺) → 주차장(출발)
11:55~12:10　　　　12:15~12:25　　　　12:30
◆중식은 '제철의 맛, 고향의 향 정식(500엔~800엔)'입니다.
교류의 공원 도착(순서대로 점심식사 후 산책) → 히가타하치만고쿠(干潟八万石)
13:00~ 14:30 (공원에서 도보 10분)　　　　　14:45~15:10
전망(마츠미네 신사(松峯神社) → 교류의 공원 출발 → 각지 도착
15:30
* 사람 수가 많을 경우 중식은 식당예약 건으로 11시 혹은 13시로 하겠습니다.

◆이이다카 단림, 교류의 공원 개인적으로도 갈수 있습니다!

신청 : 소사(匝瑳) 시립 요카이치바(八日市場) 공민관 0479 (72) 0735

언제라도 마음 편히 연락주세요!

'공민관은 강좌의 개최 등 학습 기회 제공만 하면 될 것인가?'라는 딜레마에 시달리던 중에 개최하게 된 것이 바로 '출장 강좌'와 '오세요 투어'다. 전자는 같은 내용의 학습을 원하는 5명 이상의 그룹이나 단체에게 강좌나 강습회, 강연회 등을 제공하는 것으로, 일 등으로 강좌에 참가할 수 없는 사람이나 친구끼리의 활동에 '둘도 없는 기회'로 성황을 이루었다.

후자는 공민관 등의 관외 학습 활동에 소사(匝瑳)시를 통째로 제공하기 위해 제안한 사업이다. 일정, 코스, 설명자 등을 전부 요카이치바(八日市場) 공민관에서 기획하여 합병 된지 얼마 안 되는 소사시의 매력을 배우자는 것이다. 새로운 기획이 가득한 공민관 사업에 직원 5명은 쩔쩔맸지만 지금은 당연한 일로 받아들여져 2007년에 내가 '졸업'한 후에도 그 명맥이 이어지고 있다.

'지역을 만드는 공민관'의 원점. 그것을 좌우하는 것은 옛날이나 지금이나 변함없이 공민관 직원의 의욕이 아닐까.

하야시 카츠미(林 勝美)

제2장 **10** 현대의 학습 과제에 다가서다

'서로 배울 수 있는 마을·시스이(酒々井)'를 목표로
타운 미팅으로 뉴 컬리지코스 재편

시스이정(酒々井町)의 역사와 지형

시스이정(酒々井町)은 전국시대(15세기 후반에서 16세기 쯤)에는 치바씨(千葉氏)를, 근세에는 사쿠라번(佐倉藩)의 성을 중심으로 한 마을로서 도쿠가와막부(德川幕府)의 말 방목장 및 나리타산(成田山)·소고영당(宗吾霊堂)의·시바야마관음(芝山観音)을 모시는 곳으로 번영한 지역이다. 메이지 22년(1890년)에 정(町)제도를 시행하여 혜세

21년(2009년)에는 정(町)제도 시행 120년을 맞이한다. 또한 지형을 살펴보면 치바(千葉)현의 북부인 호쿠소대지(北総台地)의 중앙에 위치해 있어 북쪽에는 '나리타(成田)시', 동쪽에는 '도미사토(富里)시', 남동쪽에는 '야치마타(八街)시', 남서쪽에는 '사쿠라(佐倉)시', 서쪽에는 '인바(印旛)촌'이 인접해 있다.

또한 2007년 4월 현재 인구는 22,000명을 약간 밑돌고 고령자 인구는 3,856명으로 17.6%의 고령화율을 보이고 있다. 지역 내에는 정립(町立)초등학교 2곳 및 중학교 1곳, 사립 고등학교가 1곳이 위치한 작은 마을로 공민관은 1980년에 준공한 1관뿐이지만 등록되어 있는 사회교육 관련 단체는 150개를 넘는다.

'컬리지 코스'의 개요와 '학습 정리'

2002년부터 중앙 공민관에서 시행하는 강좌의 총칭을 '시스이(酒々井)타운 컬리지'라고 부르고 있으며 이 코스에는 '컬리지 코스'('장기코스'; 5회 이상)·'단기코스'(4회 이하)·'1일 코스'·'오픈 컬리지'가 있다.

◉ 자율학습 정리

그 중에서도 '컬리지 코스'는 동료 만들기 및 협동하는 마을 만들기를 목적으로 한 학습과정으로 지역의 리더를 배출하는 것을 큰 목표로 삼고 있다. 따라서 '행정 학습' 및 '커뮤니케이션' '향토'등을 중심 학습 주제로 설정하였다. 이를 바탕으로 그룹 별 조사 연구를 통해 도출한 정(町)에 대한 제안을 '학습정리'라는 형태로 졸업 논문으로 제출하는 2년제 전문대학으로 운영하고 있다.

졸업논문의 도입은 치바(千葉)현 교육위원회를 퇴직한 후 사회교육의 분야에서 다양한 활동을 펼치고 계신 다카하시 쿠니오(高橋邦夫)씨가 재직 중에 현(県)의 평생대학교 히가시카츠시카학원(東葛飾

学園)에서 실시하던 '지역활동의 실천, 과제학습 정리'를 참고로 했다.

학년의 마지막 날에는 각 반의 조사 연구 결과를 책으로 엮은 '자율학습 정리'를 발표하고 다카하시 쿠니오(高橋邦夫)씨의 강의 평가를 들은 후 졸업식을 실시했다. '자율학습 정리'는 매년 지역과 관련된 주제에 대해 조사 연구한 내용을 졸업생 자신이 인쇄·제본 하여 공민관을 통해 관련 기관에 배부하고 있다. 이 연구 결과는 지역 내의 학교에서 아동 안전 대책의 참고 자료로 삼거나 졸업생이 지역 내의 건강 워킹 맵을 새롭게 검증하여 평생학습 페스티벌에서 저렴한 가격으로 판매하는 등 지역에서 활발히 활용되고 있다.

'서로 배울 수 있는 마을 시스이(酒々井)' 워크숍의 경과 및 개요

2002년 입학한 제 1기 수강생은 정원인 30명 모두가 졸업을 맞아 졸업생들은 '시스이(酒々井) 컬리지클럽'이라는 동아리를 만들었다. 그러나 2년째부터는 수강생이 점점 줄어들어 제 5기에 이르러서는 정원의 반수에도 미치지 못했다. 원인을 살펴보니 졸업에 대한 달성 감은 모두 충분히 느끼고 있음에도 불구하고 '학습정리'를 작성하는 것이 힘든 작업이라는 이미지가 강한 듯 했다. 그래서 5년간의 경험 을 토대로 '학습정리'를 유지한 채로 활동을 이어가기 쉬운 학습 내용으로 바꾸기 위해 2006년에는 '서로 배울 수 있는 마을 시스이 워크숍'을 기획하여 컬리지코스의 졸업생과 재학생 등과 함께 컬리지코스의 미래에 대해 검토해 보기로 했다.

이 회의의 주요 테마로는 앞으로의 마을 만들기에 있어 우선 2007년도 사업에 대한 지역의 준비는 어떤지, 컬리지코스의 확충을 위해 '시스이(酒々井) 향토대학' '농업코스' '행정서포트코스' '동산코스' 등의 현장 실습을 추가하면 어떨지로 정했다.

특히 "서로 배울 수 있는 마을 시스이"를 키워드로 단카이 세대의 지식이나 기술을 제공 받아 지역에서의 서로 배울 수 있는 공민관 사업의 전개를 통해 지역민이 건강한 일상생활을 보낼 수 있도록 하는 것을 목표로 삼았다. 또한 단과대학 코스 내용의 내실화 및 매력 있는 강좌의 마련을 통해 '단카이 세대'가 사회에서 지역으로 옮겨 오는 중요한 기회를 공민관에서 발견할 수 있도록 하는 것도 중시했다. 동시에 지역의 인재를 발굴하여 실생활과 관련 깊은 여러 가지 학습 프로그램을 준비할 수 있도록 지원하고자 하였다. 이러한 노력을 통해 행정과 지역민이 협력할 수 있는 학습 체계에 의해 그러한 협력을 당연한 일로 여기는 분위기를 조성함과 동시에 공민관을 친근한 곳으로 인식시키고, 개개인이 자기 자신의 존재가치를 깨닫게 되는 효과를 기대하였다.

회의는 8월부터 12월까지 총 5회에 걸쳐 진행되었다. 첫 번째 회의에서는 공민관 직원이 취지에 대해 설명하고 참가자로부터 질문을 받아 회의의 목표를 서로 확인했다. 참가자의 의견 중에는 예상보다 더욱 예리한 의견도 있었는데, 구체적으로는 다음과 같다.

- 컬리지 졸업생회에서 코스를 만들어 독자적으로 활동을 이어 나가면 된다.
- 현실적으로 4년제는 힘들다.
- 구속 받는 것 같다.
- 내용을 충실히 보충하면 지금 이대로도 괜찮다.
- '학습 정리'가 힘들었다.
- 코스 연장의 이유는 무엇인가.
- 스스로 목표를 발견했기 때문에 지금 이대로도 좋다.
- 학장은 지역민이 잘 아는 사람으로 뽑았으면 한다.
- 동료 만들기나 자율학습을 더 많이 할 수는 없나.
- 패실리테이터를 양성해야 한다.

두 번째 회의에서는 새로운 단과대학 코스의 4년제 및 3년제에 대한 계획안을 바탕으로 구체적인 학습프로그램 및 인재 은행의 등록에 대해 검토하였다. 그 결과 수업이 너무 길어지면 흥미가 떨어진다, 현재로서는 직원이 부족하다 등의 근거로 3년제 코스로 의견이 모아졌다.

회의를 거듭하면서 학장에 대한 의견이나 인재 은행의 시스템 등 서서히 구체적인 형태가 갖추어졌다.

1, 2학년 학습 내용(만남, 동료 만들기, 종합학습)

	학습 주제	1학년의 학습 내용	2학년의 학습 내용
1	합동 행사	입학식, 수료식, 졸업식	
2	합동 학습	커뮤니케이션 기술, 과제 연구 발표 듣기, 활동 단체의 발표, 정장(町長) 강연, 학장 강연 등	
3	홈 룸	오리엔테이션, 2학년을 향해서	오리엔테이션, 코스를 위해서
4	건강 다지기	가벼운 운동, 먹을거리와 건강, 고령자의 병, 색과 건강, 레크리에이션	가벼운 운동, 마음의 건강, 건강관리, 레크리에이션
5	생활과 복지	악덕 상법, 국가보험과 연금, 간호 보험제도, 확정 신고	앞으로의 복지, 간호 실습, 장애인 제도, 지역 포괄 지원 센터의 역할
6	가까운 법률	배심원 제도	소년법
7	방재, 안전	자율 방범, 방범 진단, 교통 안전, 소방서 시찰, 구급 구명 강습	방재의 지식, 비축창고 시찰, 서부 방재 센터 시찰
8	자연과 환경	재활용 문화 센터 시찰, 지역의 쓰레기 사정, 종말처리장 시찰, 주변의 용수	지역 환경 문제 인바(印旛)늪과 자연
9	향토를 알자	지역 역사, 지역 내 산책, 혼사쿠라(本佐倉)성터 정비 계획, 축제	치바(千葉)현의 역사, 역사 박물관 시찰, 허브의 매력, 축제
10	정의 정치를 배우자	종합계획과 재정의 구조 건강 비전의 개요	앞으로의 농업, 의회 방청
11	정보화 사회	정보 보안 학습, 앞으로의 정보화 사회, 컴퓨터 입문 1	컴퓨터 입문 2, 시설 시찰
12	교육, 문화	교육의 새로운 동향, 학교 평가원 제도	육아의 과거와 현재, 지역에서 진행하는 청소년 교육, 기분 좋게 말하는 방법

13	공생 사회	인권을 생각하자	남녀 공동참획이란
14	국제 이해	JICA에서 출장 강좌	JICA에서 출장 강좌
15	세대 간 교류	초등학생과 교류	중학생과 교류
16	대화 학습	1년 동안의 학습을 통해 우리들과 마을 만들기에 대해 정(町)에 제출한 제안을 정리한다.	2년 동안의 학습을 통해 경험을 살린 풍요로운 노후에 대해서 정(町)에 제출한 제안을 정리한다.
17	고령사회	고령자 사회를 어떻게 살아 갈 것인가	북유럽의 고령자 복지
18	자율 기획	시찰, 자원 봉사 체험 등	시찰, 자원 봉사 체험 등

3학년 전문 학습 내용

학습목표 : 졸업 후의 자율적인 활동을 위해 단체 교류와 자율 활동을 통해 졸업 제안을 정리한다.

		자원 봉사 활동 코스	마을 만들기 활동 코스
	학습 주제	복지나 건강에 대해 배우고 모두가 언제까지나 활발하게 활동할 수 있는 내용을 과제로 하여 졸업 리포트로 제출한다.	환경 문제나 방범, 방재 등에 대해서 배우고 행정과의 협동이나 지역에서의 활동 방법을 과제로 하여 졸업 리포트로 제출한다.
	전문 학습	건강관리, 간호 예방, 간호 실습, 주택 환경, 어린이의 성장과 육성, 음악요법, 장애인 시책, 시찰 연구, 보육원 시찰, 한약에 대해서, 여성과 사회 진출 등	지역 내의 방범 진단, 인바(印旛)늪과 자연, 환경문제, 삼림의 기능, 소비자 문제, 시설 시찰, 어린이의 건전한 육성, JICA 출장 강좌 등
1	합동행사	입학식, 수료식, 졸업식	
2	합동학습	NPO에 대해서, 회의의 운영 방법, 커뮤니케이션, 정장(町長) 강연, 학장 강연, 학습 성과 발표 등	

3	홈룸	오리엔테이션, 자기소개, 임원 결정, 졸업 제안 등	
4	건강다지기	레크리에이션	
5	단체교류	활동 실천 예 학습, 지역 활동의 의의와 과제 등	
6	활동실천(예)	보육 자원봉사, 사회 복지 자원 봉사, 어린이 축제 참가 등	청소년 육성 활동, 마을 만들기 지원 활동, 환경 활동, 국제 공헌, 방재 방범 활동 등
7	자율활동	시설 시찰, 이 사람에게 듣는다, 자원 봉사 체험 등	

뉴 컬리지코스가 시작된 후

다섯 번째 회의를 통해 드디어 '뉴 컬리지코스'의 골자가 정해진 후 많은 분들의 참가를 촉구하기 위해 다양한 방법을 이용해 사업을 홍보했다.

2007년에 들어서는 학습 프로그램의 강사 분들과의 조정도 끝나 팸플릿을 만들고 '입학 설명회'를 실시했다. 그러나 안타깝게도 기대한 만큼의 참가자는 모이지 않았다.

이래서 뉴 컬리지코스를 시작할 수 있을까 걱정하면서 각 학년의 응모 상황을 보니 우려한 대로 1학년은 18명, 전문 코스에는 2코스에 17명이 모인 상태였다.

종전의 컬리지코스 졸업생을 대상으로 한 전문코스의 응모자가 적은 원인은 5년간 배출한 약 100명의 졸업생이 이미 여러 동아리를 결성하여 활동을 펼치고 있기 때문에 자신의 목표를 발견한 졸업생에게 있어 뉴 컬리지코스는 매력이 느껴지지 않기 때문인지도 모른다. 그러한 생각에서 특별 청강생 제도를 마련해 청강할 수 있는 강의를 늘렸다. 뉴 컬리지코스는 이제 막 시작되었을 뿐이지만 졸업까지의 기간 동안 수강생이 졸업 후의 활동으로 이어가기 쉬운 주제를 설정하여 자율적으로 학습할 수 있도록 지원하는 것이 직원으로서의 역할이라고 생각한다.

학습의 주체는 지역민이다. 또한 그 학습 활동을 지원하는 것이 바로 공민관이며 특히 단과대학 코스 졸업생의 지원 및 지역의 협력을 통해 서로 배울 수 있는 마을 시스이(酒々井)가 시작된다고 생각한다.

인재 은행에는 9명의 전문가가 등록해 주셔서 10월과 11월에는 이 분들을 모시고 '정원수 가꾸기 강좌'를 개최할 수 있었다.

아직 과제는 남아있지만 이제 겨우 공민관 활동이 흐름을 타기 시작했다는 생각이 들었다. 공민관이 역할을 발휘할 수 있는 하나의 사업으로서 지역민 및 지역과 함께 만들어가는 시민대학이 존재하는 것이라 생각한다.

아사노 에미코(浅野 惠美子)

제2장 **11** 현대의 학습 과제에 다가서다

지역에 뿌리내린
인자이(印西) 시민 아카데미

인자이(印西) 시민 아카데미의 시작

　인자이(印西)시는 북쪽으로는 도네강(利根川)에 인접해 있고 남쪽으로는 호쿠소대지(北総台地)에 인접한 역사 있는 지역이다. 1954년에 인자이정(印西町)이 생긴 이래, 전원 농촌지대로서 인구 18,000명 전후의 추이를 보이다가 1975년 후반 치바 뉴 타운 개발사업의 추진에 의해 인구가 급증하여 현재는 60,000명을 웃돌고 있다. 시에서는 신구 주민의 융합을 꾀하는 동시에 도시와 농촌이 조화를 이루는 마을 만들기를 진행하고 있다. 이러한 가운데 2004년에는 '평생학습

추진 기본계획'을 책정하여 '언제 어디서나 누구든지' 배울 수 있도록 출장강좌를 실시하거나 학습서클 등의 육성에도 힘을 쏟고 있다. 또한 시민 아카데미를 평생학습의 중심으로 하여 내실화와 발전을 위해 노력하고 있다.

  1979년에는 중앙 공민관이 개관했다. 2년 후, 그때까지의 강좌내용 등을 검토하여 사업의 질적인 향상을 위해 60세 이상을 대상으로 한 장수 대학을 설립하여 17년 동안 300여명이 학습의 기회를 얻었다. 그 후 더 많은 사람에게 학습의 기회를 제공하기 위해 1998년에 시민 아카데미로 변경하였다. 20세 이상의 성인을 대상으로 한 시민 아카데미는 처음에는 4년제로 편성하였다가 2000년에 3년제로 개편했다. 2004년에는 단카이세대가 제2의 인생을 충실히 보내기를 바라는 마음에서 학습 기회의 확대 및 학습 내용의 개혁을 도모하여 2년제로 개편하였다. 그 외의 시 교육시설로는 공민관과 도서관이 각각 4곳, 사립대학 2개교, 현립(県立) 고등학교 1개교, 초등학교 13개교, 중학교 6개교가 있다.

인자이(印西) 시민 아카데미의 개요

  인자이(印西) 시민 아카데미는 시민의 평생 학습을 지원을 통해 서로 배우며 동료를 만들어 가고 학습 성과를 살려 마을 만들기를 위해 노력하는 것에 보람을 느끼는 인재를 육성하는 것을 목표로 삼고 있다.

① 시민 아카데미의 편성

시민 아카데미는 인자이(印西)시 중앙공민관의 주체사업이다. 원칙적으로 인자이시에 거주하는 20세 이상이 입학할 수 있다. 매년 4월초에 모집하며 정원은 30명이다. 두 개의 학년으로 편성되어있다. 1학년은 연간 50학점의 일반코스를 이수한 뒤 학습내용에 대한 이해와 감상 등을 리포트로 제출한다. 1학점 당 수업시간은 2시간이다. 전체의 70% 이상 출석하면 수료증을 수여하고 2학년에 진급한다. 2학년은 전문코스로 원칙적으로 연간 18학점을 자율적으로 학습한다. 그리고 학습 성과로서 졸업논문을 작성한다. 졸업의 증거로 졸업증서를 수여한다.

② 많은 시민에게 아카데미를

평생학습과의 담당자와 각 공민관 대표, 사회교육 지도원이 1년에 3회, 시민 아카데미 검토회를 개최하고 있다. 아카데미의 목표를 중심으로 주민의 요구 등에 대한 의논을 통하여 보다 내실 있는 아카데미로 만들기 위해 노력한다. 그러한 노력의 일환으로 주민들에게 아카데미를 더욱 알리기 위해 중앙 공민관 이외의 공민관에서도 강좌를 하거나 각 공민관이 돌아가며 '아카데미 소식'을 발행하고 있다. 졸업생인 S씨는 '이렇게 멋진 아카데미를 더욱 많은 사람들에게 알리고 싶다'며 공민관에서 만든 모집 포스터를 은행과 상점 등

30군데에 자율적으로 배포해 주셨다.

헤이세이(平成) 19(2006)년도
인자이(印西) 시민 아카데미 소식지

2006년 10월

~매년 4월, 여러분들의 입학을 기다리고 있습니다~

생애학습과 42-5111 · 중앙공민관 42-2911

10월 27일(토)에 실시하였습니다.

<9:00~16:00>
"근세문화를 접하다~옛 여행길 · 신사(3곳)
　참배"
강사 : '고향 안내인협회'
오오누키 히데오 씨(大貫秀雄) ·
다니오카 에리(谷岡惠理) ·
이시이 토시코(石井俊子)
'현지 자원봉사 가이드 여러분'

　공교롭게도 폭우속에서 에도(江戶)시대에 번창했던 신사(3곳)참배를 실시했습니다.
　기오로시차부네(目下茶船: 유람선명)가 아닌 버스로 가토리(香取)신궁, 카시마(鹿島)산궁, 이키스(息栖)신궁을 둘러보았습니다. 버스 안에서는 많은 자료를 준비하여, 기노시타(木下)해안의 역사와 당시의 여행 풍경, 기노시타(木下)의 선창에 대한 유래 등에 대해서 강사가 유머를 섞어 자세하게 설명해 주셨습니다.
　또한 장엄한 생활모습을 보이는 신사(3곳)에서는 자원봉사 가이드들이 그 유래를 비롯하여, 건물과 보물관의 진열품에 대해 상세하게 설명해 주셨습니다.
　정적한 경내의 수목과 건물은 우리들에게 큰 감동을 주었습니다.

【보물관에서… 】

【카시마(鹿島)신궁에서… 】

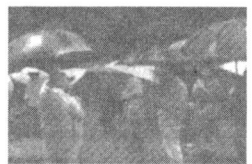

【가토리(香取)신궁에서… 】

☆다음 예정☆　**11월 10일(토)**
<10:00~12:00>　인자이(印西) 시립 고바야시(小林) 공민관
"일본의 문화를 접하다~만담(落語)"
　~강사: 야나기야 산노스케(柳家三之助)씨~
<13:30~15:30>　인자이(印西)시립 고바야시(小林) 공민관
〈공개강좌〉
"암의 예방과 마음 케어"
강사: 전 도쿄대(東大)병원 구강외과과장
　　　오오고시 모토히로(大越基弘)씨

시민 아카데미의 실천

① 1학년의 학습내용과 전개

1학년 과정은 '웃는 얼굴 오리엔테이션'을 통해 그룹별 만남을 실시한 후 동료 만들기부터 시작된다. 그리고 최종적으로는 마지막 과목 '지역사회의 일원으로서'를 이수하게 된다. 1년간 '역사' '교육' '복지' 등 12개 분야를 개설하여 각각 학습내용을 선정하고 있다. 특히 아카데미생이 졸업한 후 시민으로서 자율적인 활동을 추진하기 위해 필요한 기초적인 교양과목을 연간 50시간 동안 실시하도록 설정했다.

이 커리큘럼은 시의 급격한 도시화로 인해 지역사회가 변모하고 저출산·고령화 사회가 도래하는 것에 대한 대응책 및 시의 모든 시책에 대해 어떻게 이해할 지 등을 고려하여 구성하였다. 구체적으로는 인자이(印西)시의 역사를 배우고 지역의 환경이나 복지 등에 대해 관심을 가지고 실천 의욕을 북돋운다. 특히 지역민들이 어린이들과 어떻게 교류해 나갈 것인지에 대해서도 고심하고 있다. 그리고 각 분야의 학습에는 가능한 한 견학이나 체험을 많이 도입하여 학습자가 의욕적으로 배울 수 있도록 하고 있다. 한편 강사는 시청 직원이나 아카데미 졸업생, 지역에서 활약하고 있는 사람들을 중심으로 선정하고 있다.

《1학년 학습전개의 사례》(2006년도)

[수면에서 역사를 배운다] 롯켄(六軒)과 데가(手賀)늪

인자이시의 중심 시가지인 롯켄은 도네(利根)강과 데가늪, 그리고 벤텐(弁天)강과 롯켄강 사이에 위치하여 사방이 제방으로 둘러싸인 지역이다. 이 지역은 발달된 물길을 이용하여 에도(江戶)시대 중기부터 상업이 번창하여 메이지(明治)시대 이후에는 경공업도 번성하게 된 지역이다. 이러한 옛 모습이 남아있는 롯켄(六軒)의 거리를 배를 타고 시찰하며 변화했던 당시의 모습을 생각하고 학습하였다.

그리고 배로 데가(手賀)늪까지 이동하여 에도시대부터 현재에 이르기까지 300여년에 달하는 간척의 역사, 아울러 늪의 수질오염과 정화를 위한 노력 등 환경문제에 대해 학습하였다. 또한 이 지역의 선인들이 에도시대부터 빈번히 일어나는 수재에 대해 어떻게 맞서 왔는지 수해의 역사에 대해서도 학습하였다. 이렇게 '물 때문에 웃고 물 때문에 울었던 지역의 역사'에 대해 현장에서 느끼고 배울 수 있는 기회였다.

1학년의 프로그램

No	일시	내용	강사 등
1	4월 22일 (토) 9:30~15:30	• 입학식 • 웃는 얼굴 오리엔테이션 • 배우고 키우는 꿈, 미래 '평생학습'이란 무엇인가	다카하나(高花)초등학교 교감 야마모토 마사히로(山本昌弘) 건강관리과장, 후지시로 타케오(藤代武雄)
2	5월 6일 (토) 10:00~15:30	• 선배에게 배우다 ~아카데미 졸업생 연구 발표회 • 역사를 배운다! 드라마틱 인자이(印西)①	아카데미 제 6기생 비서홍보과 주사보 이이지마 신이치(飯島伸一)
3	5월 13일 (토) 10:00~15:30	• IT, 컴퓨터가 뭐지? 기본 조작 • 향토명물 '센베'의 역사와 체험	인자이 IT 자원봉사 서클 이와사키센베점(岩崎煎餅店), 가와무라센베점(川村煎餅店)
4	5월 27일 (토) 10:00~15:30	• 수면에서 인자이를 배우다 • 인터넷 입문 ~정보사용법~	사회교육 지도원, 야도시로 타카오키(宿城高興) 인자이 IT 자원봉사 서클
5	6월 15일 (목) 10:00~15:30	• 40만권의 정보를 마음대로 다루자 ~도서관 활용 및 도서관 직원체험~	주임사서 데라시마 마키코(寺嶋眞紀子) 오오모리(大森)도서관 및 오구라다이(小倉台)도서관 직원
6	6월 24일 (목) 10:00~15:30	• 공생을 위한 주방사용법을 배우다 ~환경 조리 실습~ • 기술혁신의 이면을 배우다	도쿄(東京)가스학교교육지원담당자 도쿄(東京)전기대학연구원
7	7월 1일 (토) 10:00~15:30	• 컴퓨터로 글을 써 보자 • 여름철의 건강법 (경혈 체조)	인자이(印西) IT 자원봉사 서클 고우고침구원(向後鍼灸院) 고우고 스스무(向後 進)

8	7월 22일 (토) 13:30~ 15:30	• 의회의 구조에 대해 배우다	의회 사무국 주사보 이토 타케유키(伊藤武行)
9	7월 29일 (토) 10:00~ 15:30	• 컴퓨터 학습의 정리	인자이 IT 자원봉사 서클
		• 환경 문제와 식량	치바(千葉)현 환경 조언자 호리에 요시카즈(堀江義一)
10	8월 26일 (토) 10:00~ 15:30	• 모두가 행복하게 살기 위해서… '인권계발 센터 견학, 인권에 대한 강의'	시스이정(酒々井町) 인권계발 센터 소원 카마타 유키히라(鎌田行平)
11	9월 9일 (토) 10:00~ 15:30	• 모두가 행복하게 살기 위해서… '남녀 공동 참획 사회를 배우다'	가와무라(川村)학원여자대학 조교수 우치미자키 히로코(内海崎寛子)
		• 역사를 배운다! 드라마틱 인자이②	평생학습 스포츠와 문화반 주사보 스즈키 케이이치(鈴木圭一)
12	9월 16일 (토) 10:00~ 15:30	• 재해에 맞설 힘을 기른다 ~서부방재센터 견학~	서부 방재 센터 직원
		• 시청의 구조와 역할을 배우다	총무과 주간 이토 타카시(伊藤隆)
13	9월 30일 (토) 9:00~15:30	• 차세대로 이어지는 환경 조성을 배우다	생활환경과 부주간 이토 카즈요시(伊藤和良)
		• 인자이(印西)의 동산 순례	다키노(瀧野)중학교 교감 가와베 히사오(河邊久男)
14	10월 14일 (토) 10:00~ 15:30	• 일본 문화를 접하다~만담~	일본 전통예능을 지키는 모임
		• 암 예방과 정신 치료	전 도쿄(東京)대학병원 분원 구강외과과장 의학박사 오오코시 모토히로(大越基弘)
	10월 28일 (토)	• 근세문화를 접하다	인자이 향토 안내인 협회

제2장 현대의 학습 과제에 다가서다 209

15	10:00~ 15:30	~옛 여행길, 세 신사 참배~	오오누키 히데오(大貫秀雄), 시로이와 치에코(白岩千惠子)
16	11월 11일 (토) 10:00~ 15:30	• 역사를 배운다! 드라마틱 인자이③	정보추진과 주사보,코이케 야스히사(小池康久)
		• 가까운 주민세 이야기	시민세과 부주간, 이시카와 히사히로(石川久弘)
17	11월 25일 (토) 10:00~ 15:30	• 건강 다지기 ~식(食)~	한방기공연구가, 바바 아키시로(馬場明四郎)
		• 건강을 손에 넣자 ~뉴 스포츠 체험~	스포츠 진흥실 주임 주사 오오우라 타카미츠(大浦貴光), 카네코 히로미(金子宏美)
18	12월 7일 (수) 10:00~ 15:30	• 세대 간 교류 학습 '초등학생연구발표'	기오로시(木下) 초등학교 6학년
		• 현명한 소비생활을 배우다	소비생활 상담원 효도 마사코(兵頭雅子)
19	12월 16일 (토) 10:00~ 15:30	• 복지 제도를 배우다	사회복지과 과장, 와타나베 츠토무(渡辺勉)
		• 복지체험	자원봉사 센터 직원
20	1월 13일 (토) 10:00~ 15:30	• 도예 체험①	도예연구가 하야마 마사미(葉山雅美)
		• 국제화 시대를 사는 법을 배우다	도쿄(東京)국제대학교수 이와사키 아키오(岩崎曉男)
21	1월 27일 (토) 10:00~ 15:30	• 생활을 지탱하는 연금제도를 배우다	사회보험 노무사, 하야시자키 미치코(林崎美智子)
		• 백조의 고향에서 지역 활동을 배우다	모토노(本埜) 백조를 지키는 모임 이데야마 테루오(出山輝夫)
22	2월 3일 (토) 10:00~ 15:30	• 지역의 힘으로 육아를 하려면	치바(千葉)현 대학교수 나가사와 세이지(長澤成次)
		• 도예 체험②	도예연구가 하야마 마사미(葉山雅美)
23	2월 20일 (토) 10:00~ 15:30	• 세대 간 교류학습을 위해서	아카데미 사무국
		• 세대 간 교류학습 '아카데미생 발표'	기오로시(木下) 초등학교 3학년

24	3월 10일 (토) 10:00~ 15:30	• 역사를 배운다! 드라마틱 인자이(印西)④	감사위원사무국장, 사토 스미오(佐藤純夫)
		• 재해에 맞서는 힘을 기르다	치바 현 재해대책 코디네이터 히라타 타케시(平田毅)
25	3월 17일 (토) 10:00~ 15:30	• 건강을 손에 넣자 ~정신 건강~	교육 카운슬러 이시즈 스미에(石津純惠)
		• 지역사회의 일원으로서	후사(布佐)지구 자치회 연합회 시라키 히데미츠(白木東滿)
		• 수료식	아카데미 사무국

이번에는 배를 이용한 여행이었습니다. 선생님의 말씀을 들으며 벤텐(弁天)강, 데가(手賀)늪, 롯켄(六軒)강과 물새들이 노니는 수면을 천천히 돌았습니다. 도네가와(利根川) 동천(東遷)사업의 성공과 함께 데가늪의 간척, 수로와 제방공사가 반복된 결과 수로가 열려 롯켄이 상업도시로 발달한 반면, 수해 때문에 계속 골머리를 앓으며 그에 맞서 온 것을 알게 되었습니다. 벤텐강이나 롯켄강을 따라 영화관, 은행, 방적공장, 염색공장, 담배제조, 양조장, 빙고, 회조점(回漕店), 포목점 등 여러 건물이 있었다는 설명을 듣고 북적대는 롯켄의 거리를 상상했습니다. 수운은 풍요로운 경제와 문화를 발전시켜 왔습니다. 그러나 한편으로는 데가 배수장이 생기기까지 물과의 오랜 싸움이 있었다는 사실을 잊어서는 안 될 것입니다. 수많은 자연재해와 싸워온 선인들의 노고 덕분에 이렇게 풍요로운 자연의 혜택을 누릴 수 있게 된 것은 훌륭한 일이라고 생각합니다. 선박 위에서 지역을 생각하는 매우 의미 있는 체험이었습니다.

(K・M)

〔아이들이 선생님으로〕 **세대간 교류학습**

　인자이(印西) 시립 기오로시(木下)초등학교는 매년 인자이의 대표적인 문화유산인 '기오로시가시(木下河岸)'에 대해서 연구하고 있다. 아카데미생에게 있어서 기오로시가시에 대한 학습과 더불어 초등학생들과의 교류가 큰 의미가 있을 것이라고 생각했다. 그래서 초등학생이 선생님의 역할을 맡아 아카데미생을 가르치는 시간을 마련했다.

　아이들은 사회과목 및 종합학습으로 현지나 박물관에서의 현장학습, 또는 기오로시가시에 대해 잘 아는 사람에게 이야기를 듣거나 도서관의 책을 보고 조사하는 등의 사전학습을 통해 '에도(江戶)의 번영과 기오로시가시의 발전'에 대해 자세히 정리해 왔다.

　발표 당일에는 연표나 그림, 지도, 간단한 소도구 등을 이용하여 번영한 기오로시가시의 분위기를 교실 가득 표현했다. 총 여덟 그룹별로 연구발표를 하였는데 '도네강(利根川) 수운과 기오로시가시' '에도시대의 산업' '에도시대의 교통' '에도시대 사람들의 생활' '기오로시가시과 기오로시차선(木下茶船)' '요시오카(吉岡) 도매상(問屋)의 번창' '나마(鮮魚)길과 기오로시가시' '마쓰야(松屋)와 기오로시가시' 등 다양한 내용이었다.

　발표 방법 역시 다양한 아이디어를 발휘하여 종이에 간단히 정리한 후 몸짓을 섞어 발표하거나 짧은 연극형식으로 발표하기도 하였다.

> 기오로시(木下)초등학교 6학년의 연구발표를 보았다. 에도(江戶)가 번영함에 따라 물자의 운송이 활발해져 싼 가격에 대량으로 나를 수 있는 수운이 발달했다. 기오로시가시(木下河岸)도 도네가와(利根川) 수운의 중계지로 번창했다. 또한 사람들의 생활이 풍요로워져 유람을 다닐 정도로 여유가 생기자 가토리신궁(香取神宮)과 가시마신궁(鹿島神宮), 이키스신사(息栖神社)의 3군데가 신사참배의 착발지로 번성했다. 배를 이용하는 사람들이 휴식처로 이용하던 요시오카(吉岡)의 도매상(問屋)도 번창했다. 이러한 내용의 발표였는데 각각 특색이 있는 발표였다. …발표가 끝날 무렵에는 시간 여행을 떠나 마치 당시의 기오로시가시에 있는 듯한 기분마저 들었다. 이 연구를 통해 아이들은… 향토에 대한 자부심과 애정을 가지게 되었다고 생각한다.
>
> (S·T)

② 2학년의 학습내용과 전개

2학년은 자율적인 연구를 심화시켜 연구논문을 작성한다. 논문의 주제로는 1학년 때 학습한 기초과목 12분야 중 각자 더 깊이 배우고 싶은 내용을 선정한다. 사전 설문조사를 통해 각자 어떠한 이유로 어떠한 내용을 연구하고 싶은지에 대해 발표한다. 그리고 유사한 내용별로 그룹을 나누는데 원칙적으로 한 그룹 당 4, 5명의 인원을 배정한다. 그 다음은 그룹별로 토론을 거듭하여 연구주제를 설정한다. 그리고 모두의 앞에서 각각의 연구주제와 방법을 발표하고 다른 그룹의 의견이나 조언을 듣는다. 이러한 과정을 거쳐 정식으로 주제를 결정한다. 다음으로는 연구방법 및 세부 규칙 등을 들은 후 그룹별

제2장 현대의 학습 과제에 다가서다 213

자율학습을 시작한다. 사무국은 각 그룹의 요청에 따라 강사의 소개 및 연구방법의 설정 등을 돕는다. 그 후 중간발표및 인쇄·제본을 거쳐 1학년을 대상으로 연구발표회를 개최한다. 작성한 논문은 각 공민관이나 관공서 등에서 열람할 수 있도록 배치하거나 1학년 대상의 강좌 '선배들에게 배운다'에서 발표한다. 현재 모두 13권이 완성되어 연구 분야는 역사 12, 환경 3, 복지 3, 교육 1, 시민활동 4, 건강 4, 문화 2, IT 1 등이다. 모든 논문은 현지답사나 체험을 토대로 한 독자적인 작품이다. 이러한 자율학습을 통해 아카데미생의 각 분야에 대한 역량을 높이는 것은 물론 시민으로서의 의식고양과 동료 만들기로 연결된다.

기오로시 소연구 발표 (촌극에 의한 발표)

〈졸업 논문 작성 사례〉

ⓐ '인자이(印西) 지방의 까마귀 부대' – 주부들의 졸업논문에 도전

60대 주부 4명은 1학년 때 이 지역의 많은 농촌의 부인들이 도쿄(東京)로 행상을 다니며 생계를 꾸려 지역의 경제를 윤택하게 했다는 것을 배웠다. 그래서 같은 여성으로서 그녀들의 삶을 재조명하기 위해 인자이 지방의 도쿄행상(까마귀 부대라고 불린다)에 대해서 연구했다. 행상 조합 관계자 및 은퇴한 행상인들을 대상으로 탐문조사를 하거나 오전 3시부터 고바야시(小林)역 및 기오로시(木下)역의 아침 풍경과 아침시장의 실태조사를 실시했다. 그리고 도쿄까지 행상에 나서는 부인들과 동행하며 차 안이나 현지에서의 활동모습을 취재했다. 또한 행상의 역사와 변천에 대해 알기 위해 국회도서관이나 현(県)내의 도서관, 인자이 자료관 등을 직접 방문하여 당시의 신문이나 여러 가지 문헌을 조사하기도 했다.

고바야시역의 까마귀 부대 (1950년대)

관동(関東)대지진 때부터 시작된 행상은 전쟁 전후 도쿄(東京)사람들의 식생활을 크게 윤택하게 만들었고 행상인들은 단골들과의 거래를 통해 마음의 교류도 돈독히 하였다. 또한 이 지역은 농촌의 낡은 관습에 구애받지 않고 도회지의 진보적인 영향도 받았다. 그러나 전성기(1955년)에는 나리타선(成田線) 선로 주변지역에 5,300명 정도가 존재하던 행상인은 고령화와 유통구조의 변화 등에 의해 서서히 줄어들어 예전과 같은 모습은 사라지게 되었다.

그러나 이 연구는 이러한 행상인들이 지역에서 크게 활약했다는 사실을 역사의 한 조각으로 남긴 귀중한 연구라 할 수 있다. 또한 이 논문은 중학생을 대상으로 발표되었는데 연구내용은 물론 그녀들의 진지한 연구태도가 중학생들에게 깊은 감명을 주었다.

ⓑ '향토요리와 식문화' - K씨의 추억

K씨는 1학년 3학기 도중에 큰 병에 걸렸지만 2학년에 진급하여 '향토요리와 식문화' 그룹에서 연구를 시작했다. 원래부터 역사에 조예가 깊은 K씨를 중심으로 멤버 4명은 자신들이 어린 시절에 먹었던 먹을거리를 기억해 내거나 한 세대 위인 고령자를 대상으로 탐문조사를 실시하였다. 문헌이나 자료가 거의 없어 직접 발로 뛰어야 하는 연구였다. 또한 식생활의 급격한 변화로 사라져 가고 있는 이 지역의 식문화에 대한 기록을 남기려는 연구이기도 하였다. '모내기는 해도 벼가 없다'는 말을 할 정도로 번번이 침수피해를 입던 시절의 식생활, 1945년부터 1955년대에 이르는 식량난 시절의 식생

활 등, 역사와의 관련성을 찾는 연구 외에도 지역에서 나는 풀을 이용한 요리를 조사하거나 향토요리인 덩굴잎(청미래덩굴) 만쥬(饅頭) 만들기 실습도 했다.

이렇게 논문작성에 힘을 쏟던 중 K씨의 병은 더욱 악화되었다. 그러나 그는 발표 당일에도 출석하여 대표로서 발표했다. '…현재 많은 양의 식량이 버려지고 있습니다. "정말 안타까운 일입니다" 인자이(印西)의 과거와 현재의 식생활을 비교하여 과거의 식생활 중 좋은 점은 배워서 현재에도 적용해야 한다고 생각한다. 또한 인자이의 식문화에 대해 아이들에게 전하고 싶다. 앞으로의 식문화를 생각하는 자료를 남기고 싶어 연구를 시작했다…'

그로부터 1개월 후, K씨는 저세상으로 떠났다. 그야말로 먹을 것이 넉넉한 이 시대에 식문화에 대해 다시 한 번 생각해보고자 하는 K씨와 그룹 멤버들의 바람이 절절히 전해지는 논문이다.

시민 아카데미의 성과와 과제

아카데미를 졸업한 사람들은 각자의 평생학습을 통해 시민이나 시의 발전을 위해 활동을 계속하고 있다. 그 활동내용을 열거해 보면 향토 안내인, 가벼운 스포츠 보급, 경로클럽 컴퓨터 교실, 작성한 건강맵의 활용과 건강다지기, 사회복지회나 문화클럽의 설립 등이 있다. 또한 자치회에서의 활약이나 초·중학교 및 공민관 행사 등의 지원, 지속적인 연구 등도 이루어지고 있다. 이렇게 아카데미 설립의 기본 목적은 달성되었다.

그러나 아카데미의 활동을 더 많은 시민에게 홍보하고 아카데미의 목적을 유지하면서도 주민에게 밀접한 커리큘럼으로 개선하거나 학년을 편성하는 등 과제는 아직 산처럼 쌓여 있다. 앞으로도 이러한 과제를 해결해 나가면서 더욱 더 지역에 뿌리내릴 수 있는 시민아카데미를 목표로 하고 싶다.

야도시로 타카오키(宿城 高興)

어린이가 주인공인 기쿠타(菊田) 어린이 축제

　줄을 서서 겨우 손에 넣은 귀신의 집 입장권을 잃어버렸다며 울면서 사무실로 들어온 남자아이. 폭신폭신한 솜사탕이 날개 돋친 듯 팔리는 가운데, 솜사탕을 사려는 가족들의 줄은 공원까지 이어졌다. 가랑비가 내리는 데도 아랑곳하지 않고 철판 위를 미끄러지듯 주걱으로 섞고 있는 야키소바(볶음 우동)에서 맛있는 냄새가 난다. 이렇게 올해의 '기쿠타(菊田) 어린이 축제'는 6월 30일(토) 오후 4시에 전야제를 맞이했다. 오프닝은 지역 중학교 취주악부의 연주. 축제 최대 인기 코너인 귀신의 집과 마술쇼. 울창한 나무들 사이에 등을 환하게 밝힌 공원에서는 가재 낚시와 팝콘 판매가 한창이다. 다음 날 7월 1일(일)은 축제 당일이다. 전야제에서 선보인 코너 이외에도 소품만들기와 괴담, 퀴즈랠리 등 관내와 공원 가득히 다채로운 행사로 채워졌다.

　보통 공민관에서의 어린이들의 활동이라고 하면 근처 초등학생들이 유행하는 놀이를 어른들의 눈을 피해 몰래 하는 정도다. 지역도 공민관 이용자도 이미 성숙기가 지나 많은 수의 어린이를 보는 일이 드물지만 이 이틀간은 '아이들이 이렇게나 많았던가' 싶을 정도로 어린이로 가득해진다. 이틀 간 약 3,000명이 참가했다. 지역 초등학교의 학부모회, 어린이회, 각종단체, 서클 등 20개가 넘는 단체가 4월부터 준비를 시작했다. 지역 당국에는 교통규제를 중심으로 협력을 의뢰하고 담당자들은 물품 구입 등에 세심하게 신경을 쓰며 당일을 맞이했지만, 아이들은 그런 것과는 상관없이 이 날만큼은 주인공이 되어 자유롭게 뛰어 논다.

　국제아동의 해인 1979년, 단체 간의 연계 및 지역과 어린이 간의 교류를 위해 시작된 이 행사는 올해 29번째를 맞이했다. 어른들의 의도야 어떻든간에 어린이들에게는 여름의 시작을 알리는 즐거운 행사인 것만은 틀림없다.

　기쿠타공민관은 1971년 나라시노(習志野)에 최초로 완성된 공민관이다(현재는 7관). 사회교육(공민관)이 활발하던 때나 지금처럼 앞이 보이지 않는 때나, 나라시노 사회교육(공민관)의 성쇠에 관계없이 끊이지 않고 회를 거듭해 온 이 행사가 과연 앞으로는 어떻게 될 것인지. 변하지 않는 것은 기쿠타 공원에 있는 이 지역의 상징인 은행나무에 앞으로도 은행이 주렁주렁 열릴 것이라는 사실 뿐일지도 모른다.

사사키 토모요(佐々木 とも代)

제2장 현대의 학습 과제에 다가서다 219

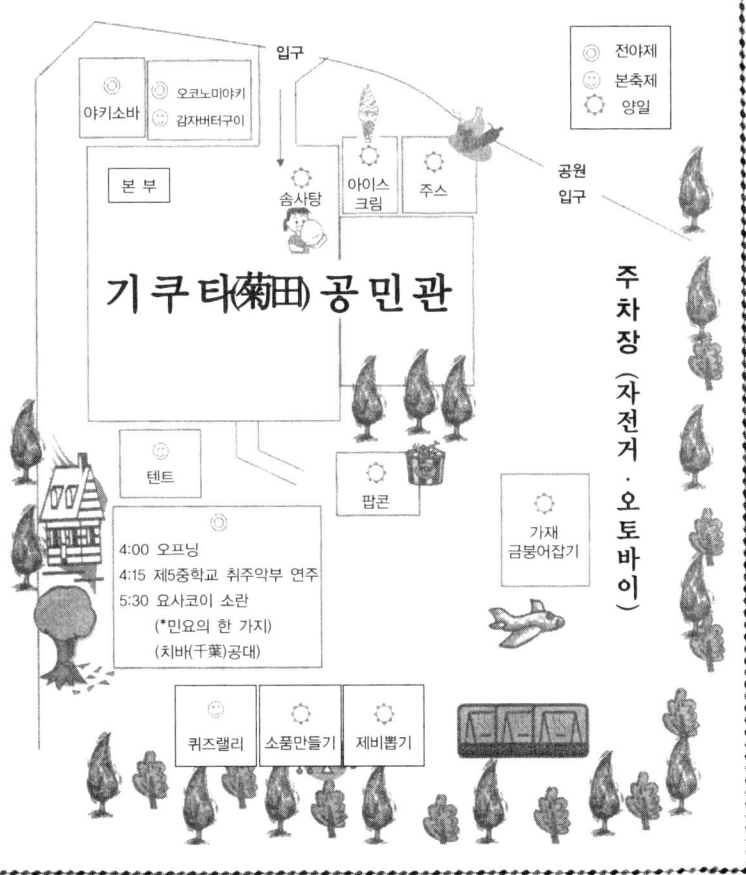

지자체를 뛰어넘은 직원들의 관계

공민관에서 일을 시작한지 5년이 되었습니다. 그 전까지는 혼자서 애쓰고 있다고 느꼈지만 지금은 '다른 분들게 많은 도움을 받으며 일하고 있다'는 것을 깨닫고 '사람들과의 만남에 감사'하게 되었습니다.

어떤 사업이든 상호 의견교환과 소통이 있고, 그렇기 때문에 더욱 즐겁기도 하고 잘 해보자며 서로 돕게 되는 것이 아닐까요. 새삼 그런 것을 배우게 되었습니다.

치바(千葉)현 공민관 연락협의회 분들은 너그럽게 제 이야기를 들어 주시며 '그것 참 괜찮은데. 자신을 가져'라는 격려의 말을 해 주셨습니다. 지자체를 뛰어 넘은 '공민관 직원'과의 수평적인 유대를 신기하고 멋진 관계라고 생각하는 동시에, 든든하다는 생각이 들었습니다.

어떤 강좌에서는 참가자 모두가 역량을 발휘하여 기대 이상의 성과를 내는 경우도 있었습니다. 나 혼자서만 힘쓰면 그대로 '1'이지만, '1+1'은 3도 4도 될 수 있다는 것을 실감했습니다.

'도모(朋)야 고마워! 정말 재미있었어. 꼭 또 올게'라고 말해준 초등학생. 이런 참가자들의 목소리를 내일을 위한 밑거름으로 삼아 앞으로도 열심히 해 나가고 싶습니다.

시기하라 토모코(嶋原 朋子)

제3장
공민관의 임파워먼트

3장 **1** 공민관의 임파워먼트

공민관에 있어 교육위원회란

　'교육위원회'와 '사회교육과(또는 평생학습과)', 그리고 '공민관'은 각각 다른 기관이다. 그러나 이 사실을 당연하게 생각하는 사람은 그리 많지 않을 것이다.

　필자는 공민관 직원으로 근무하던 10여 년 동안 치바(千葉)현 공민관 연락협의회에서 공민관 직원을 대상으로 하는 연수기획운영에 종사하였다. 그것을 계기로 현 내외의 공민관 직원들과 폭넓은 교류를 가질 수 있었는데 그러던 중 실제로 많은 직원들이 여러 가지 의문과 불안을 안은 채 일하고 있다는 사실을 알 게 되었다. '사회교육과 평생학습은 어떻게 다른가?' '공민관은 무엇을 하는 곳인가?'

등의 여러 가지 의문과 함께 '공민관과 교육위원회는 어떻게 다른가?' 라는 의문을 가지고 있는 직원도 적지 않았다.

하지만 각자 업무가 너무 바쁜 관계로 그러한 의문에 대해 곰곰이 생각할 여유가 없다는 점에 대해 모두가 분노나 조바심을 품고 있다는 사실에 통감했다. 광범위한 사회교육 업무를 극히 적은 수의 인원이 처리하고 하는 현 상황에서 많은 직원들은 고민을 상담할 상대나 함께 생각할 동료도 없이 홀로 고군분투하고 있었다.

이러한 상황은 전적으로 사회교육제도의 정비가 늦어졌기 때문에 일어난 것이다. 이러한 상황이 사회교육의 경계를 불분명하게 만들어 직원, 나아가서는 주민에게도 큰 혼란을 초래하고 있다.

'교육위원회와 공민관'의 관계는 무엇인가. 관료제적인 관계에 대해 언급하려는 것이 아니라 각각의 기능과 역할의 본질을 생각하며 앞으로의 공민관, 그리고 사회교육을 충실히 할 수 있는 방안을 도출하기 위하여 다시 한 번 이 과제를 확인해 보고자 한다.

교육위원회와 공민관의 차이

'교육위원회'라는 것은 '지방교육행정의 조직 및 운영에 관한 법률'(이하 지교행법[地敎行法])에 의해 정해져 있는 교육행정기관이다. 통상 5명(6명 또는 3명이라는 규정도 있다. 세부사항은 동법[同法] 제3조를 참조)의 위원으로 구성되어 있는 합의제(合議制) 행정기관이며 교육위원회의 합의에 입각한 교육행정업무를 실시하는 곳을 '교육위원회사무국'이라 한다.

교육위원회사무국에서는 '학교교육과' '사회교육과(평생학습과)' '체육과'와 같은 부서가 각 분야의 업무를 분담하고 있다. 일반적으로 '교육위원회'라고 불리는 기관은 '교육위원회'와 '교육위원회사무국' 두 곳을 합친 것이라 말할 수 있다.

한편 공민관은 지교행법 30조를 통해 학교, 도서관, 박물관에 상당하는 교육기관으로 규정되어 있다. 교육기관이라는 것은 독립된 기관으로서 주민에 대한 직접적인 교육 사업을 행하는 곳이다.

그렇다면 교육행정과 교육기관의 구체적인 차이는 무엇인가. 교육위원회의 기본적인 업무 중 하나는 교육기관에 대한 '조건정비'다. 2006년의 교육기본법 '개정' 전까지는 제10조 제2항에 의해 '교육행정은 자각(自覺)을 바탕으로 교육의 목적을 수행하는 데 필요한 모든 조건의 정비확립을 목표로 행해져야 한다'고 명기되어 있었다.

또한 지교행법 제23조 제1호에는 교육위원회의 업무를 '학교 또는 그 외의 교육기관의 설치, 관리 및 폐지에 관한 일'로 규정하고 있다.

덧붙여 사회교육법 제5조에서는 교육위원회의 사무로서 공민관 등의 사회교육기관의 설치, 관리 등의 조건정비를 규정하고 있다.

2006년의 '개정'에 의해 교육기본법 상에 조건정비 및 확립이라는 단어는 없어졌지만 본래부터 공민관과 교육위원회는 각각 '교육기관'과 '교육행정'이라는 입장을 취하고 있어 기본적으로 전자가 교육

사업을 행하는 곳임에 비해 후자는 교육기관이 사업을 실행하는 데 필요한 조건정비를 행하는 곳이라 생각할 수 있다.

이는 학교교육을 생각해 보면 쉽게 이해할 수 있다. 실제로 학생들에게 수업을 실시하는 것이 교육기관인 '학교'이다. 그에 비해 학교교육과 등에서는 학교가 수업에 전념할 수 있도록 시설보수나 수업 외의 사무 등을 담당하고 있다.

그러나 여기서 말하는 조건정비라는 것은 단순히 시설·비품 등을 정비하는 일뿐만이 아니다. '교육은 사람 나름'이라는 말이 있듯 직원(교원)은 교육기관이 교육기관으로 존재할 수 있도록 하는 중요한 위치에 있다. 즉 직원의 인사부문은 조건정비의 최고 사항에 해당되는 것이다. 시설을 실제로 운영하는 직원의 배치 및 직원의 질적 향상을 도모하는 연수 등 인사부문을 포함하는 개념으로써의 조건정비가 교육행정의 주된 업무라 할 수 있다.

공민관은 지역의 교육기관으로서 교육 사업을 실시하고 교육기관으로서 공민관이 충분히 능력을 발휘할 수 있도록 하는 조건정비를 교육위원회에서 실행하는 것이다.

이러한 점에서 치바(千葉)현에는 공민관의 활약과 이를 뒷받침하는 교육위원회의 관계에 대해 전국적으로 높은 평가를 받고 있는 곳이 적지 않다.

예를 들면 치바시, 우라야스(浦安)시, 기사라즈(木更津)시 등 현 내 중간규모 이상인 시에서는 중학교 관할구에 하나 정도로 비교적 많은 수의 공민관이 배치되어 있고 최근에도 공민관의 신규설치가 진행되고 있다.

또한 기사라즈(木更津)시, 기미쓰(君津)시, 노다(野田)시 등에서는 사회교육 전문 직원 채용제도를 실시하고 있다. 그 중에서도 특히 기미쓰시에서는 공민관 규칙에 사회교육주사 자격을 가진 사람을 '공민관 주사(主事)'로서 각 관에 배치할 것을 규정하고 있다. 이것은 공민관 직원의 역할이 법적으로 제도화되어 있지 않은 현재 상황에시 행징과 교육기관 양쪽에 사회교육에 능통한 직원을 정식으로 배치하여, 그들을 양대 축으로 사회교육의 본질에 충실하겠다는 매우 뛰어난 구상이다.

역할분담에 담긴 '자유로운 교육'을 위한 마음

그렇다면 어째서 이러한 역할분담이 이루어지고 있는 것일까. 이것은 단순히 업무 분담이 아니다. 과거에 대한 뼈에 사무치는 반성에서 태어난, 교육은 권력이나 압력에 굴하지 않고 민주적으로 행해져야 한다는 이념에 입각한 것이다.

'개정' 전의 교육기본법에서는 제10조를 통해 '교육은 부당한 지배에 굴복하는 일이 없이 국민전체에 대한 직접적인 책임을 바탕으로 이루어져야 한다'고 그 이념을 명확히 나타내고 있었다. 교육 사업은 독립권한을 가진 기관이 실시하고 행정은 그것을 유지하는 숨은 공로자 역할에 충실해야 한다. 수장부국(首長部局)에 대한 교육위원회의 독립이 지향되어 왔듯이 교육의 삼권분립이라 할 만한 구조를 목표로 하고 있다.

이 이념은 사회교육법에도 명기되어 있다. 사회교육법 제27조 제2항에서는 '관장은 공민관이 실시하는 각종 사업의 기획실시 및 기타 필요한 업무를 수행하고 소속직원을 감독한다'고 정하고 있다. 이 조문에는 '상사의 명을 따르라'는 구절은 없다. 관장, 그리고 공민관의 독립적 자리매김을 명확히 나타낸 것이다.

교육기본법 '개정'이 논의될 당시, '개정' 전의 제10조가 어떻게 변경될 지 우려의 목소리가 높았다. 그리고 그 우려대로 '개정'에 따라 국가가 지역 교육에 대해 크게 관여하게 되었다. 그러나 교육에 대한 정치적·행정적 개입을 피해 권력과 압박으로부터 사람들의 자유로운 교육활동을 보호하자는 이념은 앞으로도 소중하게 살려나가야 할 필요가 있을 것이다.

그러나 유감스럽게도 현실에서는 공민관과 교육위원회의 관계가 이념과 달리 확실히 나누어져 있지 않은 사례가 많다. 그 구체적인 예의 하나로 공민관의 '사업'을 들 수 있다.

공민관이 사업을 실시하고 사무국(사회교육과·평생학습과)이 조건을 정비하는 경우보다도 실제로는 공민관과 사무국이 동시에 사업을 실시하고 있는 경우가 많다. 물론 사무국이 사업을 실시하면 안 된다는 것은 아니지만 사업에 치중한 나머지 본래 업무인 조건정비를 등한시하는 경우가 적지 않다.

특히 2001년의 사회교육법 '개정'에 따라 가정교육 및 청소년을 대상으로 한 사회봉사활동·체험활동 사업이 사무국 관할로 편입되어 사무국의 '사업 중시' 현상에 박차를 가하고 있다.

또한 사무국은 공민관과 같은 지역과 관련된 지속적 교육사업보다는 행정적·정책적 색채가 짙은 대대적인 행사나 시정촌(市町村) 전역을 대상으로 하는 행사를 개최하는 일이 잦다. 당연히 정치적 영향력이 큰 행사를 중점적으로 실행하게 될 가능성이 높아진다.

이러한 상황이 진행되다 보면 큰 행사에는 예산이 배정되지만 지역에서 견실하게 전개되고 있는 공민관 사업 예산 등은 점점 줄어드는 주객전도가 일어날 수도 있다. 일부에서는 '사무국이 사업을 하고 있으니 공민관은 필요 없다'는 폭론까지 나오고 있다.

한편 현재의 사무국과 공민관의 '위치'도 이념에 충실하고 있다고는 말하기 어렵다. 단순히 장소로써의 위치를 의미하는 것이 아니다. 중요한 것은 공민관의 독립성이 유지되고 있는가! 하는 문제이다. 앞서 언급했듯이 공민관은 원래 독립된 교육기관이어야 하지만 교육행정의 하부, 또는 부속적인 위치에 있는 경우가 보인다. 같은 교육기관인 학교가 학교교육과의 하부조직이 되는 일은 없겠지만 공민관의 경우 실제로 일어나기도 하는 일이다.

물론 공민관과 교육위원회와의 관계는 각 지역 상황에 따라 서로 다르기 때문에 일률적으로 '문제가 있다'고 말할 수는 없다. 설령 제도적으로는 정비되어 있지 않다 하더라도 각 시정촌의 고안과 노력에 따라 그 지역의 실정에 맞는 사회교육이 견실히 진행되고 있다는 사실에는 변함이 없기 때문이다.

하지만 이러한 상황을 '각 지역의 개성'으로 결론짓고 끝낼 일은 아니다. 교육의 이념을 실현시키기 위해 각 지자체가 지향해야 할 것은 무엇인지 생각해보면 아직 정비되지 않은 부분을 방치해 두어 좋을 리가 없다.

또한 이 복잡한 상황 속에서 직원은 무엇을 기준으로 삼으면 좋을지 모른 채 곤혹스러워 하고 있는 것이다. 각지의 직원과 교류하는 가운데 여러 가지 사례를 접할 수 있었다. 예를 들면 공민관에 관장이 있는데도 불구하고 사업실시 지시안에 대해 행정부문의 과장, 심지어는 교육장이나 수장에게 상담해야 했던 경우, 그리고 그 결과 실행이 무산된 예도 있었다. 사람들의 자유로운 배움을 보장하기 위한 교육의 독립성이라는 이념의 반전현상이 현실로 나타나고 있는 것이다.

직원의 조건정비 역시 전혀 진전되지 않고 있어 전문 직원을 배치하기는커녕 '나 홀로 직원' '겸업직원'이라는 말까지 나오고 있다.

교육행정은 공민관이 이러한 상황에 빠지지 않고 사업을 제대로 진행할 수 있도록 환경을 정비할 책임이 있고 공민관 역시 스스로가 가진 역할의 본질을 찾아낸다면 복잡한 파도에 휩쓸리는 일 없이 그 독립성을 당당하게 발휘하면서 사업을 진행할 수 있을 것이다.

하지만 현실적으로는 양쪽 모두가 본질에서 벗어난 경우도 적지 않고 그러한 가운데 심각해 지고 있는 것이 공민관·교육위원회의 약체화로, 특히 그 선두에 있는 것이 바로 지역교육의 쇠퇴라 할 수 있다.

교육의 구조를 함께 만들어가는 움직임

공민관을 둘러 싼 현실은 여전히 혹독하다. 인원·예산절감과 함께 빈번히 이루어지는 인사이동 등은 공민관에 대한 '미정비' 정도가 아니라 '병량공세[1]'가 아닐까 생각될 정도다. 수장부국(首長部局)에 의해 인사권과 예산권이 삭감된 교육위원회 역시 같은 처지에 놓여 있다. 하지만 이러한 힘든 상황이 전부는 아니다. 주민과 직원이 함께 발전을 위해 노력하는 사례는 전국 각지에서 여전히 들려오고 있다.

이 책의 시리즈를 통해 소개되었듯이 치바(千葉)현 내에서도 주민과 함께 앞으로의 공민관의 자세에 대해 생각하는 기사라즈(木更津)시의 '공민관 모임'이나 주민이 공민관의 의의를 재인식하고 그 지속과 발전을 위한 활동을 계속하고 있는 '기미쓰(君津)시의 공민관을 생각하는 모임' 등이 활발한 활동을 계속하고 있다.

이들 활동은 단순히 공민관 자체의 발전을 위한 것은 아니다. 10년, 100년 후의 지역교육을 풍요롭게 만들고자 하는 깊은 관점에서 행해지고 있다. '미래를 위한 마을 만들기'라는 말이 단순한 슬로건이나 캐치프레이즈가 아니라 실제로 생활 속에서 일어나고 있고, 자세히 들여다보면 거기에는 누군가가 만들어 주기를 기다리는 것이 아니라 스스로 만들어 가는 사람들의 모습이 있다.

---

1) 식량 보급로를 끊어 적을 항복시키는 공격법

이제 우리 직원들도 깨달아야 한다. 치바(千葉)현이 비교적 사회교육의 정비가 앞서있다고는 하지만 그것은 어디까지나 상대적인 개념으로 실제로는 아직 충분하지 못하다. 우리들은 현실에 안주해서는 안 된다. 그러한 의미에서 자체적으로 각종 연수 및 연구 활동을 실시하고 있는 치바현 공민관 연락협의회의 노력이나, 각지의 행정 및 공민관에서 분투하고 있는 직원들의 노력에 대해 좀 더 주목할 필요가 있다.

앞으로도 각지에서 이런 활동이 이어지면 교육을 '나의 일'로 인식하는 사람들이 늘어날 것이다. 이러한 배움과 활동이 전개되는 거점으로서의 공민관과 사회교육, 그리고 그것을 유지하는 교육위원회의 역할이 매우 중요하다고 할 수 있다.

최근 '교육위원회 불요론'이나 '평가제일주의'의 흐름을 타고 행정평가의 일환으로서 공민관을 평가하는 경우가 있는 듯하다. 그러나 그 이전에 현재 상황을 직시하면서 교육위원회가 교육위원회로서, 공민관이 공민관으로서 기능을 충분히 발휘할 수 있는 환경이 제대로 조성되어 있는지, 그리고 그 무엇보다도 지자체가 정말 교육을 중시하고 있는지 지자체 스스로가 다시 한 번 생각해 볼 필요가 있을 것이다.

교육위원회와 공민관의 역할을 생각한다는 것은 지자체 스스로가 교육의 위치를 새로이 확립하는 것과 연관된다. 그리고 그 일이 지역의 미래를 만든다.

교육위원회, 공민관, 그리고 지역주민들 모두가 함께 미래를 위한 교육을 만든다는 것에 자긍심을 가지고 한 발 한 발 내딛어야 할 것이다.

후세 토시유키(布施 利之)

제3장 **2** 공민관의 임파워먼트

공민관 사업을
어떻게 편성할 것인가

공민관 사업은 무엇을 위해서

　남성요리강좌・지역전체 교육추진사업(치바[千葉]시), 현대를 생각하다・공민관에서 학교에 다니자(치바지역), 봉오도리(盆踊り)[1] 태고양성강좌・현대와 미래를 이야기하는 우물가회의(후나바시[船橋] 지역), 고향 지역사 강좌・여성세미나 중년코스(인바[印旛]지역), 프론티어 어드벤처(가토리[香取]지역), 소바(메밀국수)만들기 교실・케나프지(紙) 만들기 교실(산부[山武]지역), 자연과 인간을 생각하는 강좌・지역

---

[1] 7월 13일부터 16일에 걸쳐 정령을 위로하기 위해 음악에 맞춰 추는 윤무, 또는 그 행사

재발견 강좌(기미씨[君津]지역) ※( )는 치바(千葉)현내 지방 공민관 연락협의회명임.

이것은 치바현 내에 있는 공민관에서 실시하는 학급 및 강좌의 일부이다.('치바현 공민관사Ⅱ') 또한 공민관에서는 '모임·축제·페스티벌' 및 '콘서트·연극 공연·스포츠 이벤트' 등에도 힘을 쏟고 있다. 도시나 농·어촌지방이라는 지역 특성에 따라 건강·환경·교육·인권·복지 등 현대적인 과제에 관한 테마를 다루거나 독특한 명칭이 붙어있는 사업도 있다.

이들 사업은 '향토의 부흥' '민주주의의 함양' '풍요로운 교양·문화'를 목표로 출발한 전후(戰後) 공민관이 계속해서 쌓아 온 실적이기도 하다. 주민이, 직원이, 그리고 주민과 직원이 함께 지역 과제에 대해 생각하고 지역 환경을 개선하며 인간관계를 돈독히 하여 풍요로운 인생을 만들어가자는 생각에서 비롯된 것이다.

아이들은 자신의 고향을 알고, 청년들은 살아가는 방법을 묻고, 어른들은 삶의 보람을 느끼며, 고령자는 친구 만들기나 학습활동 확대의 기회를 얻기 위해 공민관 사업에 참여한다.

공민관의 사업은 마을 만들기 및 지역민주주의의 형성과 건전한 인격의 성립을 위한 중요한 노력이라 할 수 있다.

학습·강좌사업과 주민 참여

'기획준비회에 의한 지역교육 세미나의 노력'

이 강좌는 지역 또는 가정 및 교육과 관련된 과제에 대해 학습한 후 배운 내용을 각자의 생활 속에서 생각하고 실천해 보자는 마츠도(松戶)시의 소규모(30명 정도) 세미나이다.

'기획준비회' 방식으로 사전 홍보를 통해 5~10명의 준비위원을 모집한다. 누구라도 참가할 수 있도록 참가자의 자녀를 돌보아 주기도 한다. 육아 중인 어머니들은 생활에 대한 고충이 많아 학습 의욕도 높다. 학습과제에 대하여 5~10회에 걸쳐 토론하는 가운데 강좌의 틀이 정해진다. '기획준비회'의 토론은 주부들의 일상적인 수다처럼 자유롭게 자기 이야기를 하는 것에서 시작한다. 굳이 이야기를 결말지을 필요도 없다. 회를 거듭하면서 아내나 남편에 대한 불만부터 주변에서 일어나는 일, 학교문제, 행정에 대한 불만, 국가정치의 본연의 자세에 이르기까지 다양한 화제가 나온다. 연령이나 환경, 현재의 입장이나 활동 등에 따라서도 학습과제에 대한 의견 차이가 나타난다.

직원 역시 많이 이야기한다. 직원이 먼저 자신을 내보이지 않으면 참가자와의 신뢰관계는 형성되지 않는다. 다만 직원은 오가는 대화 속에서 중요한 과제나 테마가 될 듯한 화제는 기록해두고 후반에 세미나의 내용을 결정할 때 참고자료로 제시한다.

이렇게 모두가 학습내용을 선정하기 위한 논의를 거듭한다. 어째서 지금 이 과제가 중요한지, 학습에 있어 무엇을 목표로 할 것인지, 등 모두의 합의를 이끌어 내는 것은 어려운 작업이다. 내용이 정해지면 강사나 조언자를 선정한다. 각자 책이나 자료, 또는 경험을 토대로 후보자를 추천한다. 원칙적으로 후보를 추천한 사람이 섭외를 맡는다. 섭외를 위해서는 공부가 필요하다. 그 강사나 조언자와 관련하여 연구결과나 저서가 있는 경우에는 당연히 읽어야 한다. 후보와 관련하여 어떤 주제로 어떤 강의를 듣고 싶은지를 명확히 전달해야 하기 때문이다. 강사의 섭외 역시 참가자를 성장시킨다.

세미나의 강사는 과제 제시자로서 참가자들의 논의를 이끌어 내는 역할로 설정되어 있다. 강의가 끝난 후에는 되도록 참가자들끼리만 토론하도록 지도한다. 강사가 제시한 과제가 자신에게 어떤 의미로 다가왔는지에 대해 차분하게 이야기하는 것이다. 원탁 형식으로 누구든 쉽게 자신의 의견을 말할 수 있도록 배려한다. 세미나는 총 6~10회 정도로 구성된다.

세미나가 시작하면 '기획준비회'의 위원은 운영위원으로서 사회·기록·접수 등을 분담한다. 직원은 사회자와의 상의를 통해 진행에 대해 미리 이야기하고 운영위원과 함께 책상의 배치 및 각종 비품의 준비를 맡는다. 세미나가 끝나면 중점적으로 연구했던 과제나 앞으로의 발전 가능성 등에 대해 이야기한다.

'기획준비회'에는 참가 제한이 없다. 자발적으로 배우고 싶다고 생각하는 사람이 자발적으로 참가한다. 몇 년 간 계속해서 세미나에 참여하고 있는 사람도 있다. 예전 참가자로부터는 'PTA에서 활동하고 있습니다' '어린이문화와 관련된 NPO활동을 시작했습니다' '간호일을 시작했습니다' '자치회장을 맡고 있습니다' 등 변화의 목소리가 들려오고 있다.

'기획준비회'는 홍차나 커피를 마시면서, 때로는 누군가가 수제 케이크를 들고 오는 등 즐거운 분위기에서 진행되고 있다. 이 경험이 친구 만들기로 이어져 계속해서 함께 활동하거나 새로운 학습에 도전하는 그룹도 생겨나고 있다. 주민과 함께 학급이나 강좌를 만들고 주민이 변화하는 모습을 접하는 것은 직원의 큰 기쁨으로 다음 활동을 위한 활력소가 된다.

사업과 주민, 그리고 직원

'기획준비회'에 따른 학습은 주민과 직원이 의견을 주고받으며 서로의 생각이나 요구를 솔직하게 털어놓는 활동이라 할 수 있다. 어디까지나 학습의 주체는 주민이고 거기에 직원이 관여함으로써 직원 스스로의 역할에 대해 자각하고 많은 것을 배우는 과정을 통해 역량이 향상된다. 직원은 주민과의 관계 속에서 성장하는 것이다.

공민관 직원은 지역 주민들의 삶이나 마을 만들기를 위해 학습을 제공할 책임을 가진 공공의 일꾼이다. 지역의 문제가 무엇이며 그 문제 해결을 위해 어떻게 해야 할지 항상 관심을 가지고 주민과 함께 하는 학습을 통해 해결의 실마리를 탐구한다. 계속해서 살고 싶은 지역과 마을을 만들기 위해 노력하는 것이다.

물론 '기획준비회'를 거치지 않고 직원이 기획을 구상하는 경우도 있다. 이러한 경우에는 학습 내용에만 치중할 것이 아니라 강좌를 통해 참가자가 자신의 삶을 돌아보고 다른 참가자와 서로 교류할 수 있도록 배려하는 자세가 필요하다.

공민관에 있어 사업구상은 공민관 직원의 학습의 장이자 지역을 생각하는 직원의 자세를 평가하는 소중한 기회라 할 수 있다.

다카세 요시아키(高瀨 義彰)

제3장 공민관의 임파워먼트

치바(千葉)현 공민관 연락협의회 주사부회(主事部会) 숙박연수회를 위한 노력

치바(千葉)현 공민관 연락협의회 주사부회 연수의 역사

　치바(千葉)현 공민관 연락협의회(이하 '치바현공련[千葉県公連]') 주사부회가 지금까지 개최해온 연수는 2007년 11월 현재 115회에 이른다. 그렇다면 처음으로 치바현공련 주사부회 연수회가 개최된 것은 언제였을까.

　1985년 3월 치바현공련이 발족 35주년을 기념하여 발행한 '치바

(千葉)현 공민관사(史)'를 보면 '주사부회의 주요 사업인 연수회의 첫 연수는 연수회가 결성된 직후(1967년) 12월 13일, 14일 이틀에 걸쳐 이즈미(夷隅)군 오오하라정(大原町)의 '오오하라장(大原莊)'에서 개최되었다. 주제는 "공민관 주사의 임무와 기본적 이념"으로……' 라는 기록이 남아 있다. 주사부회는 첫 번째 연수로부터 40년의 세월에 걸쳐 연 2~3회의 빈도로 총 115회의 연수회를 실시해 온 것이 된다. 마침 2007년은 치바현공련 주사부회를 창립한지 40주년이 되는 해다. 첫 번째 연수가 1박 2일간의 '숙박연수회' 형식인 것도 흥미롭다. 1970년대 후반까지는 숙박을 통해 여유 있게 일정을 진행하는 형식의 연수회가 연 2회 정도 이루어져 현재보다도 (현재 숙박연수회는 연 1회) 빈번하게 개최되었던 것을 알 수 있다. 오히려 숙박연수회가 주류를 이루고 있었다고 말할 수 있을지도 모르겠다.

  자료의 소실과 지면 등의 관계로 115회 연수 전부를 소개하는 것은 불가능하다. 이 글에서는 필자가 치바현 공민관 주사부회장을 맡았던 2005년도부터 2006년의 2년 동안, 특히 2005년도 '숙박연수회'를 개최하기 위한 노력을 중심으로 주사부회의 연수가 어떤 과정을 거쳐 이루어져 왔는지에 대해 소개하도록 하겠다.

주사는 주사답게, 주사부회는 주사부회답게

  다음은 1983년 11월에 발행된 치바현 공민관통신 제23호에 게재

된 기사라즈(木更津)시 교육위원 마츠자와 켄지(松澤健治)씨(현·기사라즈 시립 중앙공민관장)가 쓴 '주사부회에 바란다'라는 기사의 전문이다.

'주사는 주사답게' 공민관에 있어 주사의 역할은 매우 크다. 그러나 반대로 주사는 '무임(無任)'의 입장에 있다고도 할 수 있다. 물론 아무런 책임이 없다는 뜻이 아니라 비교적 자유롭게 생각하고 행동하기 쉬운 입장에 있다는 것이다. 관장 또는 관을 대표하는 입장과는 조금 다르다고 생각한다. 이것은 주사의 특권이라 할 만하다. '공민관은 자유로운 집합소'라고 한다면 공민관 직원 역시 '자유'로운 발상을 해야 한다. 그것을 가장 쉽게 할 수 있는 것이 바로 공민관 주사다. 또한 사업에 있어서도 '손에 잡히지 않는 위치'의 사람이 아니라 주민보다 반걸음 앞서 주민과 함께 생각해 나갈 수 있는 사람 역시 주사밖에 없다. 젊음과 진취적인 정신을 가지고 주민들 사이에 뛰어들어 주기를 주민들은 기대하고 있다.

'주사부회는 주사부회답게' 이런 인식을 가지고 활동을 이끌어 나가는 데에 주사부회의 가치가 있다. '좋은 활동' '좋은 운영'은 주사부회로부터 시작된다. 특히 당부하고 싶은 것은 주사부회 스스로가 주사의 위치와 관련 제도상의 문제에 대해 조사·연구해 주었으면 하는 점이다. 물론 임원 모두에게 있어 쉽지 않은 일이라고는 생각하지만 그래도 노력해 주길 바란다. 또한 주사 스스로가 주사부회를 공적인 연수기관으로 여기고 자신의 일로서 주사부회에 참가해 주어야 한다. 그러한 노력을 통해 주사부회가 주사가 마음을 의지할 곳으로 발전할 수 있다고 생각한다.

　2005년 여름, 필자는 아무 준비 없이 치바현공련 주사부회 회장을 떠맡게 되어 고심하고 있었다. 주사부회 간사 경험도 없는 내가 바로 회장이 되어 버렸기 때문이다. 주사부회가 연수사업을 실시하는 것은 알고 있었지만 주사부회 조직 자체를 어떻게 운영해야 할지 참고할 만한 자료가 전혀 없었다. 어딘가 힌트가 없을까 하고 '치바(千葉)현 공민관 통신 축쇄판(2002년 발행)'을 넘겨보고 있던 중, 우연히 눈에 들어온 것이 앞의 기사이다. 22년이나 된 기사지만 전혀 진부하게 느껴지지 않는다. 이 기사에는 주사부회로서의 올바른 자세와 주사로서 지켜나가야 할 자세에 대해 알기 쉽게 쓰여 있다. 결국 필자는 '"좋은 운영"에 얽매일 필요는 없다. 현 내의 공민관 직원과 같이 느끼는 대로…'라는 답에 도달할 수 있었다. 즉 연수내용의 선정에 있어서도 전례를 따르거나 테마의 정당성을 인정받기 위해 애쓰기보다 주사부회 멤버들이 스스로의 경험 속에서 느낀 점, 문제로 인식하는 점을 중심으로 추진하면 되겠다는 기본노선이 내 안에서 정해졌다.
　치바현공련은 전속 스태프제나 교육위원회와 같은 형식으로 운영되는 기관은 아니다. 주사부회간사 전원이 시정촌(市町村) 공민관의 직원(주사)으로 경험에서 비롯된 장단점 역시 존재하며 자신만의 현장을 가지고 있다. '경험을 의제로 채택하는 것에 가치가 있다'고 생각한 이상, 주사부회의 운영과 주요사업인 연수는 어디까지나 주사와의 합의를 통해 결정하자…. 어찌 보면 당연한 내용일 지도 모르지만 이 기사는 주사부회의 조직 운영이나 위치를 생각함에 있어 언제나 참고로 하고 있는 필자의 의지처다.

2005년도 주사부회 연수회의 노력

2005년도의 숙박연수회는 치바현공련 주사부회 제 110회 연수로서 2006년 1월 25일~26일에 실시하였는데 준비는 5개월 전인 8월부터 시작했다. 5월 말에 새로운 체제가 시작된 후 7월과 9월 연수실시라는 빡빡한 스케줄 중에서 최선을 다한 일정이었다고 생각한다.

여기서 2005년도에 주사부회가 실시한 숙박연수 외의 연수에 대해 조금 언급하자면 먼저 7월 20일에 제 108회 연수로 '주장 트레이닝'을 실시했다. 주장 트레이닝이라는 것은 상이한 이해관계를 가진 상대의 입장이나 주장을 이해하는 동시에 자기의 입장이나 주장도 분명히 하는 건설적인 태도의 확립하고 상대에게 알기 쉽게 의사를 전달하여 순조로운 합의를 도하기 위한 훈련이다. 또한 '실기연수= 공민관 실무에 도움이 되는 일을…'이라는 주제로 강의를 실시한 후, 창구 및 공민관 시설 이용자와의 트러블 등을 상정한 역할극을 체험하였다. 또 9월 27일에는 제 109회 연수로 '공민관의 기능과 역할이라는 것은 ~지역 방재와 공민관~'을 실시하여 최근 몇 년간의 재해 경향과 재해 시(時)의 '자조(自助)・공조(共助)・공조(公助)'에 대해 배우는 기회로 삼았다. 과거의 사례를 토대로 '공조(共助)

가 이루어지는 마을 만들기'의 중요성에 대한 인식을 새로이 한 후, '그렇다면 공민관에서 할 수 있는 일은?'이라는 주제로 그룹 토의를 진행했다.

이러한 연수 준비 및 협의를 진행하는 동시에 숙박연수회를 준비하려다보니 원래는 각 부문 별로 담당을 정해서 역할을 분담해야 하지만 실제로 연수회가 시작되면 주사부회 간사가 총출동해서 모든 문제에 매달리게 된다. 예를 들어 소그룹 별 토의가 잘 진행되지 않는 경우 문제를 파악하고 제기하거나 의견 교환이 잘 이루어 질 수 있도록 진행 역할을 맡기도 하는 등, 세심한 부분에까지 참가하여 지원하고 있는 것이다. 돌아보면 회장직을 맡았던 2005년~2006년 뿐만이 아니라 참가자로서 경험한 다른 주사부회 연수에서도 공통적으로 느낄 수 있었던 것은 '좌학(강의)으로 끝나는 것이 아니라 (다양한 형식을 통해)스스로 느끼고 서로 이야기하고 공유하는 장을 만드는 것의 중요성'과 '주사부회 간사들의 적극적인 노력' 이었다. 그 형태가 역할극이든 그룹 토의든 간에 말이다.

숙박연수회를 개최하기까지

숙박연수회를 개최하기 위해 가장 먼저 해야할 일은 숙박지의 확보다. 최근의 숙박연수회는 치바(千葉)현 시정촌(市町村)직원 공제조합 보양소인 가모가와(鴨川)시의 구로시오장(黑潮莊)이라는 시설을 쓰는 경우가 많다. 참가자 모두가 치바(千葉)현 내 시정촌(市町村)의 공민관 직원이기 때문에 이 시설을 이용하면 비교적 저렴한 비용으로 연수회를 실시할 수 있기 때문이다. 우선 그 전년도 8월 1일에 회장을 예약하는 것부터 시작했다. 연수회 참가인원이 아직 확정되지 않았기 때문에 전관(150명 이상 수용 가능)을 확보해 둔다. 그와 함께 시설 내의 회의실도 예약을 해야 한다. 숙박실과 연수회장 두 곳이 필요하다는 점이 다른 연수회와의 결정적인 차이다. 숙박연수의 구체안을 설정하기 전에 시설을 예약하는 단계가 필요한 것이다.

8월 9일에는 연수를 위한 첫 회의를 개최하였다. 회의에 앞서 '각 공민관의 인원 배치 및 부담금·여비(旅費) 등 재정적인 문제와 관련하여 숙박이 포함된 연수회 실시 자체에 대한 의견이 분분할 것이다. 그러나 시간적 제약을 강하게 받는 일반 연수회와는 달리 숙박연수회에서는 문제에 대해 여유롭게 생각할 수 있는 시간과 같은 시선을 가진 많은 참가자들 간의 정보교환의 기회가 주어지는 것이 사실이다. 또한 개최가 한 번 무산되면 숙박연수사업의 재개는 실질적으로 불가능 할 것이다. 주사부회에서는 앞으로도 숙박연수회를 더욱 충실히 유지해 나가야 한다'라는 전임자들의 생각과 함께 '주사부회의 연수는 지금 개개인이 생각하고 있는 것을 바탕으로 만들어 나가는 데에 의의가 있다'라는 인식을 다시 한 번 확인했다.

그 후 '공민관을 둘러 싼 키워드에 대한 토의'를 통해 평소의 업무와 근황, 그리고 문제점 등에 대해 모두가 발표하였다. 발표된 내용은 실로 다양했다.

'재정난에 따라 시설의 유지관리(비)가 매우 힘겨운 이 상황에 지정관리자(指定管理者)제도의 도입까지 검토되고 있다. 교육위원회 내에서 어떻게든 '공민관은 필요하다'는 의견을 살리고 싶다. 학사(学社)연휴(학교와 사회교육기관의 연휴)의 실시에 따라 공민관에서 아이들의 보충학습을 맡아 줄 수 없겠냐는 의견까지 나오고 있는데 학교교육을 보충하는 것 외에 달리 할 일은 없는가?'

'1시(市)3정(町)의 합병에 따라 공민관 운영심의회도 하나로 통합되었다. 4개의 공민관이 변함없이 운영되고 있지만 사용료를 포함해 사업 내용 등도 제각각이다. 이러한 상황에 공민관 운영 심의회도 혼란을 겪고 있다. 눈에 보이는 부분부터 조금씩 통일하자는 말로 구정(旧町) 전 세대에 실시하던 사업 광고지 배부까지 그만두도록 하고 있다. 주민을 위한 서비스의 기준이 낮아지고 좋은 사업들이 사라지고 있다'

'직원이 두 명 뿐이라 사업평가까지 해낼 여유가 없다. 대부분의 사업을 그 때 그 때 처리하며 계속적인 발전으로 이어가기가 힘들다. 잘 안되면 방치해 버리는 경우도 많다. 대책이 필요하지 않은가'

숙박연수회

'합병에 따라 기존의 커뮤니티센터가 공민관이 된 곳이 있다. 공민관은 사업 실시를 위해 예산을 요구하고 공민관이 없던 곳에 새로 생긴 공민관에 대해 주민들 역시 주목하고 있다. 그러나 요금(지금까지 유료)문제는 어떻게 하며 시설이 바뀌면서 활동을 중지해야 하는 단체 등에 대한 걱정은 아무도 하지 않는 것 같다…'

'시설의 노후화에 따른 재건축 계획을 기회로 이용을 유료화 하려는 움직임도 있어 사회교육단체의 바람직한 자세에 대해 생각해 보아야 한다고 생각한다. 또한 공민관의 대관(貸館)과 직원의 판단에 크게 영향을 미치는 사회교육법 제 23조의 해석 역시…'

'지금 실시하고 있는 공민관 사업이 주민들에게는 어떻게 받아들여지고 있는지 알고 싶다. 예산의 삭감으로 중지하게 된 사업에 대해 주민으로부터 항의가 들어와서…. 사업을 새로 기획하고 실시하는 것은 간단하지만 그만두는 것은 어렵다는 것을 통감하고 있다. 주민과 함께 개최하는 주최사업에 대해 생각해 보고 싶다'

'공민관의 근본적인 태도…. 지역의 과제에 대해 생각하는 강좌에 대해 배우고 싶다'

'지정관리(指定管理)제도의 도입으로 커뮤니티센터가 유료화되어 공민관 쪽으로 이용자가 몰리고 있다. 그러나 상근직도 아닌 관장과 주사 한 명이라는 직원배치로는 관 밖으로 나가는 일조차 불가능하고 사업 계획에 대한 논의 역시 뜻대로 되지 않는다…'

공민관의 현재 상황에 대해 이야기하고 그로부터 키워드를 추출해 내기 위한 이 날의 협의에서는 문제 제기만으로도 6시간 이상이 소요되어 다들 진이 빠진 상태로 마치게 되었다. 제기된 모든 문제가 현재 치바(千葉)현의 공민관에서 일어나고 있는 일, 직원이 느끼고 있는 문제점이었다.

9월 2일에 개최된 두 번째 회의는 지난번 회의에서 제기된 문제점을 토대로 숙박연수회의 전체 테마에 대해 검토하는 것으로 시작되었다. 먼저 어떤 점이 문제가 되고 있는지에 대해 인식하지 않으면 전체적인 테마 설정이 불가능하고, 전체 테마가 정해지지 않으면 일관성을 가진 연수회의 구성 역시 불가능하기 때문이다. 숙박연수회는 3시간 정도로 끝나는 일반 연수회와는 분위기 자체가 달라진다. 결과부터 말하자면 이 숙박연수회는 기조연설(1일째, 전원 참석/약 2시간)·분과회(1·2일째를 합쳐 약 5시간)·전체회(이틀간의 학습을 돌아봄/약 20분)라는 흐름으로 진행되었는데 이 이틀에 걸쳐 하나의 테마에 대해 연구하는 것이다. 회의 결과, 테마는 '공민관을 배운다'는 대략적인 틀로 간추릴 수 있었다. 이것은 1946년 7월에 문부차관통첩 '공민관의 설치와 운영에 대해'가 발표된 지 60주년을 맞이하는 '2006년에 실시한 숙박연수회'라는 사실을 염두에 둔 것으로 '환갑을 맞이하는 공민관의 원점'을 조명을 통해 지금까지 걸어온 길을 되돌아보며 현재 직면한 여러 가지 문제를 근본적인 곳에서부터 파악하자는 의식의 발로라 할 수 있다. 이에 맞춰 기조연설은 '공민관은 무엇인가'라는 주제로 공민관이 지금까지 걸어온 발자취와 앞으로의 과제, 그리고 관련 법제의 변화 등에 대해 듣는 기회로 삼았다. 비록 이 날 분과회의 구체적 내용까지는 정하지 못했지만 첫 번째 회의에서 제시된 문제들을 크게 직원·사업·시설제공의 3가지로 분류하는 정도의 선에서 대략적인 합의를 이끌어 냈다.

  세 번째 회의는 시간 간격을 별로 두지 않고 바로 9월 13일에 개최했다. 연수회장 사정을 고려하여 분과회 내용을 축소하여 세 개(직원·사업·시설제공)로 나누는 것을 확정지었다. 여러모로 곤란을 겪고 있는 공민관의 현실 속에서 공민관의 60년 발자취를 돌아보는 기조연설의 뒤를 이을 분과회는, 현재 공민관에서 근무하고 있는 자신의 자세와 보람에 대해 다시 한 번 생각해 보는 기회로 삼자는 의견과 함께 연수를 통해 참가자들이 더욱 용기를 가지고 공민관에 돌아갈 수 있었으면 좋겠다는 의견이 나와 이를 바탕으로 회의를 진행했다.

제 1분과회는 주민이 친근하게 생각할 수 있는 공민관의 자세와 함께 공민관 직원으로서 업무에 대해 어떻게 파악하고 임해야 할지에 대해 검토하는 '이상적인 공민관 직원은?'을, 제 2분과회에서는 공민관 사업의 실시에 있어 어떤 목표를 가지고 어떤 부분을 중요하게 생각해야 할지에 대해 각자가 평소 실천해 온 사례를 토대로 검토해 보는 '공민관 사업의 자세에 대해'를, 마지막으로 제 3분과회는 공민관 사업에 대해 규정하고 있는 사회교육법 제22조 중 '그 시설을 주민의 집회 또는 그 외 공적이용에 제공하는 것'과 관련된 각지의 실천사례를 토대로 공적이용이 무엇이며, 공민관 대관(貸館)에 대한 직원의 판단은 무엇에 근거해야 하는지에 대해 생각하는 '공민관 시설제공의 자세에 대해'를 테마로 정해 조언자의 섭외 및 의뢰문 발송 준비를 시작하였다.

다행히도 기조연설의 강사 및 분과회 조언자의 섭외가 순조롭게 진행되어 10월 26일의 네 번째 회의에서는 숙박연수회 개최요강을 작성할 수 있었다. 11월 1일부터는 현 내의 모든 공민관에 협조를 요청하여 12월 6일에 참가자 모집을 마감했다. 신청자는 모두 52명이었다. 이어서 12월 13일에 연수회장의 답사를 실행했다. 이와 별개로 각 분과회 별로 조언자와의 회의를 진행하고 분과회 참가자에게 워크시트(주제와 관련된 질문에 대해 사전에 참가자로부터 답변을 받아 분과회에서의 발언 근거로 삼는 것를 배부하는 등 준비는 개최 직전까지 계속되었다.

숙박연수회를 마치며 느낀 것

이번 숙박연수회는 기조연설과 각 분과회 모두 강연자 및 조언자 분들의 협력과 세심한 준비를 통해 만족스러운 형태로 끝날 수 있었다. 개최 첫날 연수회장에서 가장 가까운 역을 지나는 철도를 일시적으로 사용할 수 없는 등의 사고로 본의 아니게 일정을 단축하게 되어 분과회에서 토의를 할 시간이 부족했던 점 등은 아쉽지만, 각 분과회에서 준비한 현 내 공민관 직원의 생생한 목소리가 담긴 워크시트, 공민관 60년을 되돌아볼 수 있도록 사회교육법 원문과 개정문의 비교 등이 실린 땀으로 만든 자료집 등 모든 것이 호평을 받았다. 연수에 참가하지 않은 직원들까지 주사부회 활동기록집에 수록된 숙박연수회의 기록을 보고 '이번 연수는 정말 좋았을 것 같아요. 참가할 걸 그랬네요' '자료집만이라도 구할 수 없을까요?' 라고 이야기하는 것을 들으니 그 동안의 고생을 모두 보답 받는 듯한 기분이었다. 개최에 이르기까지 5번의 담당자회의와 부수적인 회의들, 그리고 수많은 준비과정을 거친 숙박연수회였지만 성공의 열쇠는 역시 많은 시간을 투자해 각지의 공민관 직원의 의견을 반영하고 참가자들의 의견을 끊임없이 수렴해 온 것이라 생각한다.

과제와 문제의 공유를 향해

'숙박연수회를 개최하기까지'에서 언급한 것처럼 직원체제 및 재정적인 문제를 배경으로 숙박연수회의 규모가 매년 축소되고 있는 듯한 느낌을 받는다. 직원이 연수 참가를 희망해도 현실적으로 불가능한 경우도 많다. 과거에는 100명 이상이 참가하던 숙박연수회 역시 현재는 그 절반 정도의 규모에 그치고 있다. 이러한 상황 속에서 연수를 실시하는 주사부회에 있어서는 각 연수의 성과를 어떻게 공유할 것인지가 큰 과제로 남아있다.

이를 해결하기 위한 하나의 방법으로 2004년부터 주사부회 활동기록집을 만들어 치바(千葉)현 내의 모든 공민관에 배부하고 있다. 그 연도에 실시된 연수회를 기록한 이 활동기록집은 개최 요강·연수 내용·설문조사 결과 등을 수록하여 연수회에 참가하지 못한 직원과도 연수의 성과를 공유 할 수 있기를 바라는 마음을 담은 책자로, 그 중요성을 감안하여 상당히 자세하게 서술되어 있다. 활동기록집에 대해 의문점이 있으면 이곳 주사부회에 연락해 주길 바란다. 그러한 의견들이 모여 주사부회의 새로운 틀을 만들어 나가는 것이다.

'숙박연수회를 위한 노력'이라는 제목으로 필자가 총력을 기울여 추진한 2005년도 숙박연수회(주사부회 제 110회 연수회)에 대해 적어 보았다. 그러나 수많은 연수 중 이 연수가 최고였다고는 말할 수 없을 것이다. 왜냐하면 지금까지 각 회의 주사부회 연수 실시에 관여해 온 사람이라면 모두 '내가 담당한 연수회가 최고였다'고 생각하고 있을 것임에 틀림없기 때문이다. 그리고 그 생각은 당면한 문제에 대해 항상 진지한 자세로 대처하는 공민관 주사의 모습, 그리고 그들의 자부심에서 기인하는 것이 아닐까 생각한다. 치바현 공련 주사부회 115회 연수 역시 공민관 주사부회가 공민관 주사를 위해 실시해 온 노력의 자취 중 한 부분이라는 것을 이해해 준다면 필자로서도 매우 기쁠 것이다.

이나오카 마사미치(稻岡 正道)

제3장 **4** 공민관의 임파워먼트

공민관의 과거·현재·미래를 이야기하다
후나바시(船橋) 서부공민관의 '지역강좌'에 대해

'지역강좌'를 위한 계획

　후나바시(船橋)시 서부(西部)공민관은 1965년 1월에 개관한 이후 43년에 걸쳐 지역 공민관으로서 시민들에게 이용되어 왔다. 시설의 노후화에 따라 2006년 9월 말, 폐관과 동시에 신축공사가 결정되었다. 새로운 공민관은 구관과 같은 부지에 어린이 집과 노인정을 병설한 복합시설로서 2008년 4월에 오픈이 예정되어 있다. 43년간의 공민관의 활동을 되돌아보고 공민관의 과거·현재·미래를 시민과 함께 이야기함으로써 지역에 대한 공민관의 역할을 재확인하고 새로운 공민관에 대한 기대를 펼치기 위한 장으로서 '지역강좌 ~파이널 SEIBU(서부)'를 2005년 11월부터 2006년 2월에 걸쳐 총 8회 일정으로 계획했다.

 이번 강좌의 계획에 있어 가장 많이 고려한 점은 각 분야의 전문가 분들을 모시고 서부 공민관에 대한 추억과 기대를 나누고 싶다는 생각에서 가능한 한 공민관과 관계가 깊은 분들을 골라 강사진을 구성한 것이다. 전반 4회는 전(前) 공민관 직원 및 서부공민관 운영심의회(이하 공운심)위원장, 그리고 지역 향토상점회 회장에게 강의를 의뢰했다. 후반 4회는 공민관에 여러 도움을 주고 있는 대학교수 및 공민관을 거점으로 활동 중인 동아리 회원과 공민관 이용자 등을 강사로 모시기로 했다. 이번 강좌의 강사진은 릴레이 토크의 출연자들까지 포함하면 총 13명에 달한다.

지역강좌 - 파이널 SEIBU -
~안녕 SEIBU… 그리고 내일로~

2006년 9월로 43년의 역사를 마무리하는 서부 공민관의 활동을 돌아보며 과거·현재·미래를 이야기하고 지역에 이바지할 공민관의 역할에 대해 재조명하는 한편, 2008년 4월 오픈 예정인 NEW 서부 공민관에 대한 기대를 지역의 모든 분들과 함께 나누고자 합니다.

회	일자	시간	테마	강좌(예정)
1	11월 8일(화)		1960년대의 공민관의 추억을 말하다	동부공민관 안도 요시타카(安藤義隆)
2	11월22일(화)		1970년대 후반의 추억과 NEW 공민관에 대한 기대를 말하다	시(市)사회교육과장 수도 모토도(須藤元夫)
3	12월 6일(화)	10:00 ~ 12:00	서부공민관 운영 심의회위원이 본 공민관의 활동을 말하다	서부공운심위원장 야스카와 아츠시(安川 厚)
4	12월20일(화)		상점회·자치연합회와의 관계에서 공민관의 추억과 기대를 말하다	모토나카야마(本中山)상점회장·모토나카야마 자치연 부회장 사토 이사오(佐藤勇)
5	1월10일(화)		아버지 세미나·부인학급의 추억과 공민관이 달성할 역할은	와세다(早稲田)대학교육학부 교수 아사쿠라 마사오(朝倉征夫)
6	1월24일(화)		지역문고활동을 통해 본 공민관의 추억과 기대를 말하다	카에루(かえる)문고, 타나카 유키코(田中由喜子)
7	2월 7일(화)		앞으로의 공민관 활동을 말하다 ~공민관은 영원합니다~	치바(千葉)대학교육학부 교수 나가사와 세이지(長澤成次)
8	2월21일(화)		"다과회 & 릴레이토크" 동아리·지역 주민들과 함께 공민관의 추억과 기대를 이야기합시다!	공민관 동아리 회원 공민관 이용자 등

◇신청: 서부공민관에
047-333-5415
◇정원: 50명(선착순)

지역강좌 개최요강

강좌내용의 개요

(제1회) 테마 '1960년대의 공민관의 추억을 말하다'

　강사가 당시의 사건들을 연표로 정리하여 설명해 주었다. 당시는 시설 수도 적고 공민관에서의 주최강좌보다도 지역을 대상으로 한 분관 및 자치회관 등의 성격을 띤 사업을 전개하는 일이 많았다. 직원은 6명 정도로 충분한 편이었기 때문에 선배 직원이 후배 직원을 지도하는 직원 연수와 같은 효과도 있었던 듯하다. 1974년에는 전국 우수 공민관 문부대신 표창을 수상했다.

(제2회) 테마 '1970년대 후반의 추억과 NEW 서부 공민관에 대한 기대를 말하다'

　거의 매년 공민관이 건설되며 후나바시(船橋)시의 공민관 체제가 확충된 시기였다. 서부 공민관의 관할 구역의 경우만 보아도 서부·호우텐(法典)의 두 관에서 1985년에 마루야마(丸山)공민관이, 1986년에는 츠카다(塚田)공민관이 건설되어 총 네 관으로 늘어났다. 실시 사업을 살펴보면 청소년 대상의 '모험 클럽'과 자격 취득도 가능한 '레크리에이션 교실'이 있었고 운영위원회 중심의 부인학급은 세 학급을 개설하고 있었다. 고령자 대상의 '다시 젊어지는 교실' 역시 특색있는 사업이었다.

　새롭게 오픈하는 공민관은 지금 이상으로 시민에게 친근한 존재가 되어 많은 사람들에게 이용되길 바란다.

(제3회) 테마 '서부 공민관 운영 심의회위원이 본 공민관 활동을 말하다'

공운심 위원으로서 십 수 년간 활동했었고 지금도 현장에서 활약 중인 공운심위원장이 공민관 활동에 대해 이야기하였다. 공운심위원이 공민관 사업에 대해 말할 기회는 많지 않기 때문에 공민관에 있어서도 시민에게 있어서도 좋은 기회가 되었다. 서부 공민관에 대한 이야기 외에 호우텐(法典)지구와 호우텐공민관의 역사에 대해서도 귀중한 이야기를 들을 수 있었다.

(제4회) 테마 '상점회·자치연과의 관계에서 공민관의 추억과 기대를 말하다'

약 40년에 걸쳐 서부 공민관과 인연을 맺어 왔으며 지금은 상점회 회장 및 자치 연합협회의 부회장으로서 활약하고 계신 분에게 여러 가지 에피소드를 들을 예정이었지만 그 분의 건강상의 문제로 담당 직원 및 참가자 간의 간담회로 변경해 실시했다.

청소년 교육이라고 하면 지역 어린이들의 모임 활동 지도가 대부분이었던 1971년 근무 당시, 여름방학을 맞아 개최된 '데이 캠프'에서 카레만 만들다 끝내 버린 일, 교다(行田) 단지가 생겼을 당시 현장에 있던 젊은 어머니들에게 먼저 다가가 '아동 문화강좌' 개최를 성사시킨 일, 지역 서부 부인회의 전면적인 협력을 얻어 보육을 겸한 '유아 가정교육 학급'을 개최한 일, 운영위원회 방식의 '부인학급'을 뿌리내린 일, 시(市)최초로 성인 남성를 대상으로 한 '아버지 교실'을 야간에 개최한 일 등, 사업에 대한 인상 깊은 추억을 소개했다.

시민학급(1976년도)

가. 원예교실
- 날짜 9월 11일~12월 25일 (토요일 오후 1시~4시, 10회)
- 강사 사이토 시게토시(斉藤重俊), 간다 고헤이(神田五平), 미요시 하지메(三好 一) 외
- 내용 분재의 기본, 정원목 손질, 화분을 기르는 방법

나. 마리오네트 교실
- 날짜 9월 7일~10월 26일 (10회)
- 강사 고마자와(駒沢)대학 마리오네트 연구회 회원 (2명)
- 내용 인형제작, 인형극 상연

다. 공판교실
- 날짜 5월 26일~6월 30일 (7회)
- 강사 가와라 키쿠오(河原 喜久男) (일본 레터링 디자이너 협회원)
- 내용 등사판 기술의 기초, 히라가나, 한자, 특수제판, 신문, 전단지 만들기

라. 부모와 아이의 놀이 강좌
- 날짜 3월 5일~3월 27일 (4회)
- 강사 일본 아동 놀이 기술 연구소 직원
- 내용 야외 놀이, 도구를 이용한 놀이

마. 아동문화강좌 (교다[行田]단지)
- 날짜 3월 7일~3월 28일 (4회)
- 강사 기타카와 유키히코(北川幸比古), 시미즈 미치오(清水道尾)
- 내용 교타(行田)단지 주민들의 교류 및 1977년도 사업의 전제로서의 개최

[니시후나바시(西船橋)시 부인학급] (1978년도)
- 연간 학습 테마 : "우리들을 둘러싼 환경"
- 모임 장소 : 가츠시카(葛飾)자치회관
- 참가자 : 60명
- 운영위원 : 15명(매월 1회 운영위원회 개최)
- 학습 계획

회	월일	학습과제	학습내용	방법	
1	5/25	개강식	앞으로의 학습계획에 대해서	토론	
2	6/8	텔레비전 문화를 생각한다 I	최근 텔레비전의 동향에 대해서	강의	
3	7/13	텔레비전 문화를 생각한다 II	어린이와 텔레비전에 대해서	강의	
4	9/14	텔레비전 문화를 생각한다 III	생활과 텔레비전에 대해서	토론	아사쿠라마사오 (朝倉征夫) 와세다대 (早稲田大)
5	10/12	비행(非行)을 생각해보자 I	비행의 현상과 특징에 대해서	강의	
6	11/9	비행을 생각해보자 II	다함께 설문조사를 실시한다	토론	
7	12/14	비행을 생각해보자 III	소년법, 복지법, 가정재판과 비행	강의	
8	1/11	간담회	모두 즐겁게	토론	
9	2/8	우리들이 할 수 있는 일은 I	아이의 풍요로운 성장과 발달을 위해	강의와 토론	
10	3/8	우리들이 할 수 있는 일은 II	우리들은 가정과 지역에서 어떤 역할을 담당할 수 있을까		

'**아버지 교실**'(1978년도)

- 학습 테마 : "아이·가정에 대한 아버지의 역할"
- 모임 장소 : 서부 공민관 시청각실
- 참가자 : 20명
- 학습 계획

  2월 18일   아버지의 일과 가정의 관계 ⎫ 강사
  3월 4일   가정에 있어서 아버지의 역할(Ⅰ) ⎬ 아사쿠라 마사오
  3월 18일   가정에 있어서 아버지의 역할(Ⅱ) ⎭ (朝倉征夫)
                                             와세다 대학
                                             (早稲田)

아이에게 책 읽어주기 강좌(1980년도)

관내에 있는 지역 어린이문고활동을 보다 활발하게 하기 위하여 문고 측의 요구와 바람을 수용하고 공민관에서의 학습을 원조한다는 두 가지 목표로 개설되었다.

횟수	월일	학습내용	학습방법	강사
1	1/26	아이에게 책을 읽어주는 방법, 책 선택방법	강의와 실습	아동문학자 마스무라 키미코(増村王子)
2	2/16	아이를 둘러싼 문화와 지역문고활동의 의의에 대해서	강의와 토론	부모와 아이 독서 연락회 히로세 츠네코(広瀬恒子)
3	2/23	현대 아동문학의 동향에 대해서	강의와 질의	아동문학가 미야카와 켄로(宮川健郎) 구니마츠 토시히데(国松俊英)

(제5회) 테마 '아버지 세미나 · 부인학급의 추억과 공민관이 달성할 역할은'

PTA 가정교육학급 및 부인 학급에 대해서는 1975년 전후의 활동을 중심으로 이야기를 나누었다. 특히 공민관이 시민의 학습의 장으로 존재하기 위해서는 직원의 역할과 자질이 중요하다는 것을 다시 한 번 확인할 수 있는 기회였다. 구체적으로는 1978년에 1년간 운영했던 '니시후나바시(西船橋) 부인학급'의 학습 프로그램과 시민학급 중 '아버지 교실'에 대한 자료를 소개했다.

(제6회) 테마 '지역문고활동을 통해 본 공민관의 추억과 기대를 말하다'

1980년부터 서부 공민관은 기증받은 책과 도서관에서 대출한 책 등을 이용하여 '가에루(かえる)문고'를 발족하였다. 운영 시간은 매주 토요일 오후 2시부터 4시까지였다. 도서 대출 외에 '책 읽어주기'나 '종이 연극' '종이 영화' '인형극' 등도 선보였다. 가장 인기가 좋을 때는 방이 가득 찰 정도로 아이들과 어머니들이 찾아왔었지만 최근 몇 년간은 아이들의 발걸음이 뜸해지고 있다. 문고의 회원들은 문고 활동뿐만 아니라 공민관이 주최하는 다른 행사(어린이 축제, 문화제, 그림책 및 도서에 관한 강좌, 책 읽어주기 강좌 등)에도 적극적으로 협력해 왔다.

새로운 공민관에는 큰 도서실이 들어설 예정으로 회원들 사이에서는 '가능하다면 앞으로도 계속해서 문고활동에 참여 하고 싶다'는 의견이 나오고 있다. 강연의 마지막에는 회원들이 책 읽기를 선보였다.

(제7회) 테마 '앞으로의 공민관 활동을 말하다
~공민관은 영원합니다~'

강사는 먼저 '공민관의 역할과 가능성'이라는 소제목으로 전후(戰後) 공민관의 역사부터 공민관 관련법 및 제도의 변천사에 대해 간략하게 설명하였다.

계속해서 '공민관 활동에서 중시해야 할 것'에 대해 ①배움의 자유와 자치를 보장하는 공민관, ②무료의 원칙, ③사회교육 주사(主事) 자격이 있는 자의 전문직 배치, ④학교 구역의 중시, ⑤지역 주민의 생활과제 및 지역과제의 중시, ⑥주민참가의 원칙을 들었으며 '공민관의 목표'로는 ①학습을 통한 삶의 방식과 생활을 개척하는 힘을 기르는 곳 ②지역 문화를 창조하는 곳 ③마을 만들기와 주민자치의 힘을 기르는 곳이라는 세 가지 점을 강조하였다.

'앞으로의 공민관 활동에 대한 기대'로는 (1)어린이·청년층을 지지하는 지역의 서포트(거점 만들기 등) (2)고령자의 삶의 보람과 친구·동료 만들기(고령자가 주인공이 되는 문화 창조와 지역복지) (3)모두 함께 만드는 커뮤니티(자치회·마을모임의 재발견, 지역 이벤트 지원, 지역의 재발견·재확인—지역학·지역 향토 연구—) (4)지역의 여러 과제 (5)공민관의 재발견(공민관 자체가 학습과제이며 변혁의 대상이라는 인식과 직원과 시민과의 협력·협동 관계의 중요성) 등의 내용을 정리하여 이야기하였다.

(제8회) 테마 '다과회 & 릴레이 토크 ~동아리·지역 주민들과 함께 공민관의 추억과 기대를 말해봅시다~'

강좌의 마지막 회를 맞아 6명이 모여 함께 차를 마시며 한 사람당 15분 정도 릴레이 토크의 시간을 가졌다. 참가자는 서부공민관의 동아리를 대표하는 동아리 간담회의 대표 A씨, 회장의 분위기를 부드럽게 만들어 주신 오카리나 서클의 연주자 분, 그리고 공민관과 함께 여러 기획을 준비하고 계신 평생학습 코디네이터 S씨, 공민관과 같은 형태의 지역 활동을 계속해서 실천하고 계신 서부 지역구 어린이회 연락협의회 회장 K씨, 부인학급의 운영위원으로 공민관에서의 학습부터 무농약 채소 실천 활동(네기(ネギ)의 모임)에 이르기까지 다양한 활동을 펼치고 계신 K씨, 1년 전 은퇴한 전 서부공민관 직원 T씨로, 모두가 각자의 입장에서 공민관과 관련된 추억 및 새로운 공민관에 대한 기대를 논하며 화기애애한 분위기 속에 간담회를 마칠 수 있었다.

공민관 이별 콘서트

　지역의 여러 문화 활동을 개최하며 주민교류의 거점이 되고 있는 공민관. 그 중 하나인 나카야마(中山)지역의 서부 공민관에서, 공민과 이용자 및 주민들이 주최한 <안녕, 공민관> 콘서트가 열렸다.
　공민관이 개관한 지도 어언 40년. 건물의 노후화에 따라 재건축이 결정되면서 9월 말에 가까운 임시 건물로 이전하고 옛 건물은 철거하기로 했기 때문이다.
　공민관은 게이요(京葉) 지국과는 국도를 하나를 끼고 마주 보고 있는 건물이다. 건물 안팎으로 낡은 부분이 눈에 띄고 아무리 손질을 해도 시설이 노후하여 결코 편리하다고는 말할 수 없는 곳이지만, 밤낮으로 지켜봐 온 가까운 존재였기 때문에 그 익숙한 풍경이 사라진다고 생각하니 섭섭하게 느껴진다. 그러한 이유로 자주 다니는 음식점의 단골 분들 사이에서 '40년간의 감사의 마음을 담아 송별회를 열자'라는 목소리가 나왔다는 것을 듣고 솔직히 '정말 잘된 일이다'라고 생각했다. 그 이야기가 모토나카야마1·2가(本中山一·二丁目)의 마을 모임을 중심으로 본격적으로 확산되기 시작한 것 역시 이 지역의 많은 분들이 나와 같은 마음을 갖고 있었기 때문일 것이다.
　콘서트는 성황을 이루었다. 멤버의 일부가 이 지역주민인 재즈 밴드의 실력은 프로급이었다. <A열차에 타자> <술과 장미의 날들> 등 경쾌한 스탠더드 넘버 외에도 신명나는 애드리브 연주에 관객들의 박수가 이어졌다. 서부 공민관을 활동거점으로 하는 하와이안 밴드는 비록 아마추어였지만 그 열연과 열창이 회장의 분위기를 고조시켰다.
　공민관은 지역의 재산이라는 것을 다시 한 번 느꼈다.

십자로(十字路)
취재여담

아사히신문(朝日新聞) 게이요(京葉)지국

<후나바시 아사히(船橋朝日)> 2006년 9월 25일

서부 공민관의 개축이 결정된 후, 2005년 11월부터 2006년 2월까지 월 2회의 빈도로 총 8회의 강좌를 실시하였다. 특히 전반부 4회의 강의를 통해서는 43년이라는 역사 속에서 공민관이 지역에 이바지 해온 역할과 지역에 밀착된 여러 활동에 대해 소개할 수 있었다. 현재와 같은 소수 인원 체제가 아니었던 과거에는 여러 명이 함께 사업에 임하면서 선배가 후배에게 사업에 대한 마음가짐이나 자세를 전해 줄 수 있었다.

앞에서는 다루지 않았지만 1978년도에 개설된 '후나바시(船橋) 시민대학'은 공민관 시설이 늘어나는 것과 반대로 직원 수는 감소하여 여러 명이 하나의 사업을 함께 담당하는 일이 곤란해 진 현실 속에서, 직원 연수의 측면을 겸하여 새롭게 구상한 프로젝트의 하나였다고 할 수 있다.

한편 후반부 4회의 강의에서는 서부 공민관과 인연이 깊은 대학교수(2명)와 공민관 동아리 멤버 및 지역단체 분들이 공민관에서의 활동을 통한 인연, 그리고 공민관에 대한 앞으로의 기대와 바람에 대해 이야기 해 주셨다.

이처럼 이번 강좌는 지역에 있어서의 공민관의 필요성과 그곳에서 일하는 직원들의 근무 태도의 중요성을 재확인할 수 있는 귀중한 기회였다. 마지막으로 서부 공민관과 국도 14호를 사이에 두고 마주보고 있는 아사히(朝日)신문 게이요(京葉)지국장(당시)이 '후나바시 아사히(船橋朝日)'(2006년 9월 25일)에 개재한 칼럼을 소개하며 공민관이 언제까지나 지역의 재산으로서 존속되기를 기원한다.

야마다 신지(山田 愼二)

제4장
삶과 지역을 만드는 시민 학습

제4장 삶과 지역을 만드는 시민 학습

1 지역을 즐기고 배워 온 47년

후나바시(船橋)시 후타와(二和)·미사키(三咲) 부인학급

개교 당시

후나바시(船橋)의 중심지에서 약 8km 떨어진 후타와(二和)·미사키(三咲) 지역은 메이지(明治) 최초로 개간농민에 의해 개척된 곳으로 도시의 근교농업지역으로 발전해 왔습니다. 전후(戰後), 게이요(京葉)공업지대의 조성에 의해 회사원들의 주거지역이 필요하게 되어 이 지역의 국유지에 공무원 숙소(1961년) 및 고용촉진사업단 숙소 등을 유치하면서 이전의 농업인구가 80%였던 시절과는 그 모습이

확연히 달라지게 되었습니다.

(1) 후타와(二和)·미사키(三咲) 부인학급의 연혁과 개교까지

1961년 공민관 시설도 하나 없던 당시, 부모와 교사의 모임은 군 숙소 자리에 지어진 미사키(三咲) 초등학교의 교실 하나를 빌려 근무평정(평가) 반대에서 학력테스트 반대에 이르기까지 활발한 활동을 펼쳤습니다. 그러나 3월에 이 활동에 참가했던 교사 전원이 전근 처분을 받아 부모와 교사의 모임은 부인회 및 '아이들의 행복'이라는 독자적인 모임, 학습서클 등으로 분산되었습니다.

같은 해 10월 후나바시(船橋)시 사회교육과와 미사키 초등학교의 PTA에 의해 후타와(二和)·미사키 성인학급이 개설되었습니다. 이 학급의 개설로 분산되어 있었던 서클과 부인단체 등이 서로 교류하게 되었습니다. 성인학급의 테마는 새로운 시대에 걸맞은 어린이 교육, 농업의 모습, 새로운 가정환경에 대한 주부 및 가정교육 등으로 설정되었습니다.

지역 전체를 대상으로 농촌문제도 포함하고 있었지만 농촌부인의 참여가 저조했고 남녀 모두를 대상으로 한 성인학급 역시 남성의 참여는 거의 없었습니다. 또한 주제 설정에 있어서도 주민 요구의 변화에 부응하지 못한다는 지적이 나와 결국 성인학급을 해체하고 부인학급을 실시하게 되었습니다. 1962년 후타와·미사키 부인학급이 개설되어 부인들의 요구에 맞춘 학습을 시작했습니다. 저는 이 학급의 서기(書記)를 담당하게 되었습니다. 주요 학습테마로는 여성사(이노우에 야스시[井上靖]저)를 선택하였고 그것만으로는 너무 딱딱하다고 생각하여 취미코스로 수예, 양재(洋裁), 꽃꽂이를 추가했습니다. 1년 후 학급 실정을 돌아보니 취미코스에는 참가하지만 학습에는 참가하지 않는 경향이 확연히 드러나 그 후로는 학습과 취미를 나누어 운영해야 했습니다.

(2) 설문에 따른 학습테마 설정의 모색(1963년)

설문조사를 실시한 결과, 아이들의 교육과 예의범절, 부인으로서 알아야 할 일반교양 등에 대한 요구가 많았기 때문에 이러한 내용들을 포함하는 테마를 설정했습니다.

테마는 초등학교의 교과서, 아이들의 예의범절, 요리·교양 등 다양한 내용으로 구성했습니다. 초등학생을 자녀로 둔 부모를 대상으로 한 강좌였기 때문에 미사키(三咲)초등학교의 PTA를 통해 교사들이 전단지를 나누어 주었으나 부모들의 참여는 없었습니다.

도대체 이유가 뭘까. 원인을 분석해 본 결과, 아이 교육문제는 담임교사나 PTA 활동을 통해 해결가능하다, 초등학생 자녀를 가진 부모의 수가 적다, 정말로 학습하고 싶은 사람들의 목소리에 귀를 기울이지 않고 있는 것은 아닌가, 부인들의 교양 습득은 개인적으로도 가능하다 등의 가능성을 생각해 볼 수 있었습니다. 다행스럽게도 그 해에 야기가야(八木が谷)에 시영주택(시가 운영하는 주택)이 생겨 새로운 학급생이 늘어났습니다.

(3) 본격적 계통학습으로(1964년)

여러 가지 힘든 과정을 거쳐 헌법에 대해 배워보는 강좌를 개설하게 되었습니다. 학급생의 모집요강에도 헌법학습이라는 것을 명기하였고 수강인원은 50명(각 단체에서 위원 선발)으로 정한 후, 교재는 중학생용 '우리들의 헌법'을 사용하여 월 2회의 강의로 시작했습니다.

〔커리큘럼〕

1회째—민주주의와 헌법, 메이지(明治)헌법과 현 헌법의 차이점.
2회째—일본국 헌법의 제정.
3회째—전쟁포기, 제9조의 해석에 대해.
4회째—정치의 구조, 국회, 내각, 사법.
5회째—지방자치.
6회째—국민의 권리와 의무.
7회째—민법, 재판소 견학 2회.
8회째—헌법개정론.
9회째—국가에서의 헌법과 평화의 문제.

1년이 지난 후에는 수강생들도 찬성 혹은 반대의 입장에서 자신의 의견을 제대로 표현하고 강사의 의견에 대해 명확하게 반론할 수 있을 정도로 성장했습니다.

〈수강생들의 감상〉

'6년 전에 발족한 헌법조사회의 보고서가 시일 내에 제출된 것을

보며 해야 할 시기에 해야 할 일을 한 것처럼 뿌듯했다'

'헌법은 우리들의 생활에서 빼놓을 수 없다. 지금의 훌륭한 이 헌법이 언제까지 지켜질 수 있을 것인가. 주권자로서 헌법을 지키기 위해 무엇을 해야 할지에 대해 배울 수 있어 좋았다'

'헌법을 바꾸려는 사람과 지키려는 사람들의 움직임이 나라의 평화를 좌우한다는 것을 배울 수 있었습니다'

(4) 경제학습(1965년)

헌법이라는 '국가의 결정'에 대해 배운 후, 학급생의 요청에 따라 물가가 오르는 원인에 대해 알기 위해 경제학습을 테마로 설정했습니다.

상세 내용으로는 ①경제생활의 역사(원시 공산제), ②봉건사회의 경제생활, ③산업혁명의 원인과 영향, ④자본주의 경제의 특색, ⑤정치와 경제, ⑥후나바시(船橋)시의 경제・시의회 방청, ⑦고도성장과 정책, ⑧무역자유화에 수반되는 경제영향, 등이었습니다.

〈수강생들의 감상〉

'주부는 자신의 가정 살림에만 전념하면 된다는 안일한 생각으로는 우리들의 삶이 결코 풍족해지지 않는다는 것을 알게 되었습니다. 우리들의 생활을 위협받는 것은 높은 물가 때문만이 아니라 대기업 우선의 정치 구조가 원인이라는 것도 알게 되었습니다'

'경제학이라고 하면 매우 어려운 과목처럼 느껴지기 때문에 여자들은 경제학을 멀리하기 쉽습니다. 그러나 우리들의 생활과 떼려야 뗄 수 없는 물가문제에 대해 주부로서 꼭 배워두어야 한다는 것을 알게 되었습니다. 이 학습의 성과를 많은 사람들에게 알려 모두가 풍요로운 생활을 영위할 수 있도록 돕고 싶습니다'

'학습한 내용이 일상생활로 이어져 야치요(八千代)우유의 공동구입이 늘어났습니다'

(5) 경제학습에서 세계사로(1966년)

6년간의 학습을 통해 주부모임 활동도 보다 활성화 되고, 경제강좌의 다음으로는 세계사에 대해 3년에 걸쳐 공부하게 되었습니다. 강의는 변함없이 초등학교 교실을 빌려 실시하고 있었지만 추운 날씨로 인해 공민관 건설에 대한 요구가 높아져 시에 진정서를 제출하게 되었습니다.

3년이라는 긴 시간에 걸쳐 역사를 배운 것은 역사에 대한 바른 인식을 통해 행복한 사회란 무엇인가를 제대로 파악하게 하기 위해서였습니다.

학습 내용으로는 ①수렵·채집시대, ②원시농경시대, ③동양고대제국 형성, ④고대서양의 형성(서양의 고전시대), ⑤고대서양의 전개(로마시대) 등이었습니다.

가사와 육아에 쫓기는 주부가 어려운 역사연표나 세계지도를 더듬어가며 제대로 학습할 수 있을까, 하는 우려가 들었지만 사물의 이치에 대해 깊이 알고자 하는 수강생들의 학습의욕은 그 무엇보다도 강했습니다. 끝없이 반복되는 전쟁에 대해 각자 나름대로의 원인을 생각해보며 수강생들은 역사를 자기의 것으로 만들어 갔습니다.

강의와 관련된 내용 외에도 탁아를 어떻게 할 것인가, 공민관 건설을 어떻게 진행할 것인가, 게으르고 학습을 경시(輕視)하는 사람들을 어떻게 이해시킬 것인가, 등의 고민은 아직 남아 있었습니다.

(6) '세계사에서 일본사로'(강사는 마루키 마사오미[丸木政臣] 선생님) (1967년)

세계사를 배운 후에는 세계의 시야에서 본 일본의 역사를 배우기 위해 일본사 강좌를 개설했습니다. 일본사강좌의 커리큘럼은 다음과 같습니다.

전기 : 1회 에도(江戶)시대의 멸망, 2회 개국, 3회 막부의 멸망, 4회 민중폭동, 5회 대정봉환(大政奉還), 6회 유신 개혁,

후기 : 7회 전기 복습, 8회 정한론(征韓論)—자유민권 운동, 9회 자유민권 투쟁

1969년에도 계속해서 일본사 강좌를 개설하여 마루키 마사오미(丸木政臣)선생님이 계속해서 강의를 맡아 주셨습니다.(문부성의 위촉을 받음)

해마다 수강생도 늘어나 학습이 즐거워졌습니다. 역사의 과거와 현재에 대해 토론을 실시할 때에도 모두 적극적으로 발언하였으며 모두의 학습의욕도 더욱 고취되었습니다.

교육위원회에서 학습에 제동을 걸다

1969년 5월, 변함없이 신년도 모집이 시작되었습니다. 그러나 5월 19일의 임원회의에서 갑자기 사회교육과장의 말이 전달되었습니다. '공민관 사업으로서 메이지(明治) 백년 역사에 대한 학습을 그 정도로 전문적으로 실시할 필요가 없다. 역사를 다루고 싶으면 지역 향토의 역사에 대해 다루라'는 내용이었습니다.

이 강좌는 문부성의 위촉을 받아 이미 2년째 실시하고 있는 사업으로, 그 해부터는 마루키 마사오미(丸木政臣) 선생님이 메이지 백년 역사의 후반부에 대해 가르쳐 주시기로 하여 모두가 기대하고 있던 참으로, 개강까지 겨우 4일을 남겨두고 있었습니다. 수강생도 50명에 가까워져 어느 정도 자리가 잡혀가던 때였습니다. 일단은 개강을 연기하고 사회교육과장과의 교섭에 들어갔습니다.

교섭 당일에는 초등학교 교실 한 가운데에 녹음기를 설치하고 이야기를 시작했습니다.

사회교육과장은 앞에서 언급한 바와 같이 공민관에서는 전문적인 학습을 할 필요가 없다, 전문적인 학습을 하고 싶으면 다른 기관에서 하면 되지 않느냐며 양보하지 않았습니다. 당시 학급장이었던 저는 준비한 자료를 읽고 학습권은 우리의 것이라고 주장하며 양보하지 않았습니다. 몇 번이고 반복하여 같은 주장을 펼치다 보니 3시간이 흘렀습니다. 결국 사회교육과장은 '강좌를 계속하셔도 좋습니다. 커리큘럼은 학급장 및 마루키 마사오미선생님과 상의하여 결정하세요'

라고 말하고 돌아갔습니다. 학급생은 학습을 계속할 수 있게 되어 모두 기뻐하였습니다.

우리들은 '헌법, 교육기본법, 사회교육법'에서 관련 부분을 색출하여 자료를 준비했습니다. 사회교육행정의 목표 제1조 전문(全文), 사회교육법 제3조, 교육기본법 제7조의, 제1사회교육 행정의 구조, 일본국 헌법 19조, 제23조, 제99조, 교육기본법 제10조, 교육기본법 제2조와 사회교육법 제9조의 제3을 인쇄하여 준비하였고, 사전에 모두 읽어오기로 하였습니다.

마루키(丸木) 선생님의 커리큘럼은 '메이지(明治)말부터 쇼와(昭和)에 이르는 일본의 근대사를 생각한다'를 주제로 ①러일전쟁후의 일본, ②제1차 세계대전, ③일본의 아시아 지배, ④대전(大戰)의 종결과 일본, ⑤다이쇼(大正) 데모크라시(democracy), ⑥다이쇼(大正) 문화, ⑦쇼와(昭和) 일신, 등으로 학급장인 저는 매 시간 수업내용을 기록하고 1년 치를 정리하여 남겨두었습니다.

*1970년 테마 '정치와 소비경제' 동일 강사로 1년간 실시
    (동양대학 시게토미(重富) 선생).
*1971년 테마 '헌법과 부인' 강사는 강좌마다 다름.
*1972년 테마 '밝고 살기 좋은 사회' 강사는 강좌마다 다름.

나리타(成田) 신칸센(新幹線[고속철도]) 건설 반대
― 부인의 손으로 백지화 시키다

학습에 대한 반성의 자리에서 우리 마을의 지도를 펼쳐놓고 토의를 하던 중, '오늘 뉴스를 보니 도쿄(東京)와 나리타(成田) 사이의 65km를 정차 없이 한 번에 통과하는 나리타 신칸센(新幹線)이 개통된다고 해요'라고 어떤 분이 슬쩍 말을 꺼냈습니다. 이 말을 듣고 확인 해보니 신칸센이 개통되면 생긴 지 얼마 되지 않은 공민관 앞과 후타와(二和)병원, 보육원, 초등학교 모두가 소음 및 진동 등의 공해에 노출되고 만다는 것을 알게 되었습니다. '이미 공사가 시작된 상태이며 상대는 철도 건설공단이다'라는 것 외에는 아무것도 모르는 부인들이 열심히 모은 서명은 1주일에 무려 1만 7,000명. 잠도 잊어가며 복사를 하고 인쇄를 하였습니다.

'철도건설 공단은 어디에 있는 거지?'라고 물었을 때, 누군가가 '잘못이 있는 건 운수(運輸)성 대신(大臣)이에요. 철도건설 공단은 지시에 따라 만들기만 하는 것 아니에요?' 라고 말한 것을 계기로 운수성 대신 앞으로 한 번 더 서명을 모아 운수성에 가지고 갔습니다. 어머니들이 매일 국회에 가서 이야기 한 끝에, 900억 엔이나 들인 도쿄역과 나리타역은 완성되었지만 나리타 신칸센 계획은 철회 시킬 수 있었습니다.

학급의 이름을 사용하지 않고 학급의 부인들이 가진 의지만으로 운동에 참여하여 이루어 낸 성과였지만 지금도 '그 때는 앞장 서

반대해 주어 고마웠다'는 평가를 받고 있습니다.

　이후 지금까지 34년간 부인들의 학습은 이어지고 있습니다. 수강생은 60명이 되었고 '생활을 바라보며'라는 기본 테마에 따라 연 10회의 학습 커리큘럼을 설정하고 있으며 학년말에는 일 년 간의 강좌에 대해 반성하는 자리를 마련하여 수강생들을 대상으로 실시한 설문조사의 결과를 토대로 강사 등의 사항을 결정하고 있습니다.

　신년도 모집요강을 보고 수강을 신청하는 사람들 중 절반은 신입생이지만 기존의 수강생 중에도 "시간적인 여유가 있어 다시 들어왔습니다"라며 다시 신청하시는 분이 많아 지역에서는 이 강좌가 친근한 존재가 되고 있습니다.

　학습 내용의 정리는 기록자가 담당하고 있으며 학기 별로 중복되지 않도록 선출합니다. 운영위원은 10명 단위로 1명씩을 선출하여 멤버 간의 상의를 거쳐 강사를 선정하고 있습니다. 가끔 사회 정세를 반영하여 강의 내용을 선정한 경우에는 '시기적절한 강의라서 좋았다'는 목소리가 들려오기도 합니다.

　학급생 중 강좌 개설 시부터 재적하고 있는 학생은 저 하나지만 그 외에도 30명 정도는 늘 마주하는 얼굴들입니다.

　'47년간의 발자취 모음'에는 부인학급의 역사의 흔적이 담겨 있기 때문에 매년 문화축제에도 전시하고 있습니다. 올해도 이 자료를 보고 부인학급에 들어오는 사람이 있었습니다. 순조로운 학급 운영을 위해서는 모든 결정사항에 대해 운영위원회를 통해 서로 상의하여 조율해 가는 것이 좋다고 생각합니다.

　이제까지의 학습테마 설정에 있어 사회정세를 반영해 온 점이 참 좋았습니다. 이러한 여러 노력의 결과가 수강생 간의 끈끈한 연대로 나타나고 있다고 생각합니다.

후타와(二和)·미사키(三咲) 부인학급 47년의 발자취

1961년 10월	후타와(二和)·미사키(三咲) 부인학급 개강.
	미사키 초등학교 PTA와 사회교육과 제창
1962년 5월	후타와·미사키 부인학급 시작. 여성사
	(취미와 학습의 공존은 어렵다)
1963년	학급생의 요구에 의한 테마 설정
	테마 어린이 예의범절과 교육
	(다른 요구를 했던 사람들의 불만)
1964년	계통학습 우리들의 생활과 헌법
1965년	계통학습 생활과 경제
1966년	계통학습 세계사
	강사…도요(東洋)대학 후나키(船木)선생
1967년	계통학습 일본의 역사
	강사…와코(和光)학원 마루키 마사오미(丸木正臣) 선생
1968년	계통학습 메이지(明治)100년 전기
	강사…와코학원 마루키 마사오미선생
	(문부성 위촉 부인학급으로 선정되다)

1969년	계통학습 메이지(明治)100년 후기
	강사…와코학원 마루키 마사오미 선생
1970년	계통학습 정치와 소비경제
	강사…도요(東洋)대학 시게토미(重富)선생
1971년	테마 헌법과 부인(지방자치·사회보장)
	강사는 강좌마다 개별 의뢰
1972년	밝고 살기 좋은 사회
	(식품공해와 카소리[加曾利]견학 포함)
1973년	밝은 가정환경
	(석유위기·인플레이션 등 시사를 포함하다)
	(후타왜[二和]공민관이 생기고 후타왜[二和]부인학급으로 개칭)
1974년	계통학습 물가와 인플레이션
	강사…호세이(法正)대학 마츠자키 타다시(松崎義)선생
1975년	테마 아시아에서의 일본과 일본사
1976년	우리 주변의 공해문제 (식품·대기·석탄·세제)
1977년	여성사 (근대여성의 발자취)
1978년	향토와 근대사
1989년	지방자치와 그 구체적인 부분에 대하여
1980년	우리들의 생활을 둘러싼 사회·학교·가정문제
1981년	풍요로운 생활을 추구하며 여성의 사는 방법을 탐색하다
1982년	건강한 신체
1983년	역사로부터 본 음식과 생활

1984년	생활을 바라보며 (사회보장)	
1985년	우리들의 생활을 생각한다 (생활과 자치체제 외)	
1986년	우리들의 생활과 경제	
	(연금·쌀 문제·수이고[水鄕] 사회견학 외)	
1987년	부인학급과 우리들의 생활	
	(매상세금·농업·보소후도키[房総風土記]의 언덕 사회견학 외)	
1988년	우리들의 생활과 세금	
	강사…후지모토 미이코(藤本幹子)선생 외	
	(문학 산보~가마쿠라[鎌倉]~외)	
1989년	우리들의 생활 (세금·연금·식품공해·조리실습·문학 산보)	
1990년	우리들의 생활을 바라보며	
	(세금·노후·사회보장·조리실습·사회견학~가사이(葛西)임해공원~외)	
1991년	우리들의 생활을 바라보며	
	(걸프 전쟁후의 경제·사회견학~요코하마[横浜]~외)	
1992년	우리들의 생활을 바라보며	
	(세계경제와 일본·사회견학~치바[千葉]포트타워~외)	
1993년	우리들의 생활을 바라보며	
	(경제·환경·문학·사회견학~가마쿠라[鎌倉]·나리타[成田]~외)	
1994년	우리들의 생활을 바라보며	
	(쌀 문제·헌법·건강·사회보장·사회견학~혼도지[本土寺]외)	
1995년	우리들의 생활을 바라보며	
	(방재·건강·역사·수입식품·민법·약의 폐해·사회견학~사와라[佐原]~)	
1996년	우리들의 생활을 바라보며	

(경제・건강・수입식품・사회보장・사회견학~사와라[佐原]~)

1997년　우리들의 생활을 바라보며

(경제・노인복지계획・여성과 민법・사회견학~이바라키[茨城]현 자연박물관~)

1998년　풍요로운 생활을 추구하며

(경제・건강・간호보험・법률・사회견학~가즈사고쿠분아마데라[上総国分尼寺]유적~)

1999년　풍요로운 생활을 추구하며

(경제・환경・간호보험・법률・사회견학~노코기리야마[鋸山]・국립역사민속박물관~, 조리실습)

2000년　풍요로운 생활을 추구하며

(경제・시의 재정・환경・간호보험・법률・사회견학~꿈의 섬 열대식물원 외~)

2001년　풍요로운 생활을 추구하며

(경제・시의 재정・건강・간호보험・법률・사회견학~가사마 이나리[笠間稲荷] 외)

2002년　풍요로운 생활을 추구하며

(경제・건강・간호보험・미국과 일본・법률・사회견학~소우고[宗吾]영당 외)

2003년　풍요로운 생활을 추구하며

(경제・건강・간호보험・아시아와 일본・법률・사회견학~츠쿠바 산[筑波山] 외)

2004년　풍요로운 생활을 추구하며

(경제・건강・간호보험・보화 사회와 여성・법률・사회견학~요우로[養老]계곡 외)

2005년　풍요로운 생활을 추구하며

(경제·건강·간호보험·여성과 고령사회·법률·사회견학~사와라[佐原] 외)

2006년   풍요로운 생활을 추구하며
(경제·건강·간호보험·여성과 고령사회·법률·사회견학~이바라기[茨城] 도예미술관~)

2007년   풍요로운 생활을 추구하며
(경제·건강·국민투표법, 사회견학~조리실습·식생활)

아마미야 마사코(雨宮 正子)

제4장 **2** 삶과 지역을 만드는 시민 학습

만남·소통·이해
우라야스(浦安)시 도다이지마(当代島) 공민관 내 카페 코너

'카페·드·아일랜드'

   총 28석, 객석 쪽은 모두 전면 유리로 되어 있어 따스한 햇볕이 가득 들어오는 밝은 가게. 메뉴얼대로 행동하기는 조금 어려워도 마음만은 충분한 점원이 가지고 온 커피와 음료에는 다른 곳에서는 볼 수 없는 오리지널 수제쿠키가 같이 곁들어 나온다.
   우라야스(浦安)시 도다이지마(当代島) 공민관에 자리 잡고 있는 찻집 '카페·드·아일랜드'는 개업한지 벌써 10년이 지나 11년째를 맞이하고 있다.

  이 찻집이 개업하기까지의 과정에 대해서는 "주민자치와 평생학습의 마을 만들기" 중 '장애인 근로의 장으로서의 찻집'을 통해 나카무라 가즈아키(中村和明)씨가 자세하게 서술하고 있다. 나는 그 후 10년의 발자취와 직원의 입장에서 함께 생활한 날들의 일부를 소개하고자 한다.

개업 후 10년의 발자취

  '카페·드·아일랜드'는 1997년 우라야스(浦安)시 도다이지마(当代島) 공민관 완공과 함께 관내 1층에 개업했다. 우라야스시는 도다이지마 공민관의 정비에 있어 시민의 교류의 장으로서 찻집을 만들 것을 계획하고 그 운영을 시내의 복지단체에 위탁하겠다는 뜻을 표명했다. 우라야스시에 거주하는 지적장애아를 가진 부모들의 모임인 '우라야스 손을 맞잡는 부모의 모임'(이하 '부모의 모임')에서는 이 이야기를 듣고 참가 의사를 표명하여 찻집 운영을 담당하게 되었다.

  '부모의 모임'의 입장에서는 지적장애를 가진 사람들의 일자리 및 훈련 장소의 확보, 특히 공공시설 내에 존재하는 찻집의 운영으로, 이용하는 시민들과의 직접적인 교류를 통해 이들의 존재를 드러내는 것이 가능한 장소로서 찻집에 대한 큰 기대가 있었다.

이렇게 하여 '부모의 모임'에서 운영위원회를 구성하여 찻집을 운영하고 있다. 찻집의 시설사용에 대해서는 우라야스(浦安)시와 '부모의 모임' 간에 여러 차례 협의가 이루어졌으며 우라야스시 시장(市長)을 상대로 매년 행정재산 사용허가신청의 절차를 밟아 사용료를 면제 받는 한편, 개점 당시에 필요한 비품 및 식기 등에 대해서는 우라야스시에서 대여하는 형식을 취했다. 또한 도다이지마(当代島) 공민관 관장과 시 장애복지과, 그리고 '부모의 모임' 대표 및 운영위원을 중심으로 '우라야스시 도다이지마 공민관 찻집 연락회'를 설치하여 정기적인 보고와 연락, 협의 등을 지금도 계속하고 있다.

개점 당시에는 '부모의 모임' 회원들 중 매일 돌아가며 스태프를 정하고 '카페・드・아일랜드'에서 일하는 지적장애인(이하 멤버)으로는 고등학교 졸업생이 1명, 우라야스시 복지작업소의 사회체험실습생 4명이 선정되었다고 한다. 그 외에도 자원봉사자를 모집하여 모인 시민들과 '부모의 모임' 회원인 자원봉사자가 서포터가 되어 날마다 영업을 이어나갔다.

이러한 형태로 시작된 '카페・드・아일랜드'에서는 사회체험실습 과정을 이행한 후 일을 시작한 사람, 양호학교(현 특별지원학교) 고등부를 졸업한 사람, 민간 기업에서 일하다가 사정이 생겨 퇴직한 사람, 집에 있던 사람 등 여러 종류의 사람들이 여러 경위로 일하게 되었다. 이윽고 멤버들에 대한 안정된 지원을 위해 '부모의 모임' 회원이 아닌 사람을 스태프로 배치하고 고용형태 역시 파트타임에서 상근직으로 조정하여 운영체제를 완성하였다. 마침 이러한 과도기(2000년)

에 나는 '카페·드·아일랜드'를 알게 되어 그 인연을 지금까지 유지하고 있다.

처음에는 찻집의 일이 그렇게 바쁘지 않았기 때문에 아직 접객과 조리 등에 익숙하지 않은 멤버들과 틈틈이 상의하여, 멤버의 급료와도 연결되는 매상을 늘이는 방법은 없을까! 하고 고민한 끝에 당시의 운영위원이 생각해 낸 것이 쿠키 만들기였다고 한다. 현재 사용하고 있는 레시피는 머리를 짜내고 수많은 시행착오를 겪은 당시의 운영위원, 자원봉사자, 스태프들과 그것을 다듬고 완성해 낸 멤버들의 노력의 결과다. 이 쿠키는 매장 내 판매에 그치지 않고 '부모의 모임'이 주최하는 이벤트와 시내 각 공민관의 문화제, 시내 행사 등에서도 적극적으로 판매해 왔다. 그러는 동안 판매량도 점점 늘게 되어 카페를 운영하면서 틈틈이 만드는 것만으로는 감당하기 어려운 상황에까지 이르게 되었다.

2002년 즈음에는 민간 기업에 취직했지만 불경기의 영향으로 이직한 사람, 민간 기업에서 계속 일하지 못하고 집에 있던 사람, 양호학교를 졸업한 사람 등을 새롭게 멤버로 영입하게 되었다. 어느새 멤버는 7명이 되었다.

이와 같은 두 가지의 상황, 즉 쿠키의 생산이 판매량을 따라잡지 못한다는 즐거운 비명과 힘든 사회 현실이 '카페·드·아일랜드'에 새로운 바람을 일으키게 되었다. 민간 기업으로부터의 이직자, 또는 양호학교 졸업생 등의 영입처로 존재하기 위해서, 또 쿠키의 제조를 카페 업무 중에 하는 것이 아니라 쿠키 제조에만 전념할 수 있는 환경을 만들기 위해서는 찻집 '카페·드·아일랜드' 이외에 새롭게 일할 수 있는 장소가 필요했다. 일을 하고 싶어 하는 사람들을 받아들이기 위해 2003년에는 '부모의 모임' 내에 소규모 복지작업소의 설립을 위한 협의모임을 발족하였다. '카페·드·아일랜드'와 연계하기 쉽도록 마침 도다이지마(当代島) 공민관 바로 앞이라는 훌륭한 조건의 장소를 찾을 수 있게 되어 일 년간의 연구 및 준비기간을 거쳐 2004년에는 우라야스(浦安)시 소규모 복지작업소 설치요강을 토대로 하여 시내 제1호 민간 소규모 복지작업소인 '지역작업소 워크·드·아일랜드'(이하 작업소)를 열게 되었다. 멤버(지금까지 '카페·드·아일랜드'에 소속되었던 멤버에 새로운 멤버가 더해짐) 11명, 상근직원 2명, 비상근직원 2명의 '워크·드·아일랜드'의 작업 내용은 물론 과자제조 및 판매업무며, '카페·드·아일랜드'는 카페업무와 함께 제조한 과자를 판매하는 곳으로 자리매김하며 현재에 이르게 되었다.

우라야스(浦安) 손을 맞잡는 부모의 모임, 지역작업소
워크 · 드 · 아일랜드
오렌지색 텐트가 표지

'도다이지마(当代島)의 섬(島)→island→아일랜드→아일랜드의 사업'
※작업소이용자(지적 장애를 가진 사람)를 멤버, 지도원을 스태프, 협력 자원봉사자를 보라(볼란티어)라고 부르고 있습니다.

○카페·드·아일랜드는
워크·드·아일랜드 사업의 일부입니다.

○워크·드·아일랜드는
우라야스(浦安)시의 소규모 복지작업소 사업보조금을 받아 우라야스(浦安) 손을 맞잡는 부모의 모임이 운영하고 있는 지적장애가 있는 사람들이 일하는 장소, 지원의 장입니다. 잘 부탁드립니다.

○워크·드·아일랜드의 멤버(이용자)와 스태프(지도직원)가 늘었습니다.
카페 오픈으로부터 벌써 9년, 게다가 위생과 완전에 신경 쓰며 맛있는 쿠키와 케이크를 직접 만들고 있습니다.

[워크 * 수제 구운 과자의 안내]

☆☆☆멤버의 추천☆☆☆
야심작쿠키(10종) : 200엔과 100엔
플레인·레몬·홍차·깨·녹차·
코코아·커피·마블·땅콩·믹스

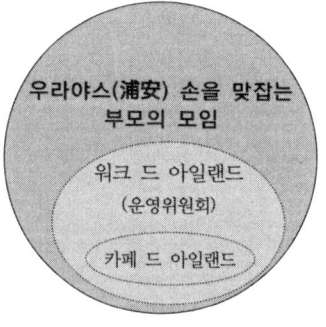

'워크'와 '카페'는 이런 관계입니다.

【카페 메뉴 소개】

커피 230엔 (추가시 100엔)
그 외 홍차, 주스, 우롱차 등

런치 세트 680엔 (샐러드 및 음료 서비스)
그 외 카레라이스, 하야시라이스, 필라프, 스파게티, 피자, 우동, 주먹밥 등

쉬폰 케이크 세트 400엔 (음료 서비스)
케이크 세트 500엔 (음료 서비스)
그 외 따끈따끈한 케이크, 토스트 등

☆☆☆자원봉사자의 추천☆☆☆
쉬폰케이크(17cm형) 1개 : 1000엔
쉬폰케이크(21cm형) 1조각 : 200엔
....
☆☆☆스태프의 추천☆☆☆
레몬케이크 1조각 : 100엔
초콜릿케이크 1조각 : 100엔
....
선물용 상자와 포장도 준비되어 있습니다.
스태프에게 문의해 주세요.
TEL&FAX : 047-351-1103

- 매월 첫째 주 수요일에 런치타임 콘서트를 개최하고 있습니다.
- 산책 버스를 타고 아일랜드로 오세요.
- 아일랜드의 유쾌한 친구들이 기다리고 있습니다.
- 출장판매에서의 만남도 기대하고 있겠습니다.

'카페 · 드 · 아일랜드'의 하루 시작은…….

　작업소에서 일하는 대부분의 멤버는 쿠키제조 업무와 카페업무를 교대로 처리하고 있다. 매일 조례시간에 멤버를 두 그룹으로 나누어 카페업무 그룹(멤버 3~4명, 스태프 2명, 자원봉사자 2~3명)은 도다이지마 공민관으로 향한다. 개업 전에는 반드시 공민관 사무소의 창구에 들러서 관장을 비롯한 공민관의 모든 분들과 인사를 나눈다. 이 인사로부터 '카페 · 드 · 아일랜드'의 하루는 시작된다. '안녕하세요!' '오늘도 힘내요!' '많은 손님이 찾아 주시길!' '잘 부탁드립니다!'. 공민관 안에 카페가 위치하고 있기 때문에 모든 공민관 직원들과 같은 공간에서 지내고 있지만 카페도 공민관도 제각기 일이 바빠 만날 수 있는 시간은 의외로 길지 않다. 그러나 출퇴근 시간의 짧은 교류가 이러한 사실을 잊게 만든다. 어쩌면 당연한 일일 수도 있지만 공민관의 관계자들과 멤버들 간의 관계를 볼 때마다 그 동안 오랜 시간에 걸쳐 쌓아온 인연의 소중함을 다시 한 번 생각하게 된다.

그리고는 카페의 업무개시. 청소와 개점준비부터 시작하여 업무의 분담을 정할 때쯤이면 자원봉사자가 온다. 한 사람당 한 달에 한두 번, 하루에 세 시간 정도의 빈도로 서로 시간차를 두고 총 60명 정도의 자원봉사자들이 방문해 주고 있다. 이 분들은 1996년 개점 당시부터 인건비 문제로 배치가 제한된 스태프 업무의 일부, 즉 멤버의 일(접객·조리·기타 업무)을 지켜보고 그 외 보조적인 업무 등을 돕고 있다. 모든 스태프 및 관계자들은 자원봉사자에 대한 감사의 마음으로 가득 차 있다. 자원봉사자 모두가 멤버의 말에 다정하게 귀를 기울이며 항상 따뜻한 눈길로 지켜보고 있다.

카페·드·아일랜드

'카페·드·아일랜드'의 일

　작업소를 세우기 전에는 카페라는 한 공간에서 차와 과자제조라는 두 개의 일을 병행해야 했기 때문에 혼란이 자주 일어났다. 스태프의 수가 제한되어 있기 때문에 멤버가 적을 때는 많은 일을 적은 인원으로 처리해야 하는 어려움(손님이 오시면 그 때까지 쿠키를 만들고 있던 사람이 갑자기 접객을 해야 하며 그런 전환에 당황하는 등)이 있고, 반대로 멤버가 많을 때에는 좁은 공간에서 많은 인원이 여러 가지 일을 분담해 진행해야 하는 불편함이 있었다.

　그러나 작업소가 생겨 카페와 과자제조 업무를 담당하는 '장소'가 나누어지자 일의 분담에 있어 '카페'와 '과자제조'라는 큰 틀이 잡혀 각각의 세부적인 담당 간에도 관련성이 생겨 쉽게 이해할 수 있게 되었다. 예를 들면 카페 일은 홀·음료·샐러드·커피·카운터·조리보조 등의 담당으로 나누어진다. 인원수와 일에 균형이 잡히고 각각의 담당 내용도 명확하기 때문에 분담 후에는 자기가 맡은 일에 집중할 수 있게 되었다. 또한 각각의 일이 서로 관련되어 있기 때문에 (홀 담당이 제대로 주문을 받지 않으면 음료나 커피의 담당자는 준비를 할 수 없고, 반대 경우 역시 마찬가지다.) 각각의 멤버가 책임감을 느끼게 되었다. 또 '카페'와 '과자제조' 담당이 날마다 바뀌도록 하고 있으며 가능한 한 세부적인 담당 역시 고정하지 않고 멤버들이 여러 가지 일을 경험할 수 있도록 하고 있다(이러한 대응이 어려운 멤버에 대해서는 그렇게 하지 못하는 경우도 있다). 각각의 담당을 완전히 파악하는 것은 어렵다.

그러나 모든 멤버가 각자 맡은 일에 대해 열심히 대처하고 있고 여러 가지 담당을 경험함으로써 다른 담당자에 대한 배려도 배우고 있다.

각각의 일터에는 손님이 존재한다. 특히 매일 손님과 직접 대면하는 카페의 경우 자신이 배운 책임감과 배려가 그대로 손님에게 전해지는 것이 눈에 보이는 긴장감 속에서 모든 멤버들이 착실하게 성장하고 있다.

'카페·드·아일랜드'와 손님

손님이 있어야 찻집도 존재할 수 있다. '카페·드·아일랜드'에는 동아리의 정기 활동을 가지는 멤버들과 도서관 등 공민관의 시설을 이용하기 위해 찾아온 사람들, 그리고 근처 주민이나 공민관 근무자들도 많이 찾아온다. 공민관 안에 있는 찻집으로서 공민관의 동아리 활동에 사용되는 것은 물론, 굳이 동아리 활동이 아니더라도 가벼운 마음으로 찾아주시는 분들이 많다. 그 외에도 업무 중 휴식시간에 밥을 먹으러 오거나 지인과의 약속장소로 찻집을 찾는 등 여러 가지 이유로 '카페·드·아일랜드'를 찾는 손님들이 있다.

'카페·드·아일랜드'에서는 접객은 홀을 담당하는 멤버가 맡고 있다. 물론 스태프와 자원봉사자의 서포트가 있기는 하지만 보통은 담당 멤버가 하는 대로 맡겨 두다가 필요한 부분에만 나서서 서포트하는 경우가 많았다. 접객의 내용은 상대에 따라, 인원에 따라, 주문에 따라 여러 가지로 변화한다. 임기응변이 서툰 멤버가 많은 가운데 손님을 곤란하게 하는 경우도 종종 있다. 이런 우리들에게도 몇 번이고 발걸음 하며 지속적으로 구매해 주시는 손님이 있지만, 돈을 받는 대가로 다과와 서비스를 제공하는 찻집으로서 손님의 호의에 많이 기대고 있었다는 것을 깨달았다. '일하는 곳·훈련하는 곳'인 '카페·드·아일랜드'의 멤버 스스로가 홀 담당으로서 손님을 만족시킬 수 있도록 자립하고 자신감을 가지게 되는 것을 목표로 하고 싶다. 이러한 생각에서 말투와 절차 등 기본적인 부분에 대한 간단한 안내서를 만들어 멤버에게 반복해서 연습하도록 했다. 또한 안내서는 바로 볼 수 있는 곳에 두고 스스로 이해할 수 있는 멤버는 곤란한 상황이 생기면 바로 확인할 수 있도록 했다. 서포터 역시 이 안내서에 따르도록 했다. 그 결과 멤버들이 업무에 대해 쉽게 이해하게 되었고 홀의 업무에도 리듬이 생겨 스스로 무언가를 하려고 노력하는 자세를 가지게 되었으며 다른 담당자가 잘 모르는 경우에는 가르쳐 줄 수도 있게 되었다.

또한 안내서를 제대로 이해함으로써 여유가 생기고 반대로 안내서에는 없는 멤버 각자의 개성이 싹트기도 했다. 음료에 딸린 서비스 쿠키를 내올 때, (절대로 으스대지 않는 자세로) '서비스입니다!' '특별히 드립니다!'와 같은 한 마디를 건네면 손님도 기뻐한다. 그러한 손님의 반응은 멤버의 자신감으로 이어진다. 주문 실수도 줄고 모두가 활기차게 일하게 되었다.

손님 중에는 몇 번이나 와 주시는 분이 많은데, 이는 우리에게 있어 그 무엇보다 기쁜 일이다. 멤버 중에는 대인관계가 서툰 사람도 있다. 그만큼 다른 사람보다 훨씬 긴장하고 홀에 나가는 것에 어려움을 겪는다. 그렇지만 자주 오는 손님의 경우에는 아는 사람이라는 감각이 생겨 홀에도 나갈 수 있게 된다. 실제로 이러한 일이 계기가 되어 이전까지는 홀 담당을 전혀 맡지 못하던 멤버가 지금은 모든 손님을 상대할 수 있게 되었다.

미니콘서트 개최

'카페로서 해 볼 만한 좋은 기획이 없을까?' 그저 손님을 기다리고 있는 것만으로는 카페로서 발전할 수 없다.

공민관의 정기 청소에 따른 휴관일(도다이지마[当代島] 공민관은 매월 말일) 등을 이용하여 사회과 견학을 겸한 여가활동으로써 버스하이킹을 실시하던 중, 우리와 같이 공공시설 내에서 복지단체가 영업하고 있는 찻집을 견학하였다. 그 찻집에서는 정기적으로 콘서트를 열고 있다는 이야기를 들은 것이 계기가 되어 이 기획에 불이 붙었다. 운영위원회를 통해 카페로서 훌륭한 기획이라고 느꼈던 내용에 대해 상의하고, 또 이제까지 '카페·드·아일랜드'를 모르고 있던 사람들에게 광고할 수 있는 방법이 없을까! 그것을 계기로 손님들을 더 오게 할 수는 없을까! 등 여러 가지 생각 끝에 처음으로 시도해

보게 된 것이 바로 2002년 봄. 게다가 출연료가 거의 나오지 않는 의뢰임에도 불구하고 운 좋게 당시 자원 봉사자들의 소개로 가수 활동을 하고 있던 시민에게 출연을 승낙 받아 공민관과의 조정에 들어갔다. 콘서트 기획에 대해서는 도다이지마(当代島) 공민관도 흔쾌히 허락해 주었다. 그러나 실행을 위해서는 다음과 같은 사항이 문제로 떠올랐다. ①공민관 내에 있는 카페의 위치관계 상 시설 전체로 소리가 새어나가기 때문에 공민관 이용자, 특히 같은 층에 있는 도서실 이용자에게 영향을 미칠 것으로 생각된다. ②카페의 자리수는 20석(당시) 뿐이기 때문에 카페 앞의 자유공간인 라운지와 책상·의자 등 공민관의 비품을 빌려 객석수를 늘려야 한다.

공민관 관장과 운영위원, 스태프, 출연자가 모두 모여 의견을 나누었다. ①에 관해서는 사전의 안내 및 음량의 조정으로 해결하고 ②에 관해서도 준비와 정리 등을 모두 카페에서 책임지겠다고 하여 어려움 없이 일이 진척되었다. 그리고 지역정보지 등을 이용한 홍보로 손님들도 많이 모이게 되어 제1회 콘서트는 성황리에 무사히 끝마칠 수 있었다.

카페는 그야말로 인산인해를 이루어 멤버들이 너무 바빠서 당황하기도 하고 갈피를 못 잡기도 하여 여러 가지 해프닝도 있었지만 지나고 보면 출연자, 공민관, 그 밖의 관계자, 운영위원, 멤버, 스태프가 하나가 되어 콘서트라는 새로운 시도를 할 수 있었던 것이 무엇보다도 좋은 경험이 되었다. 이를 계기로 다음번 공연에 대한 희망도 생기고 지금은 시내에서 활동하는 연주 그룹 멤버들의 협력으로

1년에 3번 정기적으로 개최할 수 있게 되어 콘서트를 기다리는 손님들도 있다.

'카페·드·아일랜드' 10년을 맞이하며

'카페·드·아일랜드'라는 명칭은 소재지인 "도다이지마(当代島)"의 '섬(島, 아일랜드)'과 "만남('데아이[出会い]')·교류('후레아이[ふれあい]')·상호이해('리카이시아이[理解しあい]')"의 '아이'를 따서 만든 매우 훌륭한 이름이다.

10년이라는 시간 동안 설립 당시에 설정한 '활동의 장·훈련의 장'의 확보라는 목표가 더 큰 결실을 맺게 되었다. 소규모 복지작업소 사업으로 시작된 '카페·드·아일랜드'는 지금까지 이용해 준 시민들, 자원봉사자, 공민관 관계자 및 그 밖의 많은 사람들과의 "만남·교류", 그리고 그로 인해 형성된 "상호이해"의 마음가짐에 의해 유지되어 왔다. 앞으로는 '카페·드·아일랜드'와의 "만남·교류"를 통해 많은 사람들의 마음속에 "상호이해"의 정신이 싹트게 될 것이며, 이러한 정신이 더욱 더 확대되어 갈 수 있는 발신지로서 '카페·드·아일랜드'가 존재할 수 있었으면 한다.

나카쿠키 쿄코(中久喜 響子)

제4장 **3** 삶과 지역을 만드는 시민 학습

우리들은
공민관을 사랑합니다

'교육을 생각하는 모임'의 출발

우리들의 활동은 2001년 6월부터 시작되었다. 기미쓰(君津) 중앙 공민관에 시민·전(前)대학교수·사회교육관련기관 직원 등이 모여 '최근 화제가 되고 있는 것이……'와 같이 일상생활과 관련된 화제, 특히 그 중에서도 교육에 관한 이야기를 나누는 모임이었다. 이 모임은 한 달에 한 번, 2시간 정도의 모임으로 정착되었고 참가자 중 한 명인 S씨는 '평범한 주부인 나로서는 여러 가지 이야기들이 모두 좋은 공부가 되었다'라고 말한다. 내용은 학교 주 5일제·여유

있는 교육·보금자리 만들기·생명 수업·커뮤니티 스쿨 등 다방면에 걸쳐 있었다. 2003년 4월의 기록을 보면 참가자는 5명으로 근황을 보고한 후 이 모임이 나아갈 방향에 대해 토의하고 기미쓰(君津)시에 사는 아이들의 행복을 위해 교육에 관해 폭넓게 생각해 보아야 한다는 것을 확인하였다. 또한 회원 확보 및 운영비용 등의 결정과 모임의 명칭을 생각해 오는 것이 이 날의 과제가 되었다.

교육기본법의 개정문제를 다루게 되면서 깊이 있는 학습을 위해 더욱 많은 사람들과 함께 생각할 수 있는 기회를 만들어야 한다고 생각하여 2003년 8월 1일에는 미니학습회-'알고 있습니까? 교육기본법'을 개최하였다. 치바(千葉)대학 교수인 나가사와 세이지(長澤成次)씨를 초빙하여 교육기본법에 어떠한 내용이 포함되어 있고 우리들의 생활과는 어떻게 연관되어 있는지 등에 대해 배웠다. '사실 당시에는 잘 이해가 안 되었는데 그 후 기회가 있을 때마다 다시 생각해 보며 조금씩 알게 되었다' '평소 법률은 우리 생활과 동떨어진 것이라고 생각하고 있었는데 그것에 의해 교육이 지탱되고 있다는 것을 알게 되었다' 등의 감상이 들려 왔다.

그 해 11월, 모임의 명칭이 '교육을 생각하는 모임'으로 정해졌다. 당시에는 자녀, 학교, PTA의 운영 등의 화제에 관심이 높았다. 언제나 진지하게 우리들의 이야기를 들어주는 오카다 타다오(岡田忠夫)(東洋대학 명예교수)씨의 존재가 특히 중요했다. 그 후로도 교육위원회 제도에 관한 연구와 중앙교육심의회 답신 '앞으로의 학교관리 운영의 자세에 대해' 및 교육기본법개정안의 연구 등 기초적인 학습이 진행되었다. 모임의 활동을 통해서 교육위원회를 방청할 수 있다는 사실을 알게 된 후 실제로 참석하고 있는 회원도 있다.

그러던 중 학습의 일환으로 2005년 기미쓰(君津)시의 '제2차 기미쓰시 평생학습계획'을 읽어 보게 되었는데 내용이 구체적이지 못할 뿐만 아니라 '평생(生涯)'의 해석에 있어서도 관점이 좁고, 제1차 계획과의 연관성도 느낄 수 없었다. 그 후로도 '사회교육법'과 '평생교육추진법'을 읽고 사회교육과 평생교육의 차이를 비교하기도 하고, 나중에는 '헌법독본'을 읽고 분석하는 데까지 발전하게 되었다.

2006년 5월, 시내 여덟 번째 공민관인 스사이(周西)공민관의 개관식에 참가한 어떤 회원으로부터 '이용자의 입장에서 볼 때 장애인을 배려하지 않은 시설'이라는 점을 지적받았다. 마침 기미쓰 중앙공민관의 신축을 앞두고 있던 시기라 모임에서는 스사이 공민관의 전철을 밟지 않도록 시설현황에 대한 조사를 시작하였다.

알고계십니까? 교육기본법

지금, 신문과 텔레비전 등에서 '교육기본법개정'이 화제가 되고 있습니다.
그러나 '교육기본법'을 실제로 읽어보신 적이 있습니까?
불과 11개의 조항으로 이루어진 '교육기본법'.
대체 어떤 내용이며 우리들의 생활과는 어떤 연관이 있을까요?
함께 읽고 생각해 보시지 않겠습니까?

누구라도 참가할 수 있습니다!! (참가비무료·어린이동반 OK!)

* 일　시　2003년(헤이세이[平成]15년) 8월 1일(금)
　　　　　저녁 6:30~8:30
* 장　소　기미쓰(君津) 중앙공민관 (기미쓰시청 옆)
* 강　사　나가사와 세이지(長澤成次) (치바[千葉]대학교수)

【주최·문의】
교육을 생각하는 모임　　　대표 오카다(岡田)

'기미쓰(君津)의 공민관을 생각하는 모임'으로

　모임에서는 평생학습과 및 공민관 운영심의회위원 등으로부터 개축현황을 듣고 기미쓰(君津) 중앙공민관은 2005년의 기본설계 및 2006년의 실시설계를 거쳐 2009년 봄에 개관되며 평생교육센터와 복합시설로 개축될 예정이라는 것을 알았다. 공개된 정보량이 적은 가운데 개축에 관한 조사검토위원회의 보고서 및 개축에 앞서 기미쓰(君津) 중앙공민관 이용자연락협의회가 실시한 이용자 설문조사 결과를 검토하는 한편, 이러한 내용이 어떻게 설계에 반영되었는지 도면을 읽고 이해하는 연구도 시행되었다. 앞서 언급한 스사이(周西) 공민관의 문제점을 정리하기 위해 '스사이 공민관의 개관에 대해 생각한다'라는 주제로 간담회를 개최하기도 하였다. 다음은 간담회에서 이야기되었던 내용이다.

스사이(周西)공민관의 개관에 대해 생각한다

1. 스사이(周西)공민관, 현황과 문제점
   ◆ 화장실(문과 세면대의 위치·간이침대가 없다·인공배설기설비가 없다·어린이용 화장실이 없다 등)
   ◆ 장애인에 대한 배려가 결여되어 있다
     · 화장실·안뜰·조리실(휠체어로는 이동할 수 없다)
     · 주차장(장애자용 주차장에 잔디가 있다. 오르막이 있다. 좁다 → 휠체어를 차량 뒤편으로 꺼내면 도로로 튀어 나온다)
   ◆ 안뜰(타일과 잔디…손질은? 걸려서 넘어지지 않을까? 휠체어로는 이동할 수 없다)
   ◆ '공민관'으로서의 기능보다도 디자인을 중시한 것은 아닌가?
   ◆ 홀 음향과 암막의 정비 불량
   ◆ 주차장 - 통행금지 표지가 없고, 타이어가 흙 부분에 끼어버린다
   ◆ 자전거 주차장이 없다
2. 준비 단계와 그 이전을 돌이켜보면…
   ◆ 개관일의 지연
   ◆ 소모품과 비품이 갖춰지지 않음
   ■ 정보가 개방되어 있지 않았다
     (시민이 설계를 볼 즈음에는 이미 설계를 수정할 수 없는 단계가 되어 있다.)

> ■ 검토위원회와 시민의 이야기 등, 사전에 요구・건의했던 것들이 받아들여지지 않았다.
> ■ 책임 소재가 불분명
> 3. 정리와 앞으로의 주제
> ◆ 지금까지의 시내 공민관 건설에서의 문제점이 나아지지 않고 있다 (이대로는 중앙공민관의 신축에서도 같은 일을 반복하지 않겠는가)
> ◆ 하드웨어(건물・설비)이상으로 중요한 것이 있음에도 불구하고 그것을 이야기할 여유가 없는 실정
> ◆ 지금의 대응을 보면 권력을 사용하여 드러난 문제에 대해 일시적으로 입막음하고 있는 것으로 밖에 보이지 않음
> ◆ 5년 계획에서는 스사이(周西) 공민관 개관보다도 중앙공민관 개축이 먼저였다
> → ①왜 순서가 바뀌었는가?
> → ②순서가 바뀜에 따라 자금과 시간이 부족한 가운데 스사이 공민관을 짓게 되어 설비면에서 지금과 같은 여러 문제가 발생한 것은 아닌가?
> ◆ 기미쓰(君津) 중앙공민관 개축을 앞두고 시민이 바라는 공민관이 되려면 어떻게 해야 하는가?

이미 개축(그 후 사업명이 '[가칭]평생교육 교류센터건설사업'으로 변경되었다)을 위한 움직임이 시작되어 긴박감이 감돌고 있는 가운데, 모임에서 입수한 정보를 시민에게 전하고 시민과 함께 생각하는 기회를 가져야 하겠다고 생각하여, 그 준비과정에서 '교육을 생각하는 모임'이라는 명칭을 '기미쓰(君津)시의 공민관을 생각하는 모임'으로 변경하고 '제1회 기미쓰의 공민관을 생각하는 모임'을 개최했다.

모임에서는 자신들의 교육 장소는 어떻게 되는 것인가, 국토교통성에서 받은 보조금을 사용하여 복합시설로서의 설립이 거의 확정된

것 같다, 평생교육과에서는 실시설계의 단계까지는 '의견이 있으면 수용하겠다'고 말하고 있지만 과연 의견이 어디까지 받아들여 질 것인가, '공민관으로서의 역할수행은 어떻게 되는 것인가 등 구체적인 의견들이 제시되었다. 이 제한된 시간 속에 시민이 바라는 공민관 개축을 위해 공민관 직원, 기미쓰(君津)시 직원조합사회교육부, 시민의 3자가 무엇을 할 수 있을까. 시민이 납득할 수 있는 공민관 설립에 대해 고민하면서 모임과 연구를 거듭하는 한편, '제안서 작성' 및 현재의 실태를 많은 시민들에게 알리기 위한 총 7번의 학습회와 모임을 개최에 힘을 쏟았다.

모임 참가자의 목소리

* 저는 PTA의 임원입니다. 공민관에서 사회교육을 배운 것이 계기가 되어 PTA의 임원을 맡게 되었습니다. 공민관이 사라진다면, 또 어머니들의 학습장소가 사라진다면……. PTA의 후계자도 사라지고 공민관·PTA가 없는 마을, 저로서는 상상할 수 없습니다.
* 공민관에서의 활동을 통해 자신이 공민관 자체에 대해 생각하는 사람으로 성장했다고 하는 시민의 말 속에서 공민관 활동의 의미를 발견했습니다. 현장에 관한 문제의 해결은 그것과 관련된 시민의 손에 의해서만 가능한 것. 그러한 개인을 키우는 것이야말로 시민과 직원의 유기적인 관계 속에서 이루어낼 수 있는 공민관의 가능성이라고 생각합니다.
* 중앙공민관의 문제는 다른 공민관에도 영향을 주는 것은 아닐까요? 적극적으로 지금의 실태를 파악할 기회를 만들 필요가 있다고 생각합니다.
* 지금까지처럼 무료로 이용하지 못한다면 활동의 의미도 변하게 된다. 무료이기 때문에 어린 아이들도 올 수 있었다. 공민관은 내가 태어났

> 을 때부터 공민관이었다. 다양한 사람들이 찾는 장소이기 때문에 사람들을 사귈 수 있고 스스로 얻는 것도 많다고 생각한다.
> * 어떠한 마을을 만들고 싶은지에 대한 시민의 의견이 잘 드러나지 않는다면 솔직하게 이야기를 나눌 장소를 만들어야 한다.

계속된 연구와 활동의 결과로서 '기미쓰(君津) 중앙공민관 개축 기본설계에 대한 제1차 제안서'를 작성하여 11월에 시장과 교육장 등에 전달했다. 모임참가자의 합의를 얻어 기미쓰 중앙공민관의 '만남의 방'(공민관 사용허가신청을 하지 않아도 누구든 쉽게 사용가능한 장소)을 이용하여 모임의 활동과 설계도를 전시하고, 개축의 문제점을 많은 공민관 이용자들과 함께 공유해 가기 위한 활동을 전개했다.

활동이 순조롭게 진행되는 것만은 아니라 불안감도 있었지만 이러한 활동이 각자의 학습으로 연결된다는 것을 실감하면서 회원들은 지금도 열심히 연구를 이어가고 있다.

'모두 각자의 자리로 돌아가서 할 수 있는 일을 합시다'라고 메시지를 모임을 통해 꾸준히 전달한 결과 여러 가지 움직임이 일어났다. 시의회 및 각종 위원회의 방청자가 늘고 기미쓰 중앙공민관의 이용자연락협의회와 기미쓰 지구공민관 운영심의회로부터 시와 교육장 앞으로 개축문제를 담은 제안서가 제출되기도 하였으며, 공민관이 신관으로 옮겨지기까지 반년동안 공민관을 사용할 수 없다는 사실에 대해 이용자 발기인회에 의한 서명운동이 벌어져 5,600명이 넘는 사람들이 서명한 일도 있었다.

활동 후 알게 된 점(회원의 감상)

〈이용자 S씨〉

내가 공민관을 처음 접하게 된 것은 10년 전 가정교육학급에 초대받고 나서부터이다. 당시에는 흥미로운 행사도 많고 그것들을 스스로 운영하고 있는 선배 어머니들에 대해 관심이 생겼다. 그러나 학습이 쌓여 갈수록 '생활 주변의 여러 단체들'에 대해 알아보고 싶다는 생각이 들었다. 그래서 나는 그동안 궁금했던 'PTA란 무엇인가'를 주제로 공부를 계속하였다. 다양한 의문이 해결된 후, 나는 아이들이 다니는 학교의 PTA본부 임원에 입후보하여 동료들과 함께 PTA활동의 본질적 목표의 달성을 위해 노력하게 되었다.

동료들과 새벽 1시까지 토의하기도 하고 PTA 일 때문에 매일같이 학교에 나가 선생님들과 이야기를 나누며 스스로도 많이 성장했다. 지금은 시민협동의 마을 만들기 회의의 공모위원에 지원하여 대중들의 의견을 바탕으로 한 요강작성과 시민협동의 마을 만들기에 관한 조례작성을 추진하고 있다. 조례를 검토하기 위해서는 공부가 필요하므로 다른 시의 조례를 읽어보기도 하고 마을 만들기에 관한 책도 많이 읽고 있다. 다양한 사람들의 의견을 들음으로써 시야가 넓어진다. 배움에는 노력이 필요하다. 집안일은 아이에게 도와달라고 하고 어차피 말해도 그만두지 않을 거라며 식구들을 단념시키며 주어진 기회를 놓치지 않도록 노력하고 있다. '기회를 주었는데도 잡지 못한 것은 시민'이라는 말을 듣지 않도록 지기 싫어하는 성격 하나로 분투하고 있다.

　시민협동의 마을 만들기를 지향하고 있는 기미쓰(君津)시. 시민 역시 그저 기다리고만 있어서는 아무것도 변하지 않는다. 다양한 정보를 입수하고 연구하여 의견을 제시해야 한다. 여러 단체 활동을 통해 시의회·교육위원회의·사회교육위원회의·평생학습추진위원회의 등을 방문하고 의원들과 토론할 기회를 가지면서 내가 느낀 점은, 서로 의견을 제시하고 검토해 볼 기회가 거의 없다는 사실이다. 인생에서 꼭 필요한 것을 배우는 '교육의 장'을 준비하는 것은 행정의 역할이다. 그리고 시민의 가까이에 있는 공민관이야 말로 그 역할을 수행하는 데 적당한 곳이라 생각한다. 교육기관이기 때문에 더욱더 교육 전문가의 초빙과 주최 사업을 통한 인재양성이 중요하다. 전문적인 지식학습에 대한 참가자와 보조자로서 민주주의적인 대화를 나누는 기술을 배워야 한다. 지금의 공민관이 그 책임을 충분히 다하고 있는지는 의문이다. 기미쓰시 내의 각 공민관에 배치되는 전문직원은 한 명뿐으로 전문직원이 가진 정보를 직원 전원이 공유하고 업무에 활용해야 하지만 그럴 여유조차도 없는 듯하다. 사람들과 어울려 배우기를 희망하는 직원이라면 교육기관에 전속(転属)되어도 좋을 것이라는 생각이 든다. 다행히도 기미쓰시는 전문 직원의 채용으로 젊은 인력이 늘어나고 있다. 각 기관의 선배들은 업무에 대한 노하우를 충분히 전수하고, 직원과 시민은 서로 협력하여 배움의 장을 확보하고 활성화해야 한다고 생각한다.

　공민관에서 배운 큰 교훈 중 하나는 의문을 가지는 것이 중요하다는 사실이다. 의문이 배움이 되고 배움이 행동이 된다. 시에 대해 배우고 나서야 기미쓰(君津)시의 학습 환경이 다른 시에 비해 우수하다는 것을 알게 되었다. 그러나 지금은 이 우수한 학습 환경이 위기에 직면해 있다. 사람들과 이야기하는 것이 서투르던 나지만 점점 많은 사람들과 이야기할 수 있게 되었다. 많은 사람들과의 대화는 그 자체로도 공부가 된다. 이처럼 소중한 공민관이 원래 목적에 부합하는 교육시설로 남을 수 있도록 앞으로도 활동을 계속하고 싶다.

〈근무 2년째인 A씨〉

나는 대학시절에 기본지식의 습득을 위해 사회교육을 조금 공부했었다. 졸업 후 기미쓰시의 사회교육주사(主事), 즉 사회교육 전문직원으로 채용되어 올해로 부임한지 2년째를 맞이한다. 아직 공민관에서의 실적은 없지만 '기미쓰의 공민관을 생각하는 모임'에 간부로 참여하여 어려움과 동시에 신선함과 사명감을 느끼고 있다. '책상 위의 지식은 현장과 맞지 않는다'고 비판만 해서는 아무 것도 바뀌지 않는다. '생각하는 모임'은 직원과 시민이 하나가 되어 '본래의 목적'에 대해 토의하며 그것을 실천하는 모임이다. 일상의 업무에 쫓겨 놓칠 뻔한 '본질'을 확인하는 장소가 있다는 사실은 일을 하는데 있어서도 커다란 동기부여와 지침이 되고 있다.

또한 주민과 직원의 경계를 허문 활동에 직접 관여함으로써 사회교육의 힘을 다시 한 번 확인하고 있다. 한편 직원으로서 자신에게 과제가 부여되는 활동이기도 하기 때문에 매 순간 순간 집중하고 있어야 하는 면도 있다.

  그러나 이 모임과 같은 주민이 중심이 된 활동이 가능하다는 것이 야말로 공민관의 존재의미를 나타내는 것이라 생각한다. 그렇기 때문에라도 이러한 활동의 근거로서의 공민관을 지켜나가고 싶다.

우리들은 '공민관'을 사랑합니다.

공민관은

1. 만남, 교류, 배움의 장소입니다.

  공민관에서의 학습이란 책상에서 이루어지는 학습과는 조금 다릅니다. 예를 들면 자유롭게 의견을 내어 서클 활동을 운영하거나 공민관 주최사업의 일환으로 학습과제를 제안하는 등, 이웃과 함께 활동하는 능력을 몸에 익히는 것도 공민관의 '학습'입니다.

2. 지역에 정착하고 있습니다.

  공민관은 일정구역의 주민을 위해 시정촌(市町村)이 설치하는 기관입니다. 기미쓰(君津)시에서는 대개 중학교 구역 하나에 공민관 한 곳이 위치하고 있습니다. 이런 사실들을 통해 지역에 정착한 활동이 가능하도록 공민관이 설치되어 있다는 것을 알 수 있습니다.

3. 공공의 사회교육시설입니다.

　공민관은 사회교육을 실행하기 위한 시설로서 '교육기본법' 및 '사회교육법', '기미쓰(君津)시 공민관 조례' 등을 통해 확실하게 규정되어 있습니다. 이것은 우리들의 자유로운 활동을 보장하기 위해서입니다. 지금 우리들은 공민관에서의 활동을 당연하게 여기고 있지만 불과 60년 전까지만 해도 시민의 활동이 크게 제한되었던 시기가 있었습니다. 공민관은 그러한 시기를 반성하며 만들어진 곳입니다.

　이러한 이념을 가진 공민관에서 우리들의 활동이 지금까지처럼 행해질 수 있도록 앞으로도 '공민관'을 아끼고 발전시켜 나가야 합니다.

　이 글은 올해 기미쓰 중앙공민관의 문화축제 때 모임의 활동 보고로 전시한 내용 중 머리말에 속하는 부분입니다. 이 문언(표제어)을 결정하는 작업에만 이틀이 걸렸습니다. 그러나 그 과정이야말로 정말 소중하고, 또한 공민관의 소중함을 제대로 배우는 시간이었습니다.

<기미쓰의 공민관을 생각하는 모임>

제4장 삶과 지역을 만드는 시민 학습

4

모임의 저편에
미래가 보인다
기사라즈(木更津)시 공민관의 모임에 참가하여

공민관과의 만남

　1994년 은거할 작정으로 기사라즈(木更津)로 집을 옮겼다. '가와사키(川崎)까지 도쿄(東京)만 횡단도로(지금의 아쿠아라인)로 30분 거리'라는 전단지를 보고 퇴직 후의 조용한 생활을 꿈꾸며 북적거리고 번잡한 요코하마(橫浜)를 떠난 이사였다.
　'하치만다이(八幡台)라는 지명의 유래가 뭘까?' 이사한 후 처음으로 든 의문이었다. 피리와 북소리에 이끌려 지역의 여름축제를 방문했다. 준비된 '접대용 술'에 취한 채 지역 분들에게 소개받은 공민관을 수개월 후에 방문했을 때, 공민관 직원에게 나의 의문을 이야기했다. 이듬해 4월, 공민관 직원이 추천한 향토사 강좌의 수강생이 되었다. 그 때 배부 받은 연간계획을 봤더니 '하치만다이(八幡台) 지역에 대해 알고 싶다'는 나의 바람이 강좌의 하나로 수렴되어 있었다. 그 때의 놀라움과 기쁨을 지금도 잊지 않고 있다.

향토사 강좌가 진행될수록 나는 기사라즈(木更津)시의 역사와 낭만에 매혹되어 이 제2의 고향에 커다란 애정을 가지게 되었다. 강좌 후의 설문조사에서는 나뿐만 아니라 많은 사람들이 고향에 대한 애착과 긍지를 가지게 되었다고 답변했다. 자신이 생활하는 지역을 아는 것이 지역사랑으로 연결되어, 결국은 지역문화를 성장시키는 원동력이 되는 것이 아닐까. 나에게 있어 공민관과의 만남은 나이가 들어서도 학습의 즐거움을 알고 무한한 호기심을 펼칠 수 있게 해주었다. 또한 지역에 대한 커다란 애착이 생겨난 것은 정말 행복한 일이라고 생각한다.

배움과 성장 속에서

향토사 강좌뿐만 아니라 다양한 공민관 주최사업과 이벤트 등의 참가를 통해 많은 이웃들과 만나며 유대감이 생겼다. 원예서클을 시작으로 지역조직, 여름축제 지원회, 낚시 동아리 등에 가입하였으며 향토사 동아리를 출범시키는 등 단숨에 지역 구성원의 대열에 끼게 되었다. 지금은 새로운 이웃들에게도 지역을 살아가는 기쁨을 알리며 지역문화의 창조를 위해 열심히 활동하고 있다.

역사 공부에 빠져있었을 때 원예 서클을 만들고 싶으니 꼭 참가해 달라는 권유가 있었다. 그것도 대표가 되어 주었으면 한다는 것이다. 취지에는 크게 공감했지만 꽃꽂이는 자신 있는 분야도 아닐뿐더러 대표 자리는 더더욱 맡을 수가 없다고 몇 번이나 거절했다. 우리 집으로 채소가 배달되고 꽃이 몇 번인가 배달되기도 했다. 물론 그래서 가입한 것은 아니지만 모두들 간절히 바라는 마음에 흔들려 결국 가입하기로 했다.

'언젠가는 지역을 꽃으로 가득 채우자'는 것이 모두의 원대한 바람이었다. 가장 먼저 항상 신세를 지고 있는 하치만다이(八幡台) 공민관의 앞뜰을 꽃으로 가득 채우자는 생각에서 활동장소로 공민관을 선택했다. 정기모임은 한 달에 한 번, 세 번째 일요일 오전 9시~12시까지로 정했다. 지역의 전문가에게 강사를 맡아줄 것을 의뢰한 후 회원으로도 가입시켜서 이론과 실전 양면에서 확실하게 화초재배의 노하우를 배워 보기로 했다. 또한 회원 상호간의 친밀도를 최우선으로 하고 각자 시간이 될 때만 참가하기로 했다. 결국 2년 만에 공민관 화단은 꽃으로 가득 찼고 공민관에 대한 애정이 가슴 속에서 더욱 커지는 것을 느꼈다.

2000년부터는 3년간 기사라즈(木更津)시의 주최로 '마을 화단 콘테스트'가 개최되었다. 공민관 앞뜰의 화단에 나무를 이어 놓은 산책길을 만들고 나무 아래에는 통나무로 '휴게 벤치'를 만들었다. 그리하여 2000년과 2002년에는 '준 그랑프리'의 영예를 얻었다. 2000년에 열린 '공민관 20주년 기념행사'에서는 이 앞뜰과 나무 산책길의 명칭을 지역에 공모하여 '사계의 숲'으로 명명했다. 나무그늘의 벤치에는 서클 멤버들과 지나가던 노인들, 유치원에 다니는 아이와 부모 등이 쉬어간다.

　매년 열리는 하치만다이(八幡台) 공민관 문화제에서는 가정과 거리 등 지역에 꽃을 가득 피우자는 생각에서 꽃씨를 싼 가격에 배부하고 있다. 12월의 찬바람이 불 때에는 낙엽을 쓸어 모아 부엽토를 만들었다. 팬지와 앵초의 씨 뿌리기, 흙 고르기, 옮겨심기, 물주기, 풀베기 등 모든 작업을 회원의 손으로 해냈다. 여름의 햇볕을 피하기 위해 하우스를 세우고 빗물을 모으는 연구에도 매진했다. 10년 남짓 지난 지금에 와서 그 때를 돌이켜보면 사계절 내내 각 계절의 꽃이 거리를 장식하고 많은 가정의 뜰에도 꽃이 피어 있었다. 이런 풍경을 보며 지역민들도 우리와 같은 생각을 가지고 있다는 것을 알게 되어 더욱 감사한 마음을 가지게 되었다.

　8년 전에 가입한 낚시 동아리는 30년의 역사를 가진 모임으로 광어와 도미 등 큰 고기를 낚기 위한 낚시뿐만 아니라 2006년부터는 공민관의 권유로 기사라즈(木更津) 항구에서 망둥어를 낚는 행사인 '부모님과 함께하는 낚시 교실'에도 참여했다. 지금까지의 술이나 한잔하던 친목도모 형태에서 탈피하여 지역의 부모와 아이들을 지원하는 서클로 변한 것이다.

기사라즈(木更津)시 공민관의 모임이란 무엇일까

 향토사 강좌에서의 학습이 2년째에 들어서던 때, 공민관 직원으로부터 '공민관의 모임에 참가해 보지 않으시겠습니까'라는 권유를 받았다. 그 말을 듣고 제일 먼저 '어떤 모임?' 하는 생각이 들었다. (기사라즈[木更津]시 공민관 모임의 취지와 역사에 대해서는 '주민자치와 평생학습의 마을 만들기'[제이앤씨]를 참조)

 제1회 실행위원회를 통해 기사라즈(木更津)시에는 중학교구별로 15개의 공민관(현재는 16개)이 있고 우수한 전문직원이 배치되어 있으며 학습이나 실천 활동에 많은 시민들이 참여하고 있는 것을 알고서 놀람과 동시에 크게 감동받았다. '공민관의 모임'은 그러한 우수 실천 활동들을 '연결하고, 넓히고, 심화시켜' 가는 것을 목표로 한다는 것도 알게 되었다.

 제1장 '만남'에서는 치바(千葉)대학의 나가사와 세이지(長澤成治) 교수님의 '모두가 배우고 발전하는 공민관'이라는 주제의 기조연설이 있었다. 인상 깊었던 것 중의 하나는 공민관이 전후(戰後)의 황폐한 일본의 재건과 평화롭고 민주적인 국가 및 지역사회를 만들어 나가는 중요한 초점으로서 출발했다는 것. 또 한 가지는 공민관이 가진 시대를 여는 세 가지 키워드로 ①공민관의 학습은 자기 스스로

결정한 학습이다.(배움의 주인공), ②지역사회를 디자인해 간다.(지역주민의 자치능력을 높인다), ③서로 배우며 성장하며 역량을 높인다. 등이 제시되고 있다는 것이다. 이러한 내용들은 나에게 있어 이후의 '모임'과 공민관 활동에 대한 둘도 없는 원동력이 되었다.

제2장 '이야기 나눔'은 분과회별 조직 활동이다. 9월에 여섯 개의 분과회가 구성되어 나는 제2분과회 '지역문화와 공민관'에 소속되었다. 4개 지역에서 온 7명의 위원들로 구성된 이 분과회는 활동의 목적이 무엇인가, 무엇을 어떻게 토의할 것인가, 등을 고민하느라 시작부터 진통이 끊이질 않았다. 직원으로부터의 명확한 지시나 지도도 없었기 때문에 향토사 강좌 참여가 2년째에 불과한 나에게는 실로 고난의 연속이었지만 2년간의 지역 활동을 기초로 '새로운 고향과 마을 만들기'라는 분과회 보고 자료를 정리했다. 자기 자신과 지역에 대해 말하고 활동에 대한 실천과 고민을 이야기하는 가운데, 시민과 직원이 과제와 학습을 공유해 가는 이 과정이야말로 무엇보다도 소중한 것으로 학습의 근원점 역시 여기에 있다는 것을 알게 되었다.

제3장 '만남'에서는 각 분과회의 보고에 이은 반성회가 열렸다. 모두가 서로 이야기하고 싶고 토의하고 싶어 했기 때문에 순식간에 교류의 장이 열렸다. 나도 이사람 저사람 구별 없이 이야기를 나누었던 것으로 기억한다. 제1회의 '모임'을 무사히 끝낸 만족감, 이렇게 많은 이웃들과 만나게 된 기쁨, 나뿐만이 아닌 모두가 잊을 수 없는 감동의 한 순간이 되어 앞으로도 모임이 계속될 것을 예감할 수 있었다.

기사라즈(木更津)시 공민관 모임의 개요 [제7회(2002년도)~제12회(2007년도)]

회(년도)	제7회 (2002년도)	제8회 (2003년도)	제9회 (2004년도)
일시	2003년 3월 1일 (토) 10:00~16:00	2004년 3월 6일 (토) 10:00~16:00	2005년 3월 5일 (토) 10:00~16:00
회장	기사라즈(木更津)시립중앙 공민관	기사라즈 시립 중앙공민관	기사라즈 시립 중앙공민관
테마	모두가 배우고 발전하는 공민관을 향하여!	모두가 배우고 발전하는 공민관을 향하여!	모두가 배우고 발전하는 공민관을 향하여!
제1장 '만남'	· 오프닝 세레모니 · 릴레이 메시지 「공민관이 걸어온 길과 미래」 【비디오상영】 「눈으로 보는 기사라즈시 공민관이 걸어온 길」 【발표자】 아즈키자와 유카(小豆澤優佳) (도신[東靑]공민관・생생한 육아세미나) 오타(太田)중학교 학생회 (두근두근 페스티벌) 하마자키 요시코(濱崎淑子)(후쿠타[福田]접촉의 모임) 야마나카 다카오(山中隆雄) (가네다[金田]지구 종합형지역 스포츠클럽설립준비위원회) 야마다 마사코(山田昌子)(기사라즈 주민 이야기모임) · 오리엔테이션	· 오프닝 세레모니 · 서클활동 실전발표 「서클활동의 매력에 대해 생각한다」 【출연단체】 나인팻치(기요미다이 [淸見台]공민관・퀼트서클) 【코디네이터】 네모토 히로시(根本弘) (기요미다이공민관장) · 기조연설 「우리들과 공민관」 【강사】 나가사와 세이지(長澤成治)(치바[千葉]대학 교육학부교수) · 오리엔테이션	· 오프닝 세레모니 · 릴레이 메시지 「각분과회로부터의 발표」 【진행】 네모토히로시 (기요미다이 공민관장) · 오리엔테이션
제2장 '이야기 나누기' (분과회)	제1분과회 (육아와 공민관) 「현대 육아 사정 ~아버지들로부터의 메시지~」 제2분과회(청소년과 공민관) 「살아가는 힘」 제3분과회 (고령자와 공민관) 「빛나는 마음을 전하자!	제1분과회 (육아와 공민관) 「입장을 넘어 ~아이와 마주대할 때~」 제2분과회(어린이・젊은이와 공민관) 「도전! 감동과 그 기쁨! ~아이들의 참여~」 제3분과회 (고령자와공민관)	제1분과회(가정교육지원과 공민관) 「모두 함께 서로 지탱하는 육아 ~세대를 넘어~」 제2분과회 (청소년과 공민관) 「미래의 어른, 어떻게 키울까? ~청소년을 지지하는 지역의 힘~」

	~지역 만들기의 주인공으로서~」 제4분과회 (지역과 공민관) 「지역에 인정과 교류를 ~꽃이 있는 마을 건설~」 제5분과회 (공민관 입문) 「좀 더 알고 싶다! 공민관」	「계속 계속 즐기자, 모두함께~고령자의 삶의 보람 만들기와 친구 만들기~」 제4분과회 (지역·생활과 공민관) 「사랑♡사랑마을~모두 함께 만드는 커뮤니티~」 제5분과회(공민관) 「공민관 재발견!~좀 더 알자 공민관~」	제3분과회 (고령사회와 공민관) 「생생 건강하게!! ~지역에서 지지하자, 마음과 마음을 잇는 만남의 장~」 제4분과회 (지역 건설과 공민관) 「문화·만남·커뮤니티~문화활동이 넓어지는 지역의 바퀴~」 제5분과회(단체·서클 활동과 공민관) 「당신과 서클활동~처음의 한 걸음 그리고 내일로~」
제3장 '교류'	·분과회보고 ·폐회행사	·분과회보고 ·폐회행사	·분과회보고 ·폐회행사
보육	제2장 '이야기 나누기'에만 있음	제2장 '이야기 나누기'에만 있음	제2장 '이야기 나누기'에만 있음
수화통역	제1장 '만남'에만 있음	제1장 '만남'에만 있음	제1장 '만남'에만 있음
그 외	공민관을 아는 코너	공민관을 아는 코너	·공민관을 아는 코너 ·다과 코너
기획 실행위원	24명	33명	27명
참가자수	348명	354명	371명
회(년도)	제10회 (2005년도)	제11회 (2006년도)	제12회 (2007년도)
일시	2006년 3월 4일 (토) 10:00~16:00	2007년 3월 3일 (토) 10:00~16:00	2008년 3월 1일 (토) 10:00~16:00
회장	기사라즈(木更津)시립중앙공민관	기사라즈시립중앙공민관	기사라즈시립중앙공민관
테마	모두가 배우고 발전하는 공민관을 향하여!	모두가 배우고 발전하는 공민관을 향하여!	모두가 배우고 발전하는 공민관을 향하여!
제1장 '만남'	·오프닝 세레모니 ·영상 「기사라즈시립공민관이 걸어온 길과 공민관의 모임 ~이렇게 모임은 시작되었다~」	·오프닝 세레모니 ·사람과 영상으로 보이는 기사라즈시의 공민관 「지역에서의 이웃과 생생하게 ~공민관은 생활의 일부~」	·오프닝 세레모니 ·릴레이 토크 「우리들에게 있어서의 공민관」 ~공민관의「?」에 대답한다~

제4장 삶과 지역을 만드는 시민 학습 325

	・강연 【강사】나가사와 세이지(長澤成治)(치바[千葉]대학 교육학부교수) ・오리엔테이션	【등단자】 사카모토 시게루(坂本繁)(이와네니시[岩根西]공민관・탁구서클) 아즈마 히데카즈(東秀和)(분쿄[文京]공민관・커피서클) 이시이카에데(石井楓)・고노하라 마코(木原眞子)(하트풀 왕국) 시게타 아이코(茂田愛子)(고향카드모임) 사이토우 요시히라(齋藤儀平)(이와네니시공민관 개관20주년 기념사업실행위원회) 【진행】 기타하라 레이코(北原レイ子)(기획실행위원) ・오리엔테이션	【등단자】 도미타 히로시(富田浩)(하치만다이[八幡台]공민관・종달새가정교육학급) 시게타 히로시(茂田廣)(기사라즈시립공민관운영심의회) 【진행】 하나조노 야스히사(花園靖壽)(기획실행위원) 가시마다 미치코(鹿島田美智子)(기획실행위원) ・오리엔테이션
제2장 '이야기 나누기'(분과회)	제1분과회(육아와 공민관)「아빠 너무 좋아! ~지금 아버지에게 요구되는 것~」 제2분과회(청소년과 공민관)「소년 시절의 추억 ~어른과 아이를 이어주는 지역의 끈~」 제3분과회(고령자와 공민관)「평생 현역! 모두를 지탱하는 자신, 즐겁고 빛나는 지금을」 제4분과회(건강지키기와 공민관)「건강은 모두의 염원 ~몸에 좋은 일을 하고 있습니까?~」 제5분과회(서클활동과 공민관)「매력 있는 서클활동의 창조」	제1분과회(육아와 공민관)「아빠 놀자! ~함께 놀면 즐겁구나!~」 제2분과회(청소년과 공민관)「함께 보내자 그 시간! ~지금 지역 어른이 할 수 있는 것~」 제3분과회(중년과 공민관)「살아갈 보람이 있는 생활을 찾아… ~지역에서 즐겁고 풍요롭게 무언가를 시작하자!~」 제4분과회(건강지키기와 공민관)「건강은 보물! ~당신은 괜찮습니까? 메타볼릭신드롬~」 제5분과회(서클활동과 공민관)「서클로 배우는 기쁨 ~서클활동은 끈 만들기・꿈 만들기~」	제1분과회(지역의 교육력)「지역에서 아이를 소중히 키운다 ~아이를 둘러싼 어른들의 교류~」 제2분과회(고령화 사회)「지역에서 지원하는 고령자의 생활」 제3분과회(공민관과 서클활동)「즐겁게 하자 이웃과의 교류!」 제4분과회(공민관입문)「처음 뵙겠습니다 공민관 ~왜? 무엇을? 와보고 얘기하자!~」
제3장 '접촉'	・분과회보고 ・폐회행사	・분과회보고 ・폐회행사	・분과회보고 ・폐회행사
보육	제2장 '이야기 나누기'에만	제2장 '이야기 나누기'에만	제2장 '이야기

	있음	있음	'나누기'에만 있음
수화통역	제1장 '만남'에만 있음	제1장 '만남'에만 있음	제1장 '만남'에만 있음
그 외	·공민관을 아는 코너 ·다과 코너	·공민관을 아는 코너 ·다과 코너	·공민관을 아는 코너 ·다과 코너
기획실행 위원	27명	26명	63명
참가자수	465명	356명	

고향발 미래행 - 향토사학습의 네트워크 건설

제2회 모임에서의 분과회의 테마는 '기사라즈(木更津)의 역사를 즐기자 ~고향발 미래행~'이었다. 분과회에서 전달한 메시지는 다음과 같다. '다테야마(館山)선의 완성과 도쿄(東京)만 아쿠아라인의 개통 등으로 기사라즈가 크게 변화해 가고 있습니다. 역사적인 가치를 확인하고 후세에 이어가는 일은 의미가 큽니다. 모임에서는 21세기를 향한 우주기차표를 손에 넣기 위해 서로 이야기를 나눕시다. 급격히 변화하는 이 지역에서 배운 역사를 문자와 사진과 지도로 변환하여 21세기에 전하는 것은 불가능할까요?'. 제3회에서는 '배운 것을 지역에 환원하기', 제4회에서는 '향토사학습의 네트워크 만들기'라는 테마로 토의가 이루어졌다.

이러한 과정을 거쳐 제8회 모임이 종료된 후인 2003년 3월에는 시내의 각 공민관에서 향토사를 배우는 22명의 사람들이 모여 책자 편찬을 목표로 하는 '기사라즈 향토사 애호회'가 결성되었다. 공민관에서 학습한 내용에 조사보고서와 청취조사 등 최신 정보도 추가하였다. 공민관의 문화축제를 앞둔 2004년 10월, 애호회 회원의 꿈과 노력을 담은 A4판 올컬러 122쪽의 '기사라즈 역사산책'이 시민의 손에 의해 처음으로 발간되었다.

이 책자는 16개 공민관을 비롯하여 도서관, 시립초·중학교, 시청 등 모든 공공기관에 배포되었다. 공민관과 애호회를 중심으로 이 책자를 통한 지역 순환 및 지역 탐험이 실시되고 있다. 모임에서 학습한 '배운 것을 지역에 환원하기' '향토사학습의 네트워크 만들기'가 실현된 것이다.

흔들리지 않는 모임의 발걸음 - 매너리즘도 두렵지 않다

어떠한 모임이든 시간이 흐를수록 매너리즘에 빠지게 마련이다. 공민관의 모임에도 매너리즘이 있을까.

제1장 '만남'은 오프닝과 이어지는 전체 모임이다. 제1~2회에서는 나가사와 세이지(長澤成治)교수님의 기조연설을 통해 공민관의 이념과 역할, 공민관을 둘러싼 현실, 모임을 위한 제언(提言) 등 귀중한 시사점을 많이 얻었다. 제3회~6회에서는 공민관의 현재 상황과 가능성에 대해서 패널토크 및 패널토론이 열렸다. 제7회에서는 공민관의 역사를 영상과 이야기로 엮어낸 자체제작 릴레이메시지 '기사

라즈(木更津)시 공민관이 걸어온 길'이 방영되었다. 전후(戰後)의 황폐한 사회 상황 속에 탄생한 중앙공민관과 시민들의 배움을 향한 의욕은 보는 이 모두를 감동시켰다. 동시에 오타(太田)중학교 학생회 임원 7명이 단상에서 발언하는 기회를 처음으로 갖게 되어 '아이들의 참여'라는 모임의 새로운 막이 열렸다. 제8회부터는 지역의 실천 활동을 보고하게 되었다. 이것은 지역의 특색 있는 활동, 그리고 다른 분과회의 실천 상황에 대해 알고 싶다는 참가자들의 바람에 따른 것으로 모임에 신선한 바람을 몰고 오는 역할을 하게 되었다.

제2장 '이야기 나눔'은 모임의 핵심을 이루는 부분으로 여러 가지 실천 활동을 통하여 배움과 교류의 장이 넓히는 역할을 하고 있다. 제6회에서는 고령자의 분과회가 처음으로 등장했다. 공민관에서는 고령화 사회에 대비하여 주민이 참가하는 마을회의를 개최하고 있으며 질병 예방을 위한 운동 지도 및 강좌와 검진 등도 실시하고 있다. 그 후에도 분과회를 실시할 때마다 담당 고령자가 찾아와 공민관 활동에 대한 고령자들의 관심이 높아지고 있음을 보여 주었다. 제7회부터는 어린이들과 관련된 분과회도 설치되었다. 주 5일제 실시를 배경으로 지역과 가정 및 학교 간의 연계가 요구되고 있는 현실 속에서 공민관은 아이들의 보금자리 만들기에 큰 역할을 담당하게 되었다. 이러한 가운데 제7회의 '톰 소여의 모험'과 '하트풀 왕국', 제8회의 '보켄야로 B팀'과 '무엇이든 탐험! 이와네촌(岩根村)'에서는 어른들과 함께 초·중학생들도 활동 결과를 보고하게 되어 모임에 있어서는 획기적인 성과가 되었다. 그 외 모든 분과회에서도 개개인

의 바람과 고민을 토대로 지역에 근거한 실천 활동 및 시대가 요청한 테마의 수립 등이 실행되어 서로 배우고 성장하는 가운데 흔들림 없이 계속 걸음걸음을 내딛고 있다.

모임의 저편에 미래가 보인다

은거할 작정으로 이사 온 나를 변화시킨 것은 공민관과의 만남, 그리고 공민관의 '모임'을 통해 이루어진 학습이었다. 처음 3년은 향토사의 분과회에서 그 후 6년은 기획실행위원장으로서 '모임'에 참여했다. 배움(학습)이란 유네스코의 함부르크선언에도 나타나 있듯이 자발적인 물음과 학습의 병행, 즉 학습을 통한 자기실현과 과제의 공유이며, 바꿔 말하면 '함께 살아가는 것을 배운다'는 것을 의미한다. 공민관 활동을 통해 배움의 즐거움과 깊이를 알게 되었다.

저출산·고령화, 재정사정의 악화, 관련 법령의 개정 등 공민관을 둘러싼 환경이 좋다고 만은 할 수 없는 상황이다. 다행히도 기사라즈(木更津)시에서는 각 공민관에 배움과 교류를 지원하는 우수한 전문 직원이 배치되어 있고 시민과 직원이 행정의 연계를 바탕으로 다양한 모임을 꾸려나가고 있다.

'미래를 여는 것은 어른들의 학습이다'라는 말은 개개인의 가슴 속에서 확실히 살아 숨 쉬고 있다. 나는 '모임의 저편에 미래가 보인다'고 확신한다. 제3장 '교류'에서 큰 소리로 불렀던 모임의 노래

1절에 나오는 '먼 곳에는 바다, 반딧불, 미래로 이어지는 다리…'처럼.

가네코 쿠니오(金子 邦夫)

공민관을 배우고 변한 나

2002년 1월 1일, 새까만 구름이 낮게 흘러가고 그 아래에는 거친 파도 아득한 앞바다에 홀로 밝은 빛을 받고 있는 후지산(富士山)의 꿈을 꾸었다.

그 해 4월에 나는 공민관으로 이동 발령이 났다. 사무만으로 20년을 보내온 나에게 이런 자리에서 도대체 무슨 일을 하라는 걸까. 현실을 받아들이지 못하고 그날의 대관현황을 보드에 쓰거나 예약부를 기입하는 등, 지금까지와는 전혀 다른 더할 나위 없이 단순한 일에 울분을 토하고 있었다. 꿈에 나온 후지산은 흉의 조짐이었다고까지 생각했다.

그런 마음을 가지고 있던 내가 나중에는 공민관에서 평생을 보내고 싶다는 생각까지 하게 될 줄이야. 스스로도 이상하다고 생각할 정도로 나는 변했다.

생각해보면 그 시작은 잊을 수 없는 '첫 발령자 연수회'이다. 지루한 업무속에서도 공민관의 정의와 이론 정도는 알아두어야겠다고 생각하여 참가한 연수회. 그 곳에서 나는 가타노 신기(片野親義)씨의 강의를 듣고 그 전까지의 관청생활에서는 경험한 적이 없는 충격을 받았다. 전후 황폐한 사회상황 속에서 시작된 공민관의 역사와 함께 국민들에게 민주주의를 보급시키고자 하는 확고한 목표를 위하여 오늘도 노력을 계속하고 있다는 것에 놀랐다.

그러한 공민관 역사 속에서 가타노(片野)씨가 맛 본 달고 쓴 경험(2년 후, 나도 헌법관련사업의 개최를 둘러싸고 상사와 충돌하며 주민까지 개입하여 쓴맛을 보게 되지만)에 감동했다. 한사람의 공무원이 온몸으로 부딪치는 일터가 바로 공민관이라는 것을 알게 되었다.

그리고 나를 변화시킨 또 한 가지, 그것은 바로 '인권교육'이다. '공민관의 직원으로서 헌법을 숙지하고 인권의 시점에 서서 교육 사업에 어떻게 매진해야 할지'를 물어 오셨던, 지금은 돌아가신 가토 아리타카(加藤有孝)씨의 조언은 한 명의 인간으로서 결여 되어 있던 무언가를 내 가슴 속에 불어넣어 주었다. 공민관에 오는 사람들을 향한 나의 눈빛이 (존중으로)변하면 상대도 내 눈이 빛나는 것을 눈치채고 행복을 느끼게 된다. 어느 연구회에서는 강사로부터 '배웠다는 것을 증명하는 유일한 증거는 변화하는 것'이라고 하는 이야기를 들었다.

다행이도 다양한 학습 장소와 함께 나가사와 세이지(長澤成治) 교수님 및 많은 공민관 직원들(프로, 아마추어 상관없이)과의 만남을 통해 기쁘게도 나는 그 말대로 변화할 수 있었다. 힘들여 배운 것을 공민관을 통해 내가 몸소 시행한 것은 불과 4년이라는 짧은 시간이고 아직 뜨거운 열정을 지니고 있기에 아직은 많이 부족하다고 생각하고 있다.

  야근 후 집으로 돌아가는 길에 해안에 서있는 공민관에 켜진 불빛을 바라보며 지금은 꼭 들어맞았다고 느껴지는 새해 첫 꿈과 함께 열심히 노력했던 날들이 떠오르며, 내 자신에게 평화로움이 밀려드는 듯한 느낌이 들어 지금의 나는 한없이 기쁘다.

야마자키 쥰코(山崎 淳子)

【자료】

사회교육법(발초)(쇼와 24[1949]년 6월 10일에 법률 제207호)

최종개정… 헤이세이(平成)19(2007)년 6월27일 법률 제96호

◆ '제 5장 공민관'(2007년)

(목적)

제20조: 공민관은 시정촌(市町村) 및 그 외의 일정한 지역 내 시민을 위해 실제 생활에 맞는 교육, 학술 및 문화에 관련된 여러 사업을 실행하여 시민의 교양향상, 건강증진, 정조(情操) 순화를 꾀하고, 생활문화의 증진, 사회복지의 증진을 기여하는 것을 목적으로 한다.

(공민관의 설치자)

제21조: 공민관은 시정촌이 설치한다.

앞 항목의 경우를 제외하고 공민관은 공민관의 설치를 목적으로 민법 제34조의 규정에 따라서 설립된 법인이 아닐시 에는 설치할 수 없다.

공민관 사업은 운영상 필요시 공민관의 분관을 설치할 수 있다.

(공민관의 사업)

제22조: 공민관은 제20조의 목적 달성을 위해 대체로 아래의 사항

을 시행한다.

단, 이 법률 및 다른 법령에 따라서 금지된 것은 이에 해당되지 않는다.

1 정기 강좌를 개설하는 것
2 토론회, 강습회, 강연회, 실습회, 전시회 등을 개최하는 것
3 도서, 기록, 모형, 자료 등을 갖추어 그 이용을 측정하는 것
4 체육, 레크리에이션 등에 관련된 집회를 개최하는 것
5 각종 단체, 기관 등의 연락을 취하는 것
6 그 시설을 주민의 집회 또는 그 외 공적이용에 제공하는 것

(공민관의 운영방침)

제23조: 공민관은 다음과 같은 행위는 해서는 안 된다.

1 오로지 영리를 목적으로 사업을 행하며 특정 영리사무에 공민관의 명칭을 이용하거나 다른 영리 사업을 원조하는 것
2 특정 정당의 이해에 관련되는 사업을 행하거나 공사 선거에 관련해 특정 입후보를 지지하는 것

(2) 시정촌(市町村)에 설치된 공민관은 특정 종교를 지지하거나 특정 교파, 종교, 교단을 지원해서는 안 된다.

제23조의 2: 문부과학성 대신은 공민관의 건전한 발전을 위해, 공민관의 설비 및 운영에 있어 필요한 기준을 정한다.

(2) 문부과학성 대신 및 지방공공단체의 교육위원회는 시정촌에 설치된 공민관이 전항의 기준에 따라 설치되거

나 또는 운영되도록 각 시정촌에 대해 지도, 조언 및 그 외의 보조를 위해 노력한다.

(공민관의 설치)

제24조: 시정촌(市町村)이 공민관을 설치하려고 할 시에는 조령으로 공민관의 설치 또는 관리에 대한 사항을 정하지 않으면 안 된다.

제25조 및 제26조: 삭제

(공민관의 직원)

제27조: 공민관에 관장, 주사(主事), 그 외에 필요한 직원을 둘 수 있다.

2. 관장은 공민관에서 행하는 각종 사업의 기획실천 이외에 필요한 사무를 행하며 소속 직원을 감시한다.

3. 주사는 관장의 명령에 따라 공민관의 사업을 실시한다.

제28조: 시정촌에 설치된 공민관의 관장, 주사 외에 필요한 직언은 교육장의 추천에 의해 당 시정촌의 교육위원회가 임명된다.

(공민관의 직원의 연수)

제28조의 2: 공민관의 직원의 연수에 있어서는 제9조의 6항의 규정을 준용한다.

(공민관 운영 심의회)

제29조: 공민관에 공민관 운영심의회를 둘 수 있다.

2. 공민관 운영심의회는 관장의 자문에 따라 공민관에

대해 각종 사업 계획실시에 따른 조사 심의를 한다.

제30조: 시정촌(市町村)에 설치된 공민관에 있어 공민관 운영심의회의 위원은 학교교육 및 사회교육 관계자, 가정교육의 향상에 도움이 되는 활동을 행하는 자, 그리고 학식 경험이 있는 자 중 시정촌의 교육 위원회를 위촉한다.

2. 전 항목의 공민관 운영심의회의 위원에 대해 정해진 인원 수, 임기 외의 필요사항은 시읍면의 조항 예로 정한다.

제31조: 법인이 설치한 공민관에 공민관 운영심의회를 둘 경우에는 그 위원은 당 법인의 약인으로 충당하도록 한다.

제32조: 삭제

(기금)

제33조: 공민관을 설치할 시정촌에 있어 공민관의 유지운영을 위해 지방자치법(1947년 법률 제67호) 제241조항의 기금을 마련할 수 있다.

(특별회계)

제34조: 공민관을 설치할 시정촌에 있어 공민관의 유지운영을 위해 특별회계를 마련할 수 있다.

(공민관의 보조)

제35조: 정부는 공민관을 설치하는 시정촌에 대해 예산범위 내로 공민관의 시설 설비에 요하는 경비와 그 외에 필요한 경비의 일부를 보조 할 수 있다.

2. 앞 항목의 보조금의 교부에 있어 필요한 사항은 정령으로

정한다.

제36조: 삭제

제37조: 지방공공단체가 지방자치법 제232조의 두 번째 규정에 따라 공민관의 운영에 필요한 경비를 보조할 시, 문부과학성 대신은 정령을 정함으로써 그때의 보조 금액, 보조 비율, 보조 방법 및 그 외의 필요사항에 대해 보고를 요구할 수 있다.

제38조: 국고의 보조를 받는 시정촌(市町村)은 다음과 같은 경우에 있어서는 받은 보조금을 국고에 반환하지 않으면 안 된다.

  1. 공민관이 이 법률 또는 이 법률에 의거한 명령 또는 이러한 법률에 의거한 처분을 위반 했을 경우

  2. 공민관이 사업 전체 또는 일부를 폐지 및 제20조에 게재하는 목적 이외의 용도로 이용한 경우.

  3. 보조금 교부 조건을 위반 한 경우

  4. 허위의 방법으로 보조금 교부를 받은 경우.

(법인의 설치하는 공민관의 지도)

제39조: 문부과학성 대신 및 지방공공단체의 교육위원회는 법인이 설치한 공민관의 운영 및 다른 것에 관련해 그 요구에 응해 필요한 지도 및 조언을 줄 수 있다.

(공민관의 사업 또는 행위의 정지)

제40조: 공민관이 제23조의 규정에 위반하는 행위를 한 경우, 시정

촌(市町村)에 설치한 공민관의 시정촌 교육위원회, 법인이 설치한 공민관에 있어서는 지방공공단체의 교육위원회가 사업 및 행위를 정지시킬 수 있다.

2. 전항의 규정에 의한 법인이 설치한 공민관의 사업 및 행위 정지명령에 있어서는 지방공공단체의 조항으로 정할 수 있다.

(벌칙)

제41조: 전 조항 제1항의 규정에 의한 공민관의 사업 및 행위의 정지명령에 위반한 자는 1년 이하의 징역 또는 교도소에 가두거나 3만 엔 이하의 벌금형에 처한다.

제42조: 공민관과 비슷한 시설은 누구라도 설치 할 수 있다.

2. 앞 항목 시설의 운영 및 그 외에 있어 제39조항의 규정을 준용한다.

○ 문부과학성 고시 제112호

사회교육법(1949년 법률 제207호)의 제23조의 2조 1항의 규정을 토대로 공민관의 설치 및 운영에 관한 기준(1959년 문부성 고지 제98호)을 모두 다음과 같이 개정한다.

2003년 6월 6일 문부과학성 대사
도야마 아츠코(遠山 敦子)

공민관의 설치 및 운영에 관한 기준

(취지)

제1조: 이 기준은 사회교육법(1949년 법률 제207호) 제23조의 2조 1항의 규정을 토대로 한 공민관의 설치 및 운영상에 있어 필요한 기준으로 공민관의 건전한 발상을 꾀하는 것을 목적으로 한다.

2. 공민관 및 그 설치자는 이 기준을 토대로 공민관의 수준을 유지 및 향상시킨다.

(대상구역)

제2조: 공민관을 설치한 시(특별 구도 포함. 이하 동일)정촌(町村)은 공민관 활동의 효과를 높이기 위해 인구밀도, 지형, 교통조건, 일상생활도, 사회교육 관련단체의 활동상황 등을 감안하여 당 시정촌(市町村)의 구역 내에 공민관의 사업의 주된 대상이 되는 구역(제6조 제2항에 있어 "대상구역"이라고 함.)을 정한다.

(지역의 학습지정으로서의 기능 발휘)

제3조: 공민관은 강좌의 개설, 강습회의 개최 등을 스스로 행사하고, 필요에 따라 학교, 사회교육시설, 사회교육관련단체, NPO(특정 비영리 활동 촉진법(1998년 법률 제7호) 제2조 제2항을 규정하는 특정 비영리 활동법인을 말한다.), 그 외의 민간단체, 관계 행정기관 등과 공동으로 행하는 등의 방법으로 다양한 학

습기회를 제공한다.

공민관은 지역주민의 학습활동에 도움이 되도록 인터넷 외에도 고도의 정보통신 네트워크의 활용 등의 방법으로 학습정보를 충실히 전달한다.

(지역의 가정교육지원 거점으로서의 기능 발휘)

제4조: 공민관은 가정교육에 있어 학습기회 및 학습정보의 제공, 상담 및 조언 실시, 교류기회 제공 등의 방법으로 가정교육을 충실히 지원하도록 한다.

(봉사활동, 체험활동의 추진)

제5조: 공민관은 봉사자를 양성하기 위한 연수회를 개최 하는 등의 방법으로 봉사활동 및 체험활동에 관련되는 학습기회 및 학습정보의 제공을 충실히 한다.

(학교, 가정 및 지역사회와의 연계 등)

제6조: 공민관은 사업을 실시하는데 있어 관련기관 및 관련단체와의 긴밀한 연락, 협력 등의 방법으로 학교, 가정 및 지역사회와의 연계를 추진하도록 한다.

2. 공민관은 그 대상 구역 내에 공민관과 비슷한 시설이 있을 경우에는 필요한 협력 및 지원을 하도록 한다.

3. 공민관은 그 실시하는 사업에 청소년, 고령자, 장애자, 유아의 보호자 등의 참가를 촉진시키도록 한다.

4. 공민관은 그 실시하는 사업에 있어 지역주민 등의 학습성과와 유사한 지식 및 기능을 살릴 수 있도록 한다.

(지역실정을 근거로 운영)

제7조: 공민관의 설치자는 사회교육법 제29조 제1항에 규정된 공민관 운영심의회를 두는 등의 방법으로 지역실정에 따라 지역주민의 의향을 적절히 반영한 공민관의 운영이 되도록 한다.

    2. 공민관은 개관일 및 개관시간의 설정에 있어서는 지역 사정을 감안하여 야간개관을 실시하는 등의 방법으로 지역주민의 이용의 편이를 꾀하도록 한다.

제8조: 공민관에 관장을 두어, 공민관의 규모 및 활동상황에 따라 주요사항 및 그 외의 필요한 직원을 둘 수 있도록 한다.

    2. 공민관의 관장 및 주사(主事)에는 사회교육에 관한 식견과 경험이 있으며, 또한 공민관의 사업에 관련된 전문적인 지식 및 기술을 가진 자를 두도록 한다.

    3. 공민관의 설치자는 관장, 주사가 타 직원의 능력을 향상을 꾀하기 위한 연수의 기회를 충실히 제공하도록 한다.

(시설 및 설비)

제9조: 공민관은 그 목적을 달성시키기 위해, 지역실정을 통해 필요한 시설 및 설비를 준비한다.

    2. 공민관은 청소년, 고령자, 장애자, 유아의 보호자 등의 이용을 촉진시키기 위해 필요한 시설 및 설비를 준비한다.

(사업의 자기평가 등)

제10조: 공민관은 사업 수준을 향상을 꾀해 당 공민관의 목적을

달성시키기 위해 각 연도의 사업 상황에 있어서 공민관 운영심의 등의 협력을 얻어 스스로 점검 및 평가를 시행하고, 그 결과를 지역주민에게 공포하도록 한다.

(부칙)

이 고지는 공포한 날부터 시행하도록 한다.

집필자소속일람(※근무처는 집필 당시임)

나가사와 세이지(長澤 成次)	치바(千葉)대학
구사나 시게유키(草野 滋之)	치바(千葉)공업대학
고시무라 야스히데(越村 康英)	치바(千葉)대학
아사노 헤이하치(浅野 平八)	일본대학
스즈키 미사코(鈴木 美佐子)	치바(千葉)시 도도로키(轟)공민관
미즈코시 마나부(水越 學)	기사라즈(木更津)시 교육위원회 평생학습과
스즈키 카즈요(鈴木 和代)	기사라즈(木更津) 시립 하타자와(畑澤)공민관
우스이 마미(白井 眞美)	마츠도(松戸)시 경제부
메구미 후쿠코(惠 芙久子)	야치오(八千代)시 남녀공동
아키모토 준(秋元 淳)	기사라즈(木更津) 시립 하치만다이(八幡台)공민관
다카나시 아키코(高梨 晶子)	우라야스(浦安)시 호리에(堀江)공민관
야마시타 요이치로(山下 要一郎)	기사라즈(木更津) 시립 나가사토(中郷)공민관
하야시 카츠미(林 勝美)	소우사(匝瑳)시 재무과
아사노 에미코(浅野 惠美子)	시스이정(酒々井町) 중앙공민관
야도시로 타카오키(宿城 高興)	인사이(印西)시 중앙공민관
후세 토시유키(布施 利之)	기미쓰(君津)시 교육위원회 평생학습과
다카세 요시아키(高瀬 義彰)	마츠도(松戸)시 청소년회관
이나오카 마사미치(稲岡 正道)	우라야스(浦安)시 도다이지마(当代島)공민관
야마다 신지(山田 愼二)	후나바시(船橋)시 동부공민관
아메미야 마사코(雨宮 正子)	후나바시(船橋) 시민
나카쿠키 쿄우코(中久喜 響子)	공동작업소 워크・드・아일랜드
가네코 쿠니오(金子 邦夫)	기사라즈(木更津)시민
스즈키 에이코(鈴木 詠子)	모바라(茂原)시 교육위원회 평생학습과
사사키 도모요(佐々木 とも代)	나라시노(習志野)시 기쿠타(菊田)공민관
시기하라 토모코(鴫原 朋子)	마츠도(松戸)시 야키리(矢切) 공민관
야마자키 아츠코(山崎 淳子)	쿄난정(鋸南町) 관공서 세무주민과

기미쓰(君津)의 공민관을 생각하는 모임

저자 나가사와 세이지(長澤成次)

    1951년 도쿄(東京)도 북구(北区) 출생. 1972년 도쿄도립 공업고등전문학교 졸업 후 치바(千葉)대학교 교육학부・나고야(名古屋)대학 대학원 교육학연구과 박사과정을 거쳐 현재 치바대학교 교육학부 교수. 최근에는 일본사회교육학회 사무국장・'월간사회교육(国土社)' 편집장・사회교육추진전국협의회 위원장 등을 역임.
    저서로 "현대평생학습과 사회교육의 자유(学文社, 2006)", 편저로 "공민관에서 배운다Ⅱ-자치와 협동의 마을 만들기"(国土社, 2003), "다문화・다민족 공생의 마을 만들기-발전하는 네트워크와 일본어학습지원"(에이델 연구소, 2000), "공민관에서 배운다-자기개발과 마을 만들기"(国土社, 1998)가 있다. 공저로는 '사회교육 권리구조의 재검토(일본사회교육학회 편)', "강좌 현대사회교육의 이론Ⅰ, 현대교육개혁과 사회교육"(東洋館출판사, 2004), '일본어자원봉사네트워크의 역할과 과제(駒井洋)', "강좌 글로벌화 되는 일본과 이민문제 제2기 제6권 다문화사회로 향하는 길"(明石書店,2003), '사회교육・평생학습과 행재정(行財政)・제도'(사회교육추진전국협의회 편), "사회교육・평생학습 핸드북 제7판"(에이델연구소, 2005) 등이 있다.

역자 김창남(金昌男)

    일본 국립치바(千葉)대학 학부과정
    일본 간다외어(神田外語)대학 석사과정
    일본 국립치바(千葉)대학 박사과정
    문학박사(일본어학, 일본어교육학 전공)
    (현)금강대학교 통상통역 일본어전공 교수

살기 좋은 마을 만들기

주민자치와 평생학습의
마을 만들기 Ⅱ
삶과 지역을 만드는 일본 공민관의 실천과 과제

초판인쇄 2009년 9월 11일
초판발행 2009년 9월 27일

저자 나가사와 세이지(長澤成次)
역자 김창남
발 행 인 윤석원
발 행 처 제이앤씨 출판사
등   록 제7-220

우편주소 서울시 도봉구 창동 624-1 현대홈시티 102-1206
대표전화 (02)992-3253
팩시밀리 (02)991-1285
전자우편 jncbook@hanmail.net
책임편집 이혜영

ⓒ 김창남 2009 All rights reserved. Printed in KOREA

ISBN 978-89-5668-746-9 93830   **정가** 19,000원

* 이 책의 내용을 사전 허가 없이 전재하거나 복제할 경우 법적인 제재를 받게 됨을 알려드립니다.
** 잘못된 책은 구입하신 서점이나 본사에서 교환해 드립니다.